Kohlhammer

Grundriss Gerontologie

Band 10

Eine Reihe in 22 Bänden
herausgegeben von Clemens Tesch-Römer, Hans-Werner Wahl,
Siegfried Weyerer und Susanne Zank

Diese in sich geschlossene Taschenbuchreihe orientiert sich konsequent an den Erfordernissen des Studiums und der professionellen Praxis. Knapp, übersichtlich und verständlich präsentiert jeder Band das Grundwissen eines Teilbereichs.

Band 1
H.-W. Wahl/V. Heyl
Gerontologie – Einführung und Geschichte

Band 3
M. Martin/M. Kliegel
Psychologische Grundlagen der Gerontologie

Band 5
F. Schulz-Nieswandt
Sozialpolitik im Alter

Band 8
C. Tesch-Römer
Soziale Beziehungen
alter Menschen

Band 9
B. Leipold
Lebenslanges Lernen
und Bildung im Alter

Band 10
K. Claßen/F. Oswald/M. Doh/
U. Kleinemas/H.-W. Wahl
Umwelten des Alterns

Band 11
R. G. Heinze/G. Naegele/
K. Schneiders
Wirtschaftliche Potentiale
des Alters

Band 12
J. Werle/A. Woll/S. Tittlbach
Gesundheitsförderung

Band 13
S. Weyerer/C. Ding-Greiner/
U. Marwedel/T. Kaufeler
Epidemiologie körperlicher
Erkrankungen und
Einschränkungen im Alter

Band 14
S. Weyerer/H. Bickel
Epidemiologie psychischer
Erkrankungen im höheren
Lebensalter

Band 15
T. Gunzelmann/W. D. Oswald
Gerontopsychologische
Diagnostik und Assessment

Band 17
H. Gutzmann/S. Zank
Demenzielle Erkrankungen

Band 18
O. Dibelius/C. Uzarewicz
Pflege von Menschen höherer
Lebensalter

Band 19
S. Zank/M. Peters/G. Wilz
Klinische Psychologie und
Psychotherapie des Alters

Band 20
F. Schulz-Nieswandt/U. Köstler
Bürgerschaftliches Engagement im Alter

Band 21
A. Kruse
Das letzte Lebensjahr

Band 22
H. Helmchen/S. Kanowski/
H. Lauter
Ethik in der Altersmedizin

Katrin Claßen
Frank Oswald
Michael Doh
Uwe Kleinemas
Hans-Werner Wahl

Umwelten des Alterns

Wohnen, Mobilität,
Technik und Medien

Verlag W. Kohlhammer

Dieses Werk einschließlich aller seiner Teile ist urheberrechtlich geschützt. Jede Verwendung außerhalb der engen Grenzen des Urheberrechts ist ohne Zustimmung des Verlags unzulässig und strafbar. Das gilt insbesondere für Vervielfältigungen, Übersetzungen, Mikroverfilmungen und für die Einspeicherung und Verarbeitung in elektronischen Systemen.

Die Wiedergabe von Warenbezeichnungen, Handelsnamen und sonstigen Kennzeichen in diesem Buch berechtigt nicht zu der Annahme, dass diese von jedermann frei benutzt werden dürfen. Vielmehr kann es sich auch dann um eingetragene Warenzeichen oder sonstige geschützte Kennzeichen handeln, wenn sie nicht eigens als solche gekennzeichnet sind.

Es konnten nicht alle Rechtsinhaber von Abbildungen ermittelt werden. Sollte dem Verlag gegenüber der Nachweis der Rechtsinhaberschaft geführt werden, wird das branchenübliche Honorar nachträglich gezahlt.

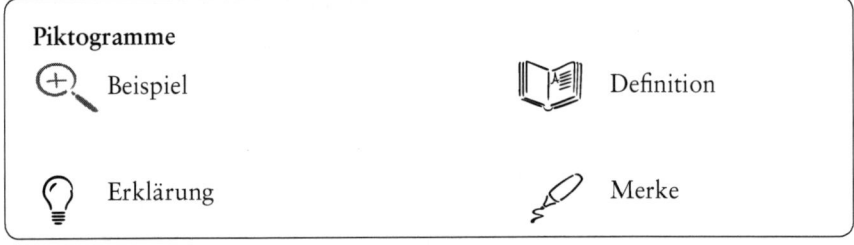

1. Auflage 2014

Alle Rechte vorbehalten
© W. Kohlhammer GmbH, Stuttgart
Gesamtherstellung: W. Kohlhammer GmbH, Stuttgart

Print:
ISBN 978-3-17-018065-9

E-Book-Formate:
pdf: ISBN 978-3-17-023899-2
epub: ISBN 978-3-17-025378-0
mobi: ISBN 978-3-17-025379-7

Für den Inhalt abgedruckter oder verlinkter Websites ist ausschließlich der jeweilige Betreiber verantwortlich. Die W. Kohlhammer GmbH hat keinen Einfluss auf die verknüpften Seiten und übernimmt hierfür keinerlei Haftung.

M. Powell Lawton (1923–2001) gewidmet

Inhalt

1 Einführung 11

2 Grundlegende theoretische Sichtweisen mit Bedeutung für
  die Rolle räumlich-technisch-medialer Umwelten für
  gutes Altern 18
  2.1 Erste Meta-Perspektive: Person-Umwelt-
      Austausch (P-U-Austausch) 22
  2.2 Zweite Meta-Perspektive: Selektive
      Optimierung mit Kompensation (SOK) 24
  2.3 Dritte Meta-Perspektive:
      Mediatisierung 25

3 Wohnen im Alter 29
  3.1 Einleitung und übergreifende theoretische
      Einordnung 29
  3.2 Konzeptuelle Grundlagen zum Wohnen
      im Alter 31
      3.2.1 Konzepte des Wohnverhaltens (Agency) 32
      3.2.2 Konzepte des Wohnerlebens (Belonging) 33
  3.3 Wohnformen älterer Menschen 36
  3.4 Befunde zum Privatwohnen im Alter 38
      3.4.1 Wohnumweltbedingungen 38
      3.4.2 Befunde zum Wohnverhalten (Agency) 40
      3.4.3 Befunde zum Wohnerleben (Belonging) 42
      3.4.4 Befunde zu Zusammenhängen von
            Wohnverhalten und Wohnerleben 44
      3.4.5 Befunde zu Wohnfolgen 45
  3.5 Umzug im Alter 50
      3.5.1 Umzug in private Haushalte 50
      3.5.2 Umzug ins Betreute Wohnen und ins
            Gemeinschaftliche Wohnen 52
      3.5.3 Umzug ins institutionalisierte Wohnen
            (Heim) 54
  3.6 Wohnen und Sterben 56
  3.7 Interventionsperspektiven 57

4 Altern jenseits der Wohnumwelt: Außerhäusliche Mobilität und außerhäusliche Aktionsräume ... 59

- 4.1 Einleitung und übergreifende theoretische Einordnung ... 59
- 4.2 Begriffsbestimmung: Außerhäusliche Mobilität im alterns- und lebenslaufbezogenen Kontext ... 61
- 4.3 Implikationen des demografischen Wandels ... 68
- 4.4 Lebensstile und Mobilitätsbedürfnisse ... 69
  - 4.4.1 Slow Modes ... 69
  - 4.4.2 Automobil ... 70
  - 4.4.3 Öffentliche Verkehrsmittel ... 70
- 4.5 Spezielle Problemfelder außerhäuslicher Mobilitätsentwicklung ... 72
  - 4.5.1 Unfallexposition und Risikopotenziale ... 72
  - 4.5.2 Mobilitätsrelevante Gesundheits- und Leistungseinbußen ... 73
  - 4.5.3 Kompensationsmechanismen ... 74
- 4.6 Interventionsperspektiven ... 75

5 Technik im Alter ... 82

- 5.1 Einleitung und übergreifende theoretische Einordnung ... 82
- 5.2 Begriffsbestimmung, Klassifikation und Entwicklung von Technik ... 84
  - 5.2.1 Begrifflichkeit ... 84
  - 5.2.2 Gerontechnology: Konzeptuelle Einordnung ... 85
  - 5.2.3 Dimensionen zur Ordnung und Klassifikation ... 87
  - 5.2.4 Technische Entwicklung: Beschleunigung, Zugänglichkeit, Diffusion ... 89
- 5.3 Der Technik zugeschriebene Ziele und Funktionen ... 92
  - 5.3.1 Allgemeine Ziele des Technikeinsatzes im Alter ... 92
  - 5.3.2 Potenzial von Technik aus Sicht des älteren Techniknutzers ... 95
  - 5.3.3 Potenzial von Technik aus Sicht von Pflegenden im häuslichen und institutionellen Bereich ... 96
- 5.4 Technikakzeptanz und Techniknutzung im Alter ... 98
  - 5.4.1 Modell der Technikakzeptanz ... 98
  - 5.4.2 Die Rolle von Personeneigenschaften ... 99
  - 5.4.3 Die Rolle der Technik ... 100
  - 5.4.4 Die Schnittstelle von Person und Technik ... 102
  - 5.4.5 Die Rolle kognitiver Beeinträchtigungen ... 103
- 5.5 Kritische Betrachtung des Einsatzes von Technik im Alter ... 104
- 5.6 Interventionsperspektiven ... 107

6	Medien im Alter		110
	6.1	Einleitung und übergreifende theoretische Einordnung	110
	6.2	Mediatisierung: Dynamisierung medialer Entwicklung und ihrer Nutzung	112
		6.2.1 Produktbezogene Innovationsdynamik	112
		6.2.2 Nutzungsbezogene Diffusionsdynamik	114
	6.3	Begrifflichkeit und Klassifikation von Medien	115
	6.4	Zur Entwicklung »mediengerontologischer« Forschung	117
	6.5	Befunde zum Mediengebrauch im Alter	118
		6.5.1 Medienausstattung	118
		6.5.2 Mediennutzung	122
		6.5.3 Mediennutzung im Tagesverlauf	125
		6.5.4 Funktionen der Medien	127
	6.6	Potenziale und Barrieren digitaler Medien im Alter am Beispiel des Internets	130
		6.6.1 Potenziale des Internets im Alter	131
		6.6.2 Barrieren des Internets im Alter	136
	6.7	Interventionsperspektiven	141
7	Umwelten älterer Menschen: Entwicklungschancen und -grenzen – ein Ausblick		144
	7.1	Förderliches Potenzial von Umwelten	144
		7.1.1 Szenario A: Frau Jansen	144
		7.1.2 Implikationen des Szenarios A	145
	7.2	Hemmnisse von Umwelten	146
		7.2.1 Szenario B: Herr Huber	146
		7.2.2 Implikationen des Szenarios B	147
	7.3	Umwelten sind gestaltbar	148
		7.3.1 Anforderungen an die älterwerdende Person zur Mitgestaltung	148
		7.3.2 Anforderungen an die Politik zur Mitgestaltung	149
		7.3.3 Anforderungen an die Forschung zur Mitgestaltung	149
	7.4	Umwelten älterer Menschen – ein Ausblick	150

Literatur 152

Stichwortverzeichnis 169

1 Einführung

Was haben Wohngemeinschaften für ältere Menschen, die Erschließung außerhäuslicher Räume durch Ältere etwa mit Hilfe des Autofahrens, Pflegeroboter als potenzielle Hilfen für pflegebedürftige alte Menschen und das Internet als ein zunehmend auch von Älteren genutztes Medium gemeinsam? Mit dieser möglicherweise etwas absonderlich, vielleicht gar ein wenig absurd klingenden Frage »im Gepäck« gehen wir in dem vorliegenden Buch davon aus, dass für diese auf den ersten Blick höchst unterschiedlich anmutenden Themenfelder eine Klammer existiert. Und nicht nur das! Wir behaupten, dass es notwendig und sinnvoll ist, eine derartige Klammer zu bilden und die Konsequenzen eines solchen »Verklammerns« ausführlich auszubuchstabieren. Wir behaupten weiter, dass wir viel über Altern lernen und in der Tat Altern besser verstehen können, wenn wir dies tun. Wie das?

Es geht uns in diesem Buch um Umwelten des Alterns. Umwelten des Alterns sind, wie unsere alltäglichen Umwelten insgesamt:

- belebt und unbelebt,
- real und virtuell,
- räumlich-dinglich und sozial,
- bestimmt durch Nahumwelten und ferne Blicke,
- »getönt« durch Lärm und Stille – und viele »Zwischentöne«,
- sichtbar um uns herum und unsichtbar in unseren Köpfen,
  von der Natur oder von Menschenhand geschaffen,
- »anregend« und »beschränkend« durch Lichtverhältnisse, Geruchsschattierungen, Weite und Enge sowie ästhetische Eigenschaften von Dingen und Räumen,
- anreichernd und begrenzend auch in ökonomischer Hinsicht,
- konstant und in dauernder Veränderung begriffen – in großer Langsamkeit (z. B. Landschaften) oder sehr schnell (z. B. Tag-Nacht-Wechsel); aber auch sich verändernd über die eigene Biografie und die historische Zeit hinweg.

Was also ist das Gemeinsame, was die »richtige« Antwort auf die eingangs gestellte Frage? Wir würden sagen: Umwelten des Alterns! Wohngemeinschaften für Ältere gehören zu den »neuen« Wohnumwelten, die sich ein zunehmender, wenngleich noch relativ kleiner Teil der Altenbevölkerung als Lebensort ausgesucht hat. Aber es steckt ja viel mehr dahinter. Es geht auch um Wohnen im Alter ganz generell, drinnen und draußen – und diese Thematik betrifft *alle* älteren Menschen.

Als Auto fahrende »Mobilisten« bewegen sich zunehmend auch ältere Menschen durch außerhäusliche Umwelten – oder weniger hochtrabend: nehmen am Verkehrsgeschehen unserer Gesellschaft teil. Ältere Menschen waren generell noch nie so mobil wie heute; sie erschließen sich außerhäusliche Aktionsräume – häufig allerdings auch zu Fuß – wie historisch noch nie zuvor, sehen nicht selten im Alter zum ersten Mal ferne Länder und Kontinente. Was sind die Herausforderungen einer stark alternden Verkehrsgesellschaft? Was macht die »neue« Mobilität, was machen die damit verbundenen »neuen« Umwelterfahrungen mit den älteren Menschen von heute und morgen? Und was mit ihren Angehörigen? Was sind politische Implikationen dieser Prozesse und kann die Alternsforschung hier einen Beitrag leisten? Umwelten des Alterns schwingen also auch bei dieser Thematik sehr deutlich mit.

Aber der Pflegeroboter, wie passt der ins Bild? Zugegeben, hier waren wir etwas provozierend, denn wer möchte schon im Falle von Pflegebedürftigkeit einen Pflegeroboter als Teil seiner Wohn- und Pflegeumwelt sehen? Niemand? Gemach, würden wir sagen, denn Technik bestimmt zunehmend den Alltag auch von älteren Menschen. Auf der einen Seite können sich die älteren Menschen dem vielfältigen Prozess der immer weiter fortschreitenden Technisierung gar nicht entziehen. Sie gehen (gezwungenermaßen) immer häufiger auch an Bank- und Fahrkartenautomaten, nutzen zunehmend Personalcomputer und Smartphones, Navigationsgeräte und intelligente Küchengeräte. Auf der anderen Seite scheint es eine wachsende Gruppe von Älteren zu geben, die technische Lösungen ganz gezielt einsetzt, um alternsbezogene Kompetenzeinbußen zu kompensieren (Wahl, Oswald, Claßen, Voss & Igl, 2010). Aber nicht nur das! Auch um »neue« Alternsformen, »neue« Alternserlebnisse zu kreieren. Die Umrüstung von traditionellen Wohnungen/Häusern in *Smart Homes* wäre ein Beispiel:

Beispiel
▶ PC-gesteuerte Haushaltsgeräte, die sich wie von selbst an- und ausschalten, automatisierte Kontrolle von Heizung und Lichtverhältnissen, virtuelles Einkaufen vom Wohnzimmersessel aus, diverse Sicherheits- und Überwachungsfunktionen – das sind einige der Charakteristika von solchen intelligenten Wohnlösungen. Im Grunde gar nicht nur sinnvoll für ältere Menschen, aber für diese in besonderer Weise hilfreich. Denken wir auch an die Möglichkeiten und Wirkungen »neuer« emotionaler Bindungen von pflegebedürftigen, speziell an Demenz erkrankten älteren Menschen an Robotertiere wie die Robbe Paro. ◀◀

Und das Internet? Auch eine schon gar nicht mehr so »neue« Umwelt für Ältere! Ältere nutzen diese medialen Welten immer häufiger, suchen sich dort politische und gesellschaftlich relevante Informationen oder gesundheitlichen Rat und kommunizieren über E-Mail oder Internettelefonie mit Freunden oder Enkelkindern. Medien, vor allem das Fernsehen, transportieren nicht zuletzt auch Altersbilder bzw. Altersstereotype und nehmen mit diesem »Umweltreiz« einen direkten Einfluss auf unsere Kultur des Alterns. Wie bedeutsam sind solche Einflüsse, insbesondere für die älteren Menschen selbst, die ja auch zu den intensivsten Fernsehkonsumenten gehören? Und für unsere zunehmend »mediatisierte« Gesellschaft und Politik?

Nicht von ungefähr haben wir eben häufig das Attribut »neu« verwendet, denn wir glauben, dass das oft in der Alternswissenschaft, in politischen Kontexten und auch in den Alltagswelten des Alters im Munde geführte »neue Altern« nicht zuletzt deshalb neu ist, weil die Wechselwirkungen älterer Menschen mit ihren Umwelten sich rasant verändern – und damit neues Altern ermöglichen:

- hinsichtlich des Wohnens entstehen beispielsweise zunehmend neue Wohnformen oder eine neue Wahrnehmung und Nutzung der angestammten Wohnräume;
- durch den Ausbau des öffentlichen Nahverkehrs und neue, manchmal speziell an ältere Menschen gerichtete Angebote sind auch ferne Orte mittlerweile bequem zu erreichen;
- neue Technologien, wie Assistenzsysteme im häuslichen Umfeld, helfen, selbstständig und sicher zu leben und Neues leichter mitzubekommen;
- und neue Medien, wie das Internet und seine sozialen Kommunikationsformen, bieten ein breites Spektrum an neuen Informations-, Kommunikations- und Partizipationsmöglichkeiten.

Der vielbeschworene demografische Wandel – die stetig steigende Zunahme der älteren Menschen, speziell der sehr alten Menschen über 80 Jahre, aber auch der Rückgang des Anteils der jüngeren Menschen durch die Stagnation der Geburtenzahlen auf niedrigem Niveau – bedarf also in jedem Fall auch eines »Umweltblicks«. Im Zuge der demografischen Veränderungen entstehen zum einen neue Umwelten (etwa neue Formen des Wohnens im Alter, neue seniorengerechte Mobilitätslösungen), welche den kulturellen Raum unserer Gesellschaft insgesamt anreichern und weiterentwickeln. Auf der anderen Seite überlagern sich auch sogenannte Megatrends, vor allem das Älterwerden unserer Gesellschaft und die immer stärkere Rolle der digitalen Informations- und Kommunikationsmedien, und verändern auf diesem Wege auch das Älterwerden selbst. Hochaltrigkeit und Medienkompetenz beispielsweise werden wahrscheinlich in Zukunft ein für erfolgreiches Altern bedeutsames Tandem werden. Insgesamt ist in diesem Zusammenhang sogar von einer neuen Person-Umwelt-Kultur alternder Gesellschaften gesprochen worden (Wahl, 2008), die allerdings auch auf andere Lebensalter Ausstrahlungen haben dürfte. Vielfach geht es ja auch um das zukünftige Miteinander der Generationen.

Diese Veränderungen eröffnen jedoch nicht nur neue Entwicklungsmöglichkeiten; sie gehen auch mit neuen Anforderungen, Risiken und ethischen Fragen einher. Man denke zum Beispiel an die Bedienung moderner Mobiltelefone, die Gefahren einer unmenschlichen Pflegerobotik oder die Gestaltung unserer gebauten Umwelt auch im Hinblick auf kognitiv veränderte ältere Menschen. Zu fragen ist demnach: Wo liegen die Potenziale, wo aber möglicherweise auch die Gefahren in den neuen Umwelten des Alterns? Welche Antworten kann die bislang in diesen Bereichen vorgelegte Forschung geben? Welche Interventionsformen und Gestaltungsmöglichkeiten empfehlen sich eher als andere?

Das vorliegende Buch setzt an derartigen Fragen an und möchte dabei sowohl traditionelle Umwelten alter Menschen (wie das Wohnen im Privathaushalt) als auch neuere Kontexte des Alterns (wie die Bereiche Technik und Kommunikationsmedien) berücksichtigen. Ziel ist die relativ umfassende Behandlung der insbesondere im Alter bedeutsamen Umwelten mitsamt ihrer Möglichkeiten und Herausforderungen. Die genannten Umwelten hängen natürlich auch sehr stark mit sozialen Umwelten bzw. Beziehungen zusammen und diese werden deshalb im vorliegenden Band auch immer wieder thematisiert werden. Querverbindungen zu dem Grundriss-Band von Clemens Tesch-Römer zu sozialen Beziehungen (Tesch-Römer, 2010) sind zu erwarten. Ebenso versteht sich das vorliegende Buch als komplementär zu dem Grundriss-Band zu Wirtschaftskraft Alter (Naegele, Heinze & Schneiders, 2011).

Dreh- und Angelpunkt des Buches ist die Annahme, dass Altern in besonderer Weise von den Ressourcen und Begrenzungen der jeweils gegebenen Umweltbedingungen, speziell dem räumlich-dinglichen Kontext, abhängt. Angesprochen ist damit in der Alternsforschung das Gebiet der *Ökologischen Gerontologie* (Lawton, 1977; Lawton & Nahemow, 1973; Oswald & Wahl, 2005; Wahl & Oswald, 2005). Dieser Zugang zum Älterwerden ist vor allem von dem amerikanischen Gerontopsychologen und Gerontologen M. Powell Lawton, der im Jahre 2001 im Alter von 77 Jahren gestorben ist, begründet und ausgearbeitet worden. Lawton hat zudem die gerontologische Lebensqualitätsforschung bereichert, und er hat auch unsere eigenen Arbeiten in vielerlei Hinsicht geprägt. Vor diesem Hintergrund widmen wir das Buch dem Andenken an diese alternswissenschaftlich und im persönlichen Umgang herausragende Persönlichkeit.

Die Annahme einer bedeutsamen Rolle der räumlich-dinglichen Umwelt für den Verlauf von Altern rekurriert auf der einen Seite auf die Verletzlichkeit des Menschen im Alternsprozess. Altern, vor allem Hochaltrigkeit, ist mit signifikanten Verlusten der körperlichen und geistigen Leistungsfähigkeit verbunden, die wiederum dazu führen, dass Adaptationsanforderungen zunehmend weniger wirkungsvoll begegnet werden kann. Eine typische Adaptationsanforderung ist die Aufrechterhaltung selbstständigen Wohnens in den gegebenen räumlich-dinglichen Rahmenbedingungen, die den verbliebenen Leistungsmöglichkeiten möglicherweise nicht angemessen sind und subjektiv zu Gefühlen der Überforderung, Unsicherheit und Wohnzukunftsängsten sowie objektiv zu Vernachlässigung, Verletzungen und Selbstständigkeitsverlust führen können. Auf der anderen Seite besitzen in ihrer Infrastruktur geeignete bzw. entsprechend optimierte Umwelten das Potenzial, die Lebensqualität alternder Menschen substanziell zu unterstützen, vor allem dann, wenn bedeutsame umweltbezogene Einbußen und Veränderungen auf der Personebene eingetreten sind.

Beispiel

▶ Typische Beispiele wären eine massive Gehbeeinträchtigung, die durch den Einbau einer barrierefreien Dusche in ihren Wohnfolgen abgemildert werden kann, oder eine demenzielle Erkrankung, die nur noch in einer institutionalisierten Wohnform in weitgehender Sicherheit und Versorgtheit »gelebt« bzw. »ausgelebt« werden kann. Zudem können »Tracking-Systeme«, wie GPS-basierte Orientierungssysteme für Menschen mit Demenz und ihre Angehörigen, effiziente Hilfe leisten und damit die sichere Nutzung außerhäuslicher Umwelten unterstützen. ◀◀

Ökologische Perspektiven in der Alternsforschung haben auch Gewichtiges zu Altersbildern beizutragen, denn sie bevorzugen ein kontextuell angelegtes Entwicklungsmodell: Wohlbefinden, Autonomie und Identität sind danach stets auch in räumlich-dinglich-technische (natürlich auch in soziale) Kontexte eingebettet und können letztlich nur verstanden werden, wenn wir auch diese Kontexte explizit mit berücksichtigen. In vielen allgemeinen Modellen der menschlichen Entwicklung, die in der Alterns- und Lebenslaufforschung genutzt werden, ist dieser Aspekt eher implizit und indirekt behandelt. Wir möchten in diesem Buch hingegen die Umweltgebundenheit menschlicher Entwicklung und von Altern explizit und relativ umfassend thematisieren. Dazu werden wir uns sowohl an auf Umwelten bezogene Theorien (wie dem Umweltanforderungs-Kompetenz-Modell; Lawton & Nahemow, 1973) als auch an allgemein gehaltenen Modellen, wie dem Ansatz der selektiven Optimierung mit Kompensation (Baltes & Baltes, 1990), orientieren.

Ökologische Gerontologie besitzt insofern vielfache Implikationen im Hinblick auf den heute viel diskutierten Aspekt der Lebensqualität im Alter, sei es im Sinne von Beiträgen zu einem grundlegenden Verständnis von Lebensqualität, sei es im Sinne der Optimierung der Lebensqualität älterer Menschen. So ist es sicherlich kein Zufall, wenn es in einer vielzitierten Definition von Lebensqualität heißt:

Definition
▶ »Quality of life is the multidimensional evaluation, by both intrapersonal and social-normative criteria, of *the person-environment system* of an individual in time past, current, and anticipated« (Lawton, 1991, S. 6; Hervorhebung durch uns). ◀◀

Gemäß dieser Definition können wir die räumlich-dingliche und technische Umwelt als einen wesentlichen Bereich eines multidimensionalen Verständnisses bzw. einer entsprechenden Bewertung der Lebenssituation einer (alternden) Person betrachten, wobei sowohl »subjektive« individuelle Maßstäbe der Person wie »objektive« sozial-normative Kriterien einfließen. Wie wir später in diesem Buch sehen werden, gewinnt diese Differenzierung gerade bei einer Würdigung des alternden Person-Umwelt-Systems, beispielsweise im Bereich des Wohnens alter Menschen, eine große Bedeutung. Denn es kann zu bedeutsamen Diskrepanzen zwischen den objektiven Gegebenheiten und den subjektiven Bewertungen kommen, die uns viel über eine häufig gegebene grundlegende Ambivalenz älterer Menschen in Bezug auf ihre Umwelten sagen (z. B.: »Soll ich umziehen? Meine Wohnung ist doch schön. Hier kriegt mich keiner raus! Aber wie lange werde ich noch die Treppen gehen können? Wenn ich stürze, dann muss ich ins Heim!«). Was in solchen Fällen tun? Es wäre wohl nicht angebracht, bei entsprechenden Beratungen ausschließlich die subjektive Bewertung der Betroffenen heranzuziehen, denn das vielfach zu findende »Wohnzufriedenheitsparadoxon« (hohe Zufriedenheit trotz vieler Umweltbarrieren und sonstiger ungünstiger Umweltmerkmale in und/oder außerhalb der Wohnung) würde fälschlicherweise sehr häufig zu einer »Nichtbedarfs-Entscheidung« führen. Sozial-normative

1 Einführung

Kriterien, etwa im Sinne von Baunormen (vgl. dazu Oswald, Marx & Wahl, 2006), können an dieser Stelle sehr hilfreich für Planungsentscheidungen und Interventionsangebote in Bezug auf Umwelten sein. Es wäre aber auch nicht gut, ausschließlich objektive Kriterien für eine weitreichende Wohnentscheidung heranzuziehen.

Neu und auf den ersten Blick vielleicht etwas ungewöhnlich an unserem Buch ist nun ferner, dass wir den traditionell in der Ökologie des Alterns genutzten räumlich-technischen Umweltbegriff systematisch erweitern möchten. Wir leben zunehmend in mediatisierten Welten, die zunehmend alle Lebensbereiche erfassen und immer stärker auch ältere Menschen erreichen bzw. von diesen »assimiliert« werden müssen, wenn nicht bedeutsame Nachteile im Alltagsleben in Kauf genommen werden möchten. Es lässt sich sogar argumentieren, dass dieser Umweltaspekt in seiner Bedeutung immer stärker anwächst und gleichzeitig in dynamischer Veränderung begriffen ist. Mit anderen Worten: Unsere Umwelt – auch jene von älteren Menschen – ist immer stärker eine digital-mediatisierte und stellt uns in immer kürzeren Zeitabständen vor neue Herausforderungen. Das Konzept der *Mediatisierung* (Krotz, 2007) scheint uns besonders angemessen zu sein, um diese Prozesse in unserem Buch aufzunehmen und auf Aspekte des kontextuellen Alterns anzuwenden. Die in vielen Entwicklungsmodellen enthaltene Grundannahme von Gewinnen und Verlusten in jeglicher Entwicklungsphase, auch im späteren Lebensalter, kann, so unsere allgemeine Überlegung, heute nur verstanden werden, wenn wir auch die verschiedensten Umweltfacetten einschließlich der starken Mediatisierungstendenzen in unserer Gesellschaft umfassend einbeziehen.

Hilfreich an der Lawton'schen Definition finden wir zudem die biografischen Bezüge und die in ihr enthaltene Zukunftsperspektive. Entwicklungspsychologisch gesehen sind auch Umwelten des Alterns stets in biografische Gegebenheiten eingebunden, ja diese bestimmen zu einem gewichtigen Teil etwa Wohnpräferenzen, die Art der Bezüge zu außerhäuslichen Umwelten (z. B. die Bedeutung von Natur), unsere Mobilitätsbiografie oder die Lust (oder den Frust) am Umgang mit technischen und medialen Neuerungen. Hoch bedeutsam ist zudem die Auseinandersetzung mit der eigenen »Umwelt-Zukunft«. Fragen, die sich hier ältere Menschen stellen, lauten etwa: In welcher Umwelt will ich mein Alter – aber vielleicht auch: meine mögliche Demenzerkrankung – verbringen? Was kann ich bereits heute tun, um solche offensichtlich sehr existenziellen Entscheidungen so gut wie nur möglich treffen zu können? Was muss ich alles wissen, um derartige Entscheidungen möglichst ausgewogen und kompetent treffen zu können? Auch ist es leider immer noch so, dass derartige Entscheidungen deutlich schlechter informiert getroffen werden als beispielsweise der Kauf eines Autos. Hier liegen also auch in Bezug auf Umwelten des Alterns neue Bildungsanforderungen unserer alternden Gesellschaft. Die Bearbeitung der *Entwicklungsaufgabe* des guten Wohnens im Alter, die der amerikanische Gerontologe Havighurst bereits 1948 beschrieben hat (Havighurst, 1948), ist insofern auch heute noch eine auszugestaltende und keineswegs eine »Entwicklungsroutine« spät im Leben.

Der Versuch, die wissenschaftliche Behandlung unterschiedlicher Umwelten des Alterns in *einem* Band zuzuführen, ist keineswegs neu, und u. W. zum ersten Mal in einem Handbuchkapitel von Lawton (1977) detailreich vorgenommen worden. Zwei der Autoren dieses Buches haben einen solchen Ansatz zusammen mit anderen zum ersten Mal im Jahre 1999 (Wahl, Mollenkopf & Oswald, 1999) und dann noch einmal 2003 (Schaie, Wahl, Mollenkopf & Oswald, 2003) und 2006 (Wahl, Brenner, Mollenkopf, Rothenbacher & Rott, 2006) umgesetzt. Und nun ein neuer Anlauf – warum denn das? Die Antwort liegt darin, dass wir mit diesem Buch:

- vor allem Studierende der Gerontologie erreichen möchten in der Hoffnung, auf diesem Wege die Thematik der Umwelten des Alterns zukünftig noch stärker in Lehre, Forschung und Praxis zu verankern;
- zudem möchten wir die Akteure in den unterschiedlichsten Bereichen, die mit Umwelten des Älterwerdens befasst sind, ansprechen, etwa kommunale Seniorenarbeit, Stadt- und Verkehrsplanung, Wohnberatung und Bildungseinrichtungen.

Das Buch besitzt den folgenden Aufbau: Zunächst werden theoretische Zugänge zu Umwelten des Alterns dargestellt. Hierbei spielt das bis heute in der sozialen und behavioralen Alternsforschung intensiv rezipierte und diskutierte Umweltanforderungs-Kompetenz-Modell bzw. die Ökologische Theorie des Alterns von Lawton und Mitarbeitern eine zentrale Rolle (Lawton & Nahemow, 1973; Wahl, Iwarsson & Oswald, 2012). Auch werden wir dabei den integrativen Ansatz von Oswald und Wahl nutzen, in dem Prozesse der Person-Umwelt-Wirksamkeit (*Agency*; Beispiel: Wie können Smarthome-Elemente die Selbstständigkeit aktiv befördern?) Prozessen der Person-Umwelt-Bedeutung und -verbundenheit (*Belonging*; Beispiel: Kann man ein Robotertier »lieb haben«?) gegenübergestellt werden. Hinzu kommen Elemente des Technik-Akzeptanz-Modells, das wir im Sinne eines allgemeiner angelegten Umwelt-Akzeptanz-Modells erweitern werden. In den sich anschließenden Kapiteln zu den Themenbereichen Wohnen, außerhäusliche Mobilität, Technik und Medien werden vor diesem integrativen Hintergrund jeweils relevante Detail-Konzepte und Befunde erläutert sowie mögliche Zukunftstrends im Sinne eines visionären Blicks umrissen. In einem ausführlichen Ausblick wird der Versuch unternommen, die unterschiedlichen Person-Umwelt-Sichtweisen bzw. Person-Umwelt-Themenfelder zusammenzuführen. Ferner werden zukünftige Anforderungen an die Alternsforschung, aber auch an ältere Menschen selbst und die vielfältigen Akteure zu diskutieren sein.

2 Grundlegende theoretische Sichtweisen mit Bedeutung für die Rolle räumlich-technisch-medialer Umwelten für gutes Altern

Im folgenden Kapitel möchten wir aufzeigen, welche Relevanz räumlich-technisch-mediale Umwelten für ein gutes Altern haben können. Ganz bewusst wählen wir zu Beginn ein relativ ausführliches Szenario, das dazu einlädt, einen kurzen Moment in die ganz eigene Welt der älteren Dame Frau Schulz einzutauchen, um aufzuzeigen, dass nicht nur die verschiedenen Umwelten miteinander zusammenhängen, sondern dass auch wir selbst, auf ganz individuelle Art und Weise, mit diesen Umwelten verwoben sind. Anschließend verlassen wir Frau Schulz' Umwelten, um drei ausgewählte Theorien zu Person-Umwelt-Beziehungen vorzustellen und abschließend einen kritischen Blick auf räumlich-technisch-mediale Umwelten zu werfen. Nun aber erst mal zu Frau Schulz.

Von einem Fallbeispiel (Szenario Frau Schulz) zu grundlegenden theoretischen Sichtweisen
Der neue Wecker von Frau Schulz schaltet sich um 6:30 Uhr mit einem Gong an. Langsam dimmt die Leselampe das künstliche Licht auf. Das tut den Augen gut und der Seele auch, denkt Frau Schulz; kein blödes elektronisches »Gepiepse« mehr. Aber was ist eigentlich, wenn einmal der Strom ausfällt? Funktioniert der Wecker dann mit der eingebauten Batterie? Sie schiebt den Gedanken beiseite und steht auf – schließlich hat sie heute große Pläne.

Vormittags wird sie auf dem Wochenmarkt unterwegs sein, nachmittags ist Doppelkopfrunde mit drei Freundinnen aus der Nachbarschaft. Heute ist sie selbst die Gastgeberin und es wird zwei verschiedene Kuchen geben. Das ist schon ein Organisationsaufwand mit ihren 80 Jahren, macht aber auch Spaß. Eigentlich dachte sie, dass sie dieses Wort in ihrem Leben nicht mehr verwenden würde, nachdem ihr Mann vor vier Jahren gestorben ist. Es war abzusehen, aber doch ein Schlag. Dann die Frage, ob sie in der Wohnung bleiben sollte und könnte. Finanziell war es zum Glück machbar. Aber die ganzen Sachen immer um sich haben, ihrem Mann auf Schritt und Tritt begegnen? Schließlich hat sie sich dafür entschieden, es war ja die gemeinsame Wohnung für so lange Zeit, da hat man doch eine Bindung entwickelt, kennt jede Ecke, jeden Schritt auch im Haus. Und die Nachbarn, die Gegend, das ist einem doch vertraut, das wollte sie nicht aufgeben. Einige der alten Nachbarn sind freilich nicht mehr da und mit den neuen hat Frau Schulz nur wenig Kontakt. Aber ansonsten, das Haus wird schon in Schuss gehalten, auch mit dem Fahrstuhl hat sie Glück, jetzt wo es nicht mehr so gut geht, wenn sie mit den vollen Taschen vom Einkaufen heimkommt bis rauf in den dritten Stock. Da hat man früher natürlich nicht dran gedacht. Ihre Tochter hat ihr ein Rollwägelchen mitgebracht, das sie benutzt, wenn sie Einkäufe zu transportieren hat. Manchmal ist es Frau Schulz ein wenig peinlich damit gesehen zu werden; schließlich ist sie für ihr Alter noch fit und außerdem geht es ansonsten noch ohne Stock – darauf ist sie stolz.

Ihre Enkelin wollte sie von einem Elektro-Fahrrad überzeugen, aber das ist nichts für sie. Ja, wenn sie früher mehr Fahrrad gefahren wäre, dann vielleicht; aber das geht ihr dann doch zu weit mit der neuen Technik. Alles in allem gibt es schon tolle Möglichkeiten heute. Auch das Handy wollte sie erst nicht. Es ist aber schon praktisch und gibt auch Sicherheit im Falle eines Falles. Mittlerweile hat sie es jedenfalls fast immer dabei. Wenn sie aber zum Beispiel ins Theater geht, lässt sie es lieber zuhause, da sie sich einfach nicht merken kann, wie man den Klingelton abstellt und sie nicht möchte, dass das Ding während der Aufführung klingelt. Zuhause hat sie ja ihr drahtloses Telefon mit den einprogrammierten Nummern. Manchmal vergisst sie es auf die Ladestation zu legen, sodass am nächsten Tag der Akku leer ist; das ärgert sie dann. Aber ein Notfallknopf kommt ihr erst mal nicht ins Haus; wer weiß, wer da kommt, wenn man den Notruf betätigt? Und außerdem braucht sie ihn noch nicht. Froh ist sie aber über ihren Fernseher, mit dem sie so viele Programme empfangen kann, dass sie immer etwas Passendes für sich findet. Genauso ist es mit dem Radio.

Wenn sie nachher zum Markt geht wird, sie hin zu Fuß gehen, aber zurück dann doch mit dem Bus fahren, auch wenn es ganz schön teuer ist. Das ist leichter mit dem schweren Gepäck, jedenfalls wenn man erst mal sitzt. Bis dahin ist es jedes Mal ein Abenteuer. Schafft sie es bis zum Sitzplatz, bevor der Bus losfährt? Vielleicht ist wieder die nette Fahrerin da, die extra wartet, bis Frau Schulz sitzt; warum das die anderen Fahrer nicht auch können?

Manchmal findet Frau Schulz es anstrengend, dass viele Mitfahrer laut Musik hören oder telefonieren; das macht sie manchmal ganz unruhig mit den vielen verschiedenen Geräuschen. Aber als letzte Woche ein Bus ausfiel und ein junger Mann für sie in seinem Handy nachgesehen hat, wann der nächste fährt, war sie fasziniert, wie flink junge Leute mit dieser neuen Technik umgehen. Praktisch findet sie auch die digitalen Anzeigetafeln, die es mancherorts gibt, die einem genau sagen, wie lange man noch warten muss.

Zuhause stürzt sie sich in die Vorbereitungen für den Besuch. Sie hat ja schon viele Neuerungen im Haushalt miterlebt in ihrem Leben und kennt noch das Waschen ohne Maschine und das Kochen mit Kohle. Aber ihr neuer Herd ist richtig schlau. Zwar hat es eine Weile gebraucht, bis sie alles verstanden hat mit Vorwahl und Abschaltung usw., aber jetzt möchte sie ihn nicht mehr missen. Nun wartet sie darauf, dass der zweite Kuchen fertig wird und gönnt sich eine Pause mit einer Tasse Kaffee. Ihre Küche ist zwar klein und eng, aber Frau Schulz sitzt gern hier. Weil es warm ist, weil sie von der Bank aus rausgucken kann auf die Straße, weil sie alles griffbereit hat, was sie braucht, weil hier immer schon ihr ganz persönliches Reich war, ja und auch weil das früher immer der Ort war, an dem viel los war, mit den Kindern, mit dem Mann, mit den Nachbarn aus dem Haus. Heute sitzt sie allein hier. Manchmal ist ihr dann eng ums Herz und sie wird wehmütig. Das gehört wohl auch dazu. Aber eigentlich möchte sie auf die Erinnerungen nicht verzichten, es ist doch eben ihr Leben mit allen schönen und traurigen Dingen darin.

Frau Schulz sieht aus dem Fenster. Es wird Frühling, die Sonne steht schon wieder höher jetzt. Der Kioskbesitzer gegenüber stellt schon seine Tische raus, vielleicht zu optimistisch. Wie viele Frühlinge wird sie hier wohl noch wohnen? Eins ist klar, in ein Heim möchte sie auf gar keinen Fall, das hat sie zu Genüge mitbekommen bei ihrem Mann. Aber was tun, wenn es einmal nicht mehr geht zuhause? Es gibt jetzt auch in ihrem Stadtteil »Betreutes Wohnen«. Das klingt nicht so schlecht, aber eigentlich weiß Frau Schulz gar nicht genau, was sich dahinter verbirgt, und sie will es auch gar nicht wissen. Aber sie weiß auch, dass sie sich damit beschäftigen sollte. Jedenfalls solange sie es noch selbst tun kann und auch damit sie niemandem damit zur Last fällt. Wenn sie wenigstens hier im Stadtteil bleiben könnte und nicht woandershin müsste, das wäre ja auch schon ganz gut. Ihre Enkelin hat ihr vorgeschlagen, sich einen Computer mit Internetanschluss anzuschaffen, weil man damit so viel tun könne. Aber braucht sie das denn? Die Enkelin, die bald für ein Praktikum ins Ausland geht, hat ihr erklärt, dass man »online« telefonieren und sich dabei gegenseitig sehen könne. Das wäre natürlich toll. Aber ob sie das hinbekommen würde? Man könne auch über das Internet einkaufen und viele Informationen nachsehen. Beim Einkaufen hätte Frau Schulz zu viele Bedenken und außerdem geht sie ja gerne auf den Markt, weil sie da bekannte Leute trifft. Und zudem kostet so ein Computer ja auch eine Menge Geld und das Internet soll ja auch nicht sicher sein. Ganz zu schweigen, wenn was nicht funktioniert oder kaputtgeht. Wer hilft mir dann weiter? Genauso wie diese elektronischen Bücher. Da hat Frau Schulz lieber ein herkömmliches Buch, bei dem man noch richtig die Seiten umblättern kann. Auch wenn man mit so einem elektronischen Buch sicherlich die Schrift vergrößern könnte.

Die alte Eieruhr, die Frau Schulz von ihrer Mutter geerbt hat, läutet. Der zweite Kuchen ist fertig. Ach, wenn doch alles so bleiben könnte, wie es jetzt ist – wenigstens noch ein Weilchen.

Ein kleiner fiktiver Ausschnitt aus dem Handeln, Denken und Fühlen einer allein lebenden, privat wohnenden älteren Frau, der so oder ähnlich heute vorkommen könnte und drei Dinge aufzeigt:

- Erstens, wie verwoben Menschen mit ihren räumlich-technisch-medialen Umwelten sind, unabhängig vom Alter: Wir alle nutzen täglich Dinge um uns herum, die der Alltagsgestaltung dienen. Wir bewältigen wiederkehrende Aufgaben, vom Aufstehen über die Selbstpflege bis hin zur Zubereitung von Mahlzeiten oder zum Einkaufen. Wir bewegen uns drinnen und draußen, wir bekommen Besuch, telefonieren und benutzen Haushaltsgeräte, wir sehen aus dem Fenster und wir lehnen uns in unserem Lieblingssessel zurück

und schließen die Augen – immer sind wir dabei aber im Austausch mit der Umwelt.
- Zweitens zeigt der Ausschnitt auch, wie sehr räumliche, technische und mediale Umwelten miteinander verwoben sind. Technische Geräte sind Alltagsgeräte, ihre Intelligenz schlummert häufig unter der sichtbaren Oberfläche. Wohnen heißt nicht nur, sich in Räumen aufzuhalten, sondern auch zu handeln, indem wir Geräte nutzen, drinnen den Herd oder den Wecker, draußen den Fahrstuhl oder den Bus. Medien – im Sinne technischer Geräte zur Kommunikation – begleiten uns nahezu den ganzen Tag; ob Fernsehen, Radio, Zeitung, Internet im Haus oder Mobiltelefon und Autoradio unterwegs.
- Und drittens zeigt der Ausschnitt, dass wir uns nicht immer bewusst sind über Zusammenhänge von räumlich-technisch-medialer Umwelt und dem, was gutes Leben und gutes Altern ausmachen kann, also z.B. Wohlbefinden, Selbstständigkeit und Lebensqualität. Wann geht es uns gut im höheren Alter, was ist dafür verantwortlich, was ist hinderlich, wo liegen die Ursachen? Kann man wirklich sagen, es geht einer Person besser, seit sie eine neue Küchenausstattung hat, seit der Hausnotruf installiert wurde, seit das Handy draußen immer mitgeführt wird? Können Interventionen im Wohnbereich älterer Menschen helfen, das Wohlbefinden zu stärken, Selbstständigkeit zu erhalten oder gar Stürze zu verhindern oder einen Auszug aus der bisherigen Wohnung zu vermeiden? Und hat das Wohnerleben wirklich eine Bedeutung für die eigene Stimmung, kann das Gefühl der Zugehörigkeit zur Nachbarschaft helfen, anders auf die eigene Wohnzukunft zu blicken?

Und noch ein weiteres soll uns dieses Fallbeispiel für das ganze Buch geben – nämlich Hilfestellung bei der notwendigen theoretischen Orientierung, ohne die man sich schnell in den Alltäglichkeiten und Unübersichtlichkeiten von Person-Umwelt-Beziehungen verlieren kann. Dazu möchten wir die »theoretische Kompassnagel« in dreifacher Hinsicht ausrichten und diese theoretische Dreiperspektivität bei allen weiteren Themen, die in diesem Buch behandelt werden, nutzen, um (1) die unterschiedlichen Themen miteinander zu verknüpfen und aufeinander zu beziehen und (2) die Unterschiedlichkeit dessen, was heute Person-Umwelt-Beziehungen im Alter ausmacht, prägnant zu unterstreichen:

- Das Modell des Person-Umwelt-Austauschs, das insbesondere zwei Prozesse im Bereich des umweltbezogenen Verhaltens (Agency) und im Bereich des umweltbezogenen Erlebens (Belonging) beschreibt und damit zwei Grundformen unserer Beziehung zur Umwelt (und deren Folgen) fokussiert, nämlich zielgerichtete Umweltveränderung und das Auskosten (manchmal auch Ertragen) kognitiv-emotionaler Umweltbezüge.
- Die Theorie der selektiven Optimierung mit Kompensation (SOK), für die Umweltaspekte eine oftmals vernachlässigte Rolle im »Adaptationsorchester« spielen.
- Das Konzept der Mediatisierung, das darauf abhebt, dass unsere Umwelten nicht konstant, sondern massiven Veränderungen unterworfen sind, wie etwa der Digitalisierung.

2.1 Erste Meta-Perspektive: Person-Umwelt-Austausch (P-U-Austausch)

Wir schlagen im Folgenden das Modell des Person-Umwelt-Austauschs (Agency & Belonging) als ein konzeptuelles Rahmenmodell der ökologischen Gerontologie vor (▶ Abb. 2.1), das auf vielfältige Prozesse des Person-Umwelt-Austauschs und auf Folgen dieser Prozesse abhebt.

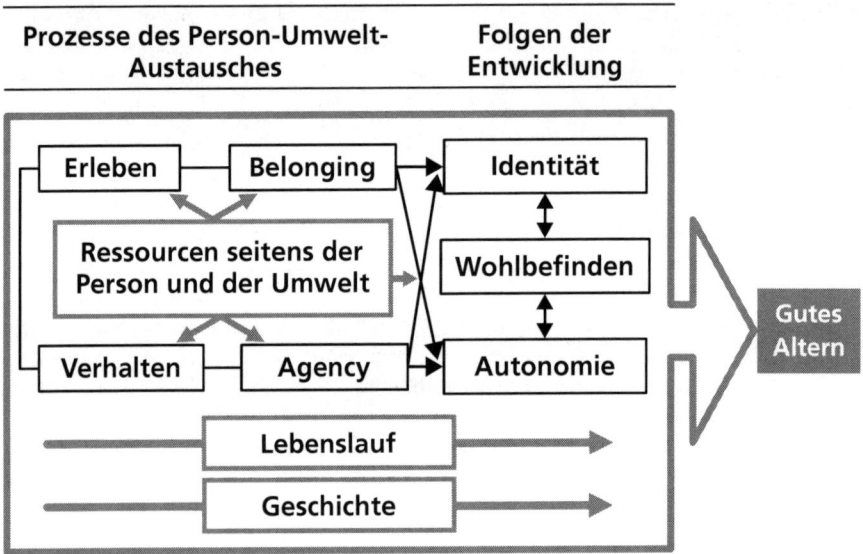

Abb. 2.1: Rahmenmodell zum Person-Umwelt-Austausch im höheren Alter (nach Wahl et al., 2012)

Im Modell werden zwei Prozessklassen unterschieden: Einerseits geht es in Anlehnung an Überlegungen von Oswald und Wahl (2003, 2005), Wahl und Oswald (2010a, 2010b), Wahl und Lang (2004) sowie Wahl, Iwarsson und Oswald (2012) um erlebensbezogene Prozesse der Bewertung, Bedeutungszuschreibung und Bindung bzw. Verbundenheit mit dem jeweiligen Umweltausschnitt, was als Belonging bezeichnet wird. So fühlt sich beispielsweise Frau Schulz in ihrer Wohnung, in der sie seit Jahrzehnten lebt, sehr wohl, kennt jede Ecke und jeden Schritt und möchte in dieser so lange wie möglich wohnen bleiben. Auch vermitteln ihr die seit Jahrzehnten genutzten Fernseh- und Radioprogramme und die abonnierte Regionalzeitung ein Gefühl von Alltagsorientierung, Gewohnheit und gesellschaftlicher Teilhabe. Ansätze und Konzepte wie Umweltzufriedenheit, -identität und -verbundenheit lassen sich diesen Belonging-Prozessen ebenso zuordnen wie der erlebte Umweltstress. Frau Schulz scheint zum Beispiel mit ihrer Wohnungsausstattung genauso wie mit ihrer Nachbarschaft und ihrem Stadtteil zufrieden zu sein; sie fühlt sich diesen verbunden, hat Freude, dem Kiosk-Besitzer zuzuschauen und auf den Markt zu gehen. Dennoch klingen auch Bereiche von Umweltstress an; so deutet Frau Schulz an, dass sie die Wohnung möglicherweise verlassen muss, wenn sich weitere Funktionseinbußen bemerkbar machen sollten, oder sie schildert, dass ihr die Fahrkartenautomaten für Busfahrten Schwierigkeiten bereiten. Ebenso bleiben ihr all die neuartigen Medien wie Computer, Internet oder elektronisches Lesegerät fremd, auch wenn ihre alte Schulfreundin und deren Mann davon schwärmen, welche Vorzüge diese mit sich brächten. Neben den Belonging-Prozessen sind die sogenannten Prozesse des Agency angeführt, worunter Prozesse der verhaltensbezogenen Aneignung, Nutzung, Auseinandersetzung und Veränderung bzw. der nur teilweise möglichen Kompensation mit Umwelt im Alter verstanden werden. Im Beispiel von Frau Schulz handelt es sich beim Fahrstuhl beispielsweise um eine Technik, die die nachlassende Fähigkeit, Treppen zu steigen, kompensiert. Dass Frau Schulz sich die Umwelt aneignet und diese nutzt, wird bspw. daran deutlich, dass sich Frau Schulz mit dem neuen Herd und dem Mobiltelefon auseinandersetzt, dass sie Fernseher und Radio genauso nutzt wie die öffentlichen Verkehrsmittel. Dass das durch eine bestimmte Umwelt zur Verfügung gestellte Angebot jedoch auch Grenzen hat, verdeutlichen Frau Schulz' Gedanken zum Umzug ins Betreute Wohnen. Ebenso nutzt sie den von den Kindern zu Weihnachten geschenkt bekommenen Videorekorder nicht selber, allein schon wegen der unverständlichen Fernbedienung. Zum Glück hat sie ihren Enkel immer zur Seite, wenn sie Probleme mit ihren technischen Geräten hat – wie zuletzt, als er ihr am Fernseher half, eine eigene Senderliste festzulegen. Mit der Wechselwirkung von Umweltangeboten und Kompetenzen der Personen beschäftigen sich Modelle der ökologischen Gerontologie, wie bspw. das Umweltanforderungs-Kompetenz-Modell (Lawton & Nahemow, 1973).

Schließlich wird im Rahmenmodell angenommen, dass Umweltprozesse zu bestimmten *Folgen der Entwicklung im Altersverlauf* führen. Zu betonen sind hier vor allem zwei grundlegende Aspekte, die den beiden eben thematisierten Prozessgruppen innewohnen. Zum Ersten ist davon auszugehen, dass Belonging-Prozesse vor allem zur Aufrechterhaltung von *Identität* bzw. identitätsrelevanter Persönlichkeitsaspekte im höheren Lebensalter beitragen. Die Frage »Wer bin ich?« wird nicht zuletzt auch aus Antworten mit unmittelbarem Umweltbezug wie »Ich wohne jetzt im Heim« oder wie – im Falle von Frau Schulz – »Ich wohne noch in meinen eigenen vier Wänden«, »Fernsehen ist mein ›Fenster zur Welt‹« oder »Ich kann noch alleine auf den Markt gehen« beantwortet. Allerdings ist festzustellen, dass ein solches »ökologisches Selbst« (Neisser, 1988) in der Entwicklungspsychologie des höheren Lebensalters bislang eher wenig erforscht wurde (z. B. Fuhrer & Josephs, 1998; Fuhrer & Laser, 1997; Kruse & Wahl, 1999; Staudinger, Freund, Linden & Maas, 1996) bzw. aus Sicht der Ökologischen Psychologie Aspekte des Belonging in Bezug auf ältere Menschen eher selten thematisiert werden (Born, 2002; Habermas, 1999; Hormuth, 1990).

Zum Zweiten ist davon auszugehen, dass Agency-Prozesse des Person-Umwelt-Austauschs in entscheidender Weise die *Autonomie* im Alter beeinflussen. In diesem Zusammenhang ist an Arbeiten zur Alltagskompetenz zu denken, in denen neben sozialen auch räumlich-dingliche sowie technische und mediale Umwelten als wesentlich betrachtet werden bzw. deren Veränderung nachweislich zur Optimierung von Alltagsaktivitäten auch bei eingeschränkten Kompetenzen beiträgt (Diehl & Willis, 2004; Gitlin, Corcoran, Winter, Boyce & Marcus, 2001; Wahl et al., 1999). So kann Frau Schulz noch in ihrer Wohnung leben, da bspw. ein Fahrstuhl zur Verfügung steht und sie die öffentlichen Verkehrsmittel nutzen kann, um Einkäufe nach Hause zu transportieren. Und per Mobiltelefon ist sie nun auch außer Haus erreichbar.

Schließlich kann angenommen werden, dass beide Umweltprozesse mitsamt den Folgen auf der Ebene von Identität und Autonomie auch Auswirkungen auf das subjektive *Wohlbefinden* haben. So verwundert es nicht, dass dieses »Outcome« auch in klassischen ökogerontologischen Ansätzen stark verankert ist (z. B. Carp, 1987; Kahana, Lovegreen, Kahana & Kahana, 2003; Lawton, 1982, 1983; Lawton & Nahemow, 1973). Allerdings werden ökologische Bezüge auch in diesem, heute kaum mehr überschaubaren Bereich der Wohlbefindens-Forschung im höheren Lebensalter eher selten untersucht und wenn, dann am ehesten im Zusammenhang mit der Wohnzufriedenheit (Pinquart & Burmedi, 2003).

2.2 Zweite Meta-Perspektive: Selektive Optimierung mit Kompensation (SOK)

Die von Paul B. Baltes und Margret Baltes (1989) entwickelte Theorie der Selektiven Optimierung mit Kompensation gründet auf einer Lebensspannenkonzeption mit ihrer Annahme von Gewinnen, Stabilität und Verlusten im Alter. Die Autoren gehen davon aus, dass es durch die drei fundamentalen Anpassungsprozesse der Selektion, Optimierung und Kompensation gelingen kann, ein relativ stabiles Funktionsniveau, ein positives Selbstbild und ein hohes subjektives Wohlbefinden auch im hohen Alter aufrechtzuerhalten. Diese drei Prozesse gelten als universelle Prozesse zur Entwicklungsregulation im Alter, die mehr oder weniger bewusst eingesetzt werden (können).

Bei der Selektion, die untergliedert wird in die elektive sowie die verlustbetonte Selektion, geht es um die Spezialisierung von Entwicklungsprozessen. Bei der *elektiven Selektion* kommt es zu einer initiativ-prospektiven Auswahl und Formulierung von Zielen und Bereichen. Das heißt, dass Zielhierarchien ausschließlich den eigenen Präferenzen entsprechend ausgewählt oder gebildet werden. Bei der *verlustbetonten Selektion* hingegen, wird durch die Neu- und Umformulierung von Zielen auf Verluste reagiert. Die verlustbetonte Selektion zieht somit eine Umstrukturierung des eigenen Ziele-Systems nach sich. Bei der *Optimierung* geht es um das (neue) Erwerben und/oder Verbessern von Mitteln, Ressourcen und Handlungsweisen, die zielrelevant sind und helfen, die selegierten Ziele zu erreichen. Zur Optimierung tragen die Komponenten Selektion und Kompensation bei. Beispielsweise kann ein gewünschtes Ziel, das durch ehemals vorhandene Mittel nicht mehr erreicht werden kann, durch alternative

Mittel erreicht werden, was der Kompensation entspricht. Bei der *Kompensation* handelt es sich ebenfalls um eine adaptive Leistung. Es kommt zu einem bewussten oder unbewussten Reagieren auf Defizite oder Verluste zur Wiederherstellung oder Aufrechterhaltung eines bestehenden oder einmal vorgelegenen Funktionsniveaus oder bio-psychosozialen Status, indem alternative Mittel eingesetzt werden. Freund und Baltes (2002) nennen als Beispiele die Verwendung eines Hörgerätes oder einer Brille im Falle akustischer bzw. optischer Verluste. Die Kompensation kann auch Verluste in Ressourcen beinhalten, die nicht Folge permanenter Verluste sind, sondern Folge temporärer Blockaden oder Folgen der Entwicklung selbst. Beispielsweise kann das Erlernen einer weiteren Fremdsprache eine bereits zuvor erlernte Sprache negativ beeinflussen.

Nach Baltes' und Baltes' Theorie kann Umwelt bzw. können ihre Bestandteile/Merkmale als ein Mittel betrachtet werden, um die Prozesse der Selektion, Optimierung und Kompensation zu unterstützen und damit ein »gutes« Altern zu fördern. Das Beispiel von Frau Schulz soll zur Veranschaulichung dienen. An verschiedenen Stellen wird darin deutlich, dass Frau Schulz ganz bewusst aus den ihr durch die Umwelt zur Verfügung stehenden Möglichkeiten auswählt. So kann sie durch die Vielfalt an Fernseh- und Radioprogrammen dasjenige Programm auswählen, das ihrem nachlassenden Konzentrationsvermögen am meisten zusagt. Ihre Enkelin erklärte Frau Schulz, dass auch das Internet viele Möglichkeiten bietet, sich gezielt Informationen über bspw. Freizeitgebote für Ältere zu suchen. Auch könne man darüber Aufgaben wie Bankangelegenheiten von zu Hause aus erledigen, wenn man nicht mehr so gut zu Fuß sei. Gleichzeitig klingt an, dass diese Art von Selektion eng verwoben ist mit den Aspekten der Optimierung und Kompensation. Durch die Anzeige der Abfahrtszeiten kann Frau Schulz beispielsweise ihre Wege zeitlich besser planen, sodass sie im Sinne der Optimierung nicht unnötig lange an der Haltestelle stehen muss. Sie benutzt zudem ihr Rollwägelchen, um schwere Einkäufe zu transportieren und reagiert so auf ihre nachlassende körperliche Ausdauer und Stärke. Auch das Handy trägt zu einem gelingenden Stadtbesuch bei, indem es Frau Schulz ein Gefühl von Sicherheit vermittelt. Durch die im Telefon eingespeicherten Nummern muss sie sich außerdem nicht alle Telefonnummern ihrer Freundinnen merken. Das von ihrer Enkelin empfohlene elektronische Buch, das Frau Schulz jedoch nicht möchte, könnte insbesondere bei Personen hilfreich sein, die Probleme haben, kleine Schriften zu erkennen, da es diese vergrößern kann. Die räumlich-technisch-mediale Umwelt bietet somit vielfältige Möglichkeiten, um die Prozesse der Selektion, Optimierung und Kompensation zu unterstützen bzw. zu ermöglichen.

2.3 Dritte Meta-Perspektive: Mediatisierung

Aus gerontologischer Perspektive wird das Verhältnis von Alter(n) und Umwelt in modernen Gesellschaften besonders durch den Prozess des demografischen

Wandels reflektiert. Wie wirkt sich die Alterung der Gesellschaft, geprägt durch zunehmende Lebenserwartung und einem Anstieg an Hoch- und Höchstaltrigen, auf die Umwelt aus? Doch lässt sich in umgekehrter Richtung ebenfalls ein Prozess beschreiben, wonach sich die Umwelt in einem dynamischen Wandel befindet und unmittelbar Auswirkungen auf das heutige und zukünftige Altern haben wird. Gemeint ist der mediale Wandel im Sinne einer »Digitalisierung«, die in den 1980er Jahren mit dem Computer begann und in den 1990er Jahren mit dem Internet und Mobiltelefonen zwei weitere Schlüsselmedien hervorbrachte. In der Medien- und Kommunikationswissenschaft wird dieser Innovationsschub mit dem Konzept der »Mediatisierung« in Verbindung gebracht (vgl. Hartmann & Hepp, 2010; Lundby, 2009). Einer der Hauptvertreter dieses Konzepts ist der Soziologe und Medien- und Kommunikationswissenschaftler Friedrich Krotz, der mit seiner Publikation aus dem Jahre 2007 versuchte, dieses Konzept theoretisch und empirisch zu erfassen. Er stellt darin einige Grundannahmen auf, die zentral für das Verhältnis von Mensch und Umwelt sind und somit auch das Alter(n) tangieren. Krotz (2007) betrachtet Mediatisierung als fortdauernde Entwicklungsgeschichte der Kommunikationsmedien, innerhalb derer die Digitalisierung einen weiteren epochalen Innovationsschub darstellt, wie zuvor die Verbreitung von Schrift, Buchdruck und der elektronischen Medien: »*Diese Entwicklung, die heute in der Durchsetzung der digitalisierten Kommunikation kulminiert, aber mit dem Internet längst nicht zu Ende ist, soll einschließlich ihrer sozialen und kulturellen Folgen als Prozess der Mediatisierung bezeichnet werden*« (ebd., S. 38). Da dieser Prozess sowohl zeitlich als auch räumlich offen ist, sind nach Krotz Zuschreibungen wie »Informationsgesellschaft«, die ein Entwicklungsziel intendieren, unzulässig.

Wie auch die »Individualisierung« und die »Globalisierung« stellt die Mediatisierung einen Metaprozess der Moderne dar. Kennzeichnend ist eine dynamische Entwicklung medialer Innovationen, die einerseits zu einer quantitativen Häufung an Kommunikationsmedien im öffentlichen und privaten Bereich führt. Denn neue Medien ersetzen nicht alte Medien, sondern vielmehr findet ein Ausdifferenzierungsprozess statt. Andererseits erweitert sich qualitativ das Spektrum an Kommunikationsformen. Neben herkömmlicher, analoger Individual- und Massenkommunikation mittels Telefon, Fernsehen, Radio oder Printmedien treten neue Formen der Kommunikation hinzu: Onlinekommunikation über Internet (E-Mail, Chat, Blog, Instant Messaging, Bildtelefon), Mobilkommunikation über Handy und Smartphone (inkl. SMS) und interaktive Formen bspw. über soziale Roboter (Robbe Paro). Der Alltag wird zunehmend zum Medienalltag, bei dem Kommunikation über und mit Medien stattfindet.

Das Konzept der Mediatisierung beruht auf den drei theoretischen Säulen Mediumstheorien, Symbolischer Interaktionismus und dem Konzept des Sozialen Handelns. In Anlehnung an Mediumstheorien (McLuhan, 1968; Meyrowitz, 1987) wird die Digitalisierung als neue Basistechnologie verstanden, die mit ihrer Architektur der Kommunikation (online, mobil, interaktiv, Zwischenformen von Individual- und Massenkommunikation) das Verhältnis von Raum und Zeit verändert und neue kulturelle Umwelten schafft; hier lässt sich eine theoretische Anknüpfung an Virilios »Dromologie« (1999) anführen, wonach Mediatisierung durch eine Zunahme der Informationsgeschwindigkeit gekennzeichnet wird, die zugespitzt zur Vernichtung von Raum und Verdichtung von Zeit führt. Menschen stehen dieser Entwicklung jedoch nicht ohnmächtig gegenüber. Auf Grundlage der beiden rezipientenorientierten Ansätze des »Symbolischen Interaktionismus« und des »Sozialen Handelns« nutzen, integrieren und modifizieren Menschen diese Innovationen aktiv. Technik bietet lediglich Potenziale, der Wandel von Alltag und Kultur erfolgt aber erst durch die Aneignungsprozesse, Domestizierung und Integration der Menschen: »*sie konstituieren diese Veränderungen, insofern sie immer mehr Medien für immer neue Aktionen und Prozesse in ihren Alltag einbeziehen – für sie sind die immer neuen Medien mit immer neuen kommunikativen Möglichkeiten ein Potenzial, das sie realisieren*« (Krotz, 2007, S. 33).

Diese theoretischen Ausführungen haben weitreichende Implikationen für das heutige und zukünftige Altern. Es gilt als eine zentrale ökogerontologische Grundannahme, dass die Umwelt mit zunehmendem Alter an Bedeutung gewinnt. So können räumlich-dingliche Umwelten wie die Badewanne oder – im Falle von Frau Schulz die Treppe – durch Mobilitätseinschränkungen zu unüberwindbaren Barrieren werden. Ebenso stellen technische Innovationen wie Fahrkarten- und Geldautomaten sowie neue Medien wie Computer, Internet oder Mobiltelefon Umwelten dar, die auf ältere Menschen einen Druck ausüben und Barrieren implizieren können. Als Beispiel sei hier die Enkelin von Frau Schulz angeführt, die der Meinung ist, dass sie sich einen Internetanschluss zulegen solle, da sie sonst von der modernen Welt ausgeschlossen sei. Und ähnlich wie Fahrkartenautomaten in der Handhabung technische und kognitive Barrieren bereithalten, gilt dies für die Aneignung und kompetente Nutzung digitaler Medien. Insbesondere heutige Kohorten älterer Menschen, die noch in einer analogen Medienwelt, einer früheren Technikgeneration, groß wurden, empfinden die digitale Medienwelt als fremdartig. Erschwerend kommt hinzu, dass sich infolge der Dynamisierung mediale Umwelten ständig verändern. In immer kürzeren Abständen kommen neue Medien hinzu und gleichzeitig verringert sich die Dauer technischer Generationen – für Mobiltelefone liegt sie bei etwa zwei Jahren, für Computersoftware und Internetdienste kann sie noch kürzer sein. Digitale Inklusion älterer Menschen bedeutet folglich nicht nur, einen niedrigschwelligen, barrierefreien Zugang zu den neuen Medien zu schaffen, sondern es gilt verstärkt Möglichkeiten zur kontinuierlichen Weiterbildung im Umgang mit neuen Medien anzubieten.

Wie wir gesehen haben, bieten die drei dargestellten theoretischen Zugänge die Möglichkeit, Verknüpfungen zwischen den unterschiedlichen Themen herzustellen und die Verschiedenartigkeit heutiger Person-Umwelt-Beziehungen im Alter hervorzuheben. Wir schlagen deshalb das folgende »Theoriemosaik« (▶ Abb. 2.2) vor.

Zu Beginn der folgenden Kapitel wird dieses Theoriemosaik jeweils aufscheinen, um die entsprechend fokussierte Umwelt (Wohnumwelt, außerhäusliche Umwelt, Technikumwelt, Medienumwelt) vor dem Hintergrund dieser drei ausgewählten Theorien theoretisch grundlegend einzuordnen. Diese für

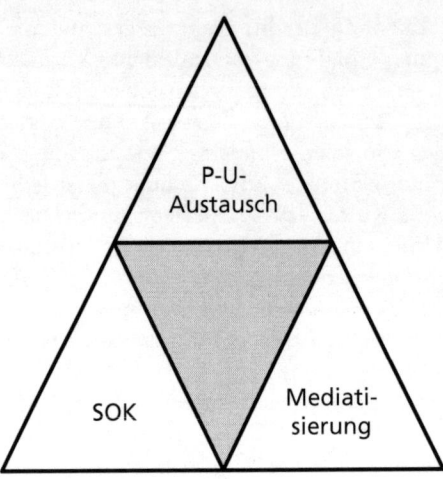

Abb. 2.2: Das Theoriemosaik – zentrale theoretische Perspektiven des Buches

unsere Analysen von Person-Umwelt-Beziehungen grundlegenden theoretischen Konzepte bedeuten übrigens nicht, dass andere theoretische Ansätze keine Rolle spielen. Sie haben vielmehr einen höheren (»Meta-«)Status, unter dem durchaus auch weitere theoretische Sichtweisen einen Platz finden können.

3 Wohnen im Alter

3.1 Einleitung und übergreifende theoretische Einordnung

Wohnen bezeichnet den lebenslangen Austauschprozess zwischen Menschen und ihrer Umwelt auf physischer, psychischer und sozialer Ebene. Die Frage nach der Bedeutung des Wohnens kann daher sehr grundsätzlich und ohne Bezug zu einem bestimmten Lebensalter beantwortet werden: »Mensch sein heißt: als Sterblicher auf der Erde sein, heißt: wohnen« (Heidegger, 1954; 1990, S. 141). Bei genauer Betrachtung betonen verschiedene Disziplinen unterschiedliche Wohnaspekte, so wird mal der räumliche Aspekt der Behausung, Struktur und Beschaffenheit von Wohnungen, mal der soziale Aspekt des Austausches und gemeinsamen Lebens und mal der Aspekt der lebenslangen Bindung von Personen an ihre Wohnumwelten betont. Aus der besonderen Perspektive des Wohnens im hohen Alter wollen wir im Folgenden einerseits den naheliegenden und häufig thematisierten Gegenstand des alltäglichen Handelns in der Wohnumwelt und der Auseinandersetzung mit Barrieren beschreiben, da dies gerade bei zurückgehenden Kompetenzen im sehr hohen Alter in Frage stehen und so in der Folge den Selbstständigkeitserhalt und das Wohlbefinden gefährden kann. Andererseits werden wir auch auf bisweilen unterschätzte Facetten des Wohnerlebens eingehen, da sich im hohen Alter viele über die Biografie und eine lange Wohndauer am selben Ort hinweg angereicherte Erfahrungen auf das Wohnen beziehen und diese zumindest auch einen Teil unserer Identität und unser Wohlbefinden insgesamt mitbestimmen können. Wir werden, nach einer Eingangsbetrachtung zum Theoriemosaik, demografische Indikatoren und einige Zahlen zum Wohnen im Alter nennen, Bezüge zu Modellen des Person-Umwelt-Austauschs im Alter herstellen und exemplarische empirische Belege zu beiden Prozessen und deren Folgen vorstellen. Zudem werden wir ausführlich auf Fragen des Umzugs im hohen Alter und dabei auch auf die Bedeutung von alternativen Wohnformen und des Wohnens im Heim eingehen.

Das *Modell des Person-Umwelt-Austauschs (Agency & Belonging)* wurde ursprünglich vor dem Hintergrund von Konzepten und empirischen Befunden der Wohnforschung im höheren Alter entwickelt. Daher werden – anders als in den anderen Kapiteln – in diesem Kapitel später im Detail aufgeführte Ergebnisse ausführlich in Bezug zu zentralen Wohnprozessen und Entwicklungsfolgen des Modells gesetzt.

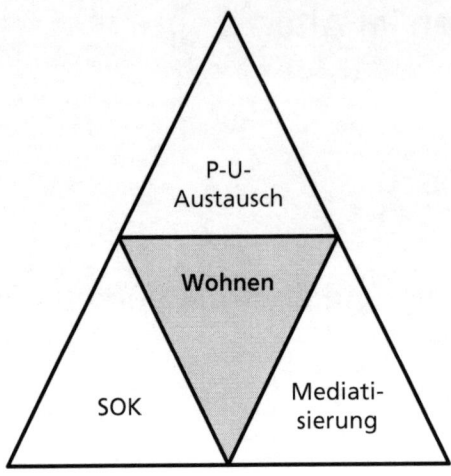

Viele Prozesse des Wohnhandelns über eine lange Wohndauer hinweg lassen Elemente der *Selektion, Optimierung und Kompensation* erkennen. So können als Folge von Gewöhnungsprozessen über die Zeit eine Auswahl häufig gegangener Wege oder automatisierte Handlungsabläufe und Routinen im Wohnbereich auftreten, auf die sowohl selbst gewählt (elektiv) als auch reaktiv als Anpassung an z. B. allmählich zunehmenden Kompetenzeinbußen (verlustbasiert) zurückgegriffen wird (Selektion). Ein komplexer und in der Regel bewusst ablaufender Prozess von Selektion, Optimierung und Kompensation im Wohnbereich soll hier exemplarisch vorgestellt werden, nämlich die Bildung von sogenannten Kontrollzentren oder Lebenszentren, insbesondere am Lieblingsplatz in der Wohnung (nach Lawton, 1989, siehe auch später im Text). Der Theorie folgend findet dabei eine Selektion bestimmter Ausschnitte der Wohnumwelt statt (Selektion), die ganze Räume, Raumausschnitte oder auch nur einzelne Plätze umfassen kann, die besonders vielfältige Optionen des Handelns (mit dem Ziel der Kontrolle, Übersicht, Kommunikation) und Erlebens (z. B. Erinnern, Wohlfühlen, Planen) eröffnen und an denen in der Regel auch viel Zeit des Tages verbracht wird. Optimiert wird der Alltag an diesen Plätzen durch Anreicherung mit allen notwendigen und angenehmen Dingen des Lebens (Medikamente, Lebensmittel, Getränke, Telefon, Fernbedienungen, wichtige Adressen, bequemes Kissen, Fotos etc.) und der Möglichkeit variabler Blickrichtungen mit maximaler Kontrolle über die Wohnumwelt, ohne aufstehen zu müssen. Kompensation findet an diesen Plätzen dann statt, wenn beispielsweise Hilfsmittel (Fernbedienung, Telefon, Aufstehhilfe) eingesetzt werden, die der Optimierung von Kontrolle und darüber hinaus der Erhöhung des Wohlbefindens in der gewohnten Umwelt dienen. Solche Kontroll- oder Lebenszentren findet man übrigens nicht nur in Wohnungen älterer Menschen mit Kompetenzeinbußen (z. B. des Sehens und des Gehens), sondern auch bei weitgehend gesunden Älteren (Oswald, 1996). Frau Schulz hat übrigens zwei solche Lieblingsplätze, einen tagsüber in der Küche. Hier sitzt sie am Küchentisch, plant alles für die Essenszubereitung und die täglich notwendigen Aufgaben. Auch für eine Runde ihres Lieblingsspiels »Boggle« (ein Wortfindungsspiel) zwischendrin, die anstehenden Telefonate und eine Tasse Tee oder Kaffee ist an diesem Platz Zeit. Von hier aus organisiert sie ihren Alltag. Abends, wenn es dunkel wird, macht sie es sich in ihrem Wohnzimmer vor dem Fernseher gemütlich, da liegt es sich auch besser mit ihrem Rückenkissen, einer Decke und der Fernbedienung in der Hand.

Wohnen kann mit dem Konzept der Mediatisierung insofern in Beziehung gesetzt werden, als in immer stärkerem Maße auch von älteren Menschen zum sozialen Austausch multi-mediale Kanäle der Kommunikation (Internet-Telefonie, soziale Netzwerke) genutzt werden, wobei neben privater Kommunikation auch gesundheitsbezogene mediale Anwendungen (e-health, telecare, Ambient Assisted Living) in den Fokus rücken (▶ Kap. 5). Damit erfolgt eine mediale Ausweitung der Welt innerhalb der eigenen vier Wände, die den sozialen Austausch einerseits über regionale und zeitliche Grenzen, andererseits über Lebensalter hinweg fördern und bis ins sehr hohe Alter hinein begleiten kann. Zum einen eröffnet sich damit eine bereits weiter vorne erwähnte Option zur Vernichtung des realen zugunsten des virtuellen Raums, zum anderen kann auch eine vertiefte »Verräumlichung«, z. B. als Betonung des sozial-räumlichen Wohnraums festgestellt werden (Döring & Thielmann, 2009). Frau Schulz telefoniert dreimal pro Woche mit ihrem Sohn. Ihre Enkelin ist derzeit auf Reisen und hat einen »Chat« eingerichtet. Wie das genau funktioniert, weiß Frau Schulz nicht, aber sie kann mit ihrem Computer (den ihr Sohn ihr vorübergehend angeschlossen hat) verfolgen, wo sie sich gerade befindet, und sogar Fotos und Tagebucheinträge lesen. Eigentlich ist sie damit ihrer Enkelin jeden Tag genauso nahe wie der Nachbarin gegenüber, die pünktlich um acht Uhr morgens ihre Rollläden hochzieht, sozusagen als Lebenszeichen und Versicherung, dass alles in Ordnung ist.

3.2 Konzeptuelle Grundlagen zum Wohnen im Alter

Die Handlungs- und die Erlebensebene des Wohnens sind im Alltag eng miteinander verwoben. Aber es gibt nur wenige Konzepte, die sowohl objektive, als auch subjektive Aspekte des Person-Umwelt-Austauschs im Wohnbereich auf beiden Ebenen explizit adressieren (Golant, 2011; Oswald, Schilling et al., 2006; Wahl et al., 2012; Wahl & Lang, 2004; Wahl & Oswald, 2010a; Wahl & Oswald, 2010). Um die Vielfalt umweltbezogener Erlebens- und Handlungsbezüge abzubilden, nehmen wir daher hier ausführlicher Bezug zum weiter vorn vorgestellten konzeptuellen Rahmenmodell, dass sowohl Prozesse und zugrundeliegende theoretische Ansätze des Erlebens unter dem Oberbegriff Belonging als auch des Verhaltens und zugehöriger Steuerungsprozesse unter dem Oberbegriff Agency zusammenführt. Im Folgenden werden Facetten des Verhaltens und

Erlebens und ihre möglichen Folgen für das Altern, mit besonderer Berücksichtigung der Wohnumwelt, behandelt.

3.2.1 Konzepte des Wohnverhaltens (Agency)

Vehaltensbezogene Prozesse des Wohnens beschreiben die Nutzung, Gestaltung von und Auseinandersetzung mit der jeweiligen Wohnumwelt (innerhalb und außerhalb der eigenen vier Wände). Diesen Prozessen lassen sich u. a. das Umweltanforderungs-Kompetenz-Modell, Person-Umwelt-Kongruenz-Ansätze und das Konzept der Umwelt-Proaktivität zuordnen, auf die hier eingegangen werden soll.

Im Bereich der ökogerontologischen Theorien zeichnen sich frühe Ansätze, vor allem das »*Umweltanforderungs-Kompetenz-Modell*« und die diesem zugehörige »Umweltfügsamkeits-Hypothese«, durch ein eher verlustorientiertes Bild des Alterns und des Umgangs mit der Wohnumwelt im Alter aus. Herausgestellt wird dabei die mit dem Alter schwerer zu bewältigende bzw. im positiven Falle die Altersverluste kompensierende oder prothetische Qualität von privaten und institutionellen Umwelten, z.B. im Sinne von Barrieren der Zugänglichkeit oder des sozialen Austauschs mit Mitbewohnern (Lawton & Nahemow, 1973; Lawton & Simon, 1968; Lindsley, 1964). Umwelt im Alter ist danach vor allem deswegen bedeutsam, weil sie die Aufrechterhaltung von Selbstständigkeit und Autonomie, aber auch von Lebenszufriedenheit gefährden kann. Je geringer die Kompetenz (und diese wird als typischerweise altersabhängig angesehen), desto größer der negative Einfluss von ungünstigen und den alten Menschen überfordernden Umweltfaktoren. Zwar berücksichtigte das Umweltanforderungs-Kompetenz-Modell auch Umwelteinflüsse auf die emotionale Gestimmtheit und propagierte in Anlehnung an Helson (1964) eine leichte Unter- oder Überforderung der eigenen Kompetenzen durch Umweltbedingungen als emotional anregend für die Person; man findet diesen Gedanken heute in der Diskussion um den Trainingseffekt von Treppen, jedenfalls so lange sie freiwillig beispielsweise anstelle von Rolltreppen benutzt werden. Aber erst in der späteren Diskussion dieses Modells wurde psychischen Prozessen und individuellen Bedürfnissen ein größerer Stellenwert beigemessen.

Vor allem im »*Person-Environment Congruence Model*« (Kahana, 1975) und im »*Complementary/Congruence Model*« (Carp & Carp, 1984) werden psychische Aspekte in die Theorienbildung integriert. Personen unterscheiden sich danach beispielsweise in ihrem Wunsch nach Strukturiertheit oder Reglementiertheit der Situation sowie nach sozialer oder emotionaler Anregung auch in ihrer alltäglichen Wohnumwelt. Für Kahana ist eine dosierte Diskrepanz zwischen Umweltbedingungen und eigenen Kompetenzen bzw. Wünschen die beste Voraussetzung für eine optimale Passung (»Fit«) von Person und Umwelt (vgl. neuerdings auch Kahana et al., 2003). Das »Complementary/Congruence Model« (Carp, 1987; Carp & Carp, 1980; Carp & Carp, 1984) unterscheidet basale, am Selbstständigkeitserhalt orientierte persönliche Bedürfnisse (Basic Needs), z.B. nach Schutz und Sicherheit und Wachstumsbedürfnisse (Higher-order Needs), die sich beispielsweise auf das Ausmaß an erwünschter Privatheit oder Anregung beziehen. Diesen Bedürfnissen ist seitens der Wohnumwelt auf unterschiedliche Art und Weise zu entsprechen, damit es zu einer optimalen Passung (»Fit«) von

Umweltbedingungen und Bedürfnissen kommt bzw. eine Fehlpassung (»Misfit«) vermieden wird. Während basale Umweltbedürfnisse eine komplementäre, den Bedürfnissen entgegenkommende prothetische Umwelt fordern (z. B. ein Dach über dem Kopf oder vorhandene Haltegriffe zur Kompensation von Gehbeeinträchtigungen), dient der Erfüllung von Wachstumsbedürfnissen am besten eine kongruente, entsprechende, also die Bedürfnisse erlaubende Umwelt (z. B. Privatheit durch Möglichkeit zum Rückzug; Anregung durch Stimulation).

Lawtons Ansatz des »*Umweltanforderungs-Kompetenz-Modells*« erfährt zunächst Kritik in dem Sinne, er enthalte ein zu passives, defizit-orientiertes Altersbild, das den älteren Menschen vor allem als Spielball von »Umweltdruck« betrachte, als ob die Wohnumwelt ausschließlich aus mehr oder weniger vielen Hindernissen besteht, die man überwinden muss. Lawton greift seit etwa Mitte der 80er Jahre des 20. Jahrhunderts diese Kritik auf und legt eine Differenzierung des Umweltanforderungs-Kompetenz-Modells vor. Er stellt nun seitens der Umwelt dem »Umweltdruck« die »Umweltreichhaltigkeit« und seitens der Person der »Umweltfügsamkeit« die »Umweltproaktivität« gegenüber (Lawton, 1985, 1989). Damit ist Umwelt im Alter nicht mehr nur eine mehr oder weniger barrierehafte Entität, der sich die älter werdende Person anzupassen hat, sondern Umwelt bietet auch Entwicklungsanreize. Die Wohnumwelt bietet neben Barrieren auch Annehmlichkeiten und schöne Seiten und der ältere Mensch wird damit auch als aktiv gestaltende, den eigenen Bedürfnissen, Wünschen und Zielen entsprechend agierende Person gesehen.

Im Hinblick auf solche zielgerichtete Prozesse des Wohnverhaltens (Agency) wird vermutet, dass sie in der Folge insbesondere zur Aufrechterhaltung von Alltagsselbstständigkeit im höheren Lebensalter, also zum Wohnenbleiben, beitragen. Die Frage »Was kann ich noch?« wird im höheren Alter besonders vor dem Hintergrund alltäglicher Handlungen im Wohnbereich gespeist und trägt maßgeblich zum Selbstverständnis von Autonomie bei.

3.2.2 Konzepte des Wohnerlebens (Belonging)

Erlebensbezogene Prozesse des Wohnens beschreiben die Bewertung, Bedeutung von und Bindung an bzw. Verbundenheit mit dem jeweiligen Umweltausschnitt drinnen und draußen. Diesen Prozessen lassen sich u. a. Konzepte wie Umweltzufriedenheit, Umweltverbundenheit, Umweltbedeutung oder Umweltidentität zuordnen, auf die hier eingegangen werden soll.

Mit der *Umweltzufriedenheit* ist eine momentane oder zeitstabile Einschätzung der objektiven Umweltbedingungen gemeint (Weideman & Anderson, 1985), z. B. als Zufriedenheit mit der Wohnung oder der Nachbarschaft. Diese wird primär als Kriterium objektiver Umweltqualität, bisweilen aber auch als Prädiktor umweltbezogenen Handelns betrachtet (z. B. Weideman & Anderson, 1985). Das sogenannte »Zufriedenheitsparadoxon« macht dabei als ein typisches Phänomen zur Erklärung von Handlungen insbesondere im hohen Alter verständlich, warum schlechte objektive Umweltbedingungen nicht zwangsläufig zu schlechten subjektiven Bewertungen derselben führen müssen (Staudinger, 2000). Verzerrte

Zufriedenheitseinschätzungen können nämlich Gefühle der Zugehörigkeit zu bestimmten Orten schützen und Bedrohungen der Ortskontinuität, etwa aufgrund offensichtlich ungünstiger Wohngegebenheiten, minimieren. Zudem wird Umweltzufriedenheit häufig im Zusammenhang mit anderen gerontologischen Bedingungs- oder Zielvariablen betrachtet, wie Lebenszufriedenheit oder Wohlbefinden (Diener, 1984; Pinquart & Burmedi, 2003; Veenhoven, 1996).

Die Phänomene der »*Umweltverbundenheit*« und »*Umweltbedeutung*« thematisieren die Bedeutung von gerade im höheren Lebensalter bestehenden langjährigen Person-Umwelt-Beziehungen für den Alltag. Es wird vermutet, dass in diesen oft jahrelangen Austauschprozessen objektive Umweltaspekte so stark verinnerlicht werden, dass die alternde Person gewissermaßen mit diesen innerlich untrennbar »verwächst«, d. h. dass Erlebensroutinen und Automatismen auftreten und dass die Wohnumwelt oder Ausschnitte daraus (Dinge) zur Materie gewordene Biografie werden kann (Oswald & Wahl, 2005; Rowles, Oswald & Hunter, 2004; Rubinstein, 1989; Rubinstein & de Medeiros, 2004; Smith, 2009). Ein solches Wohnverständnis erlaubt eine Sicht auf Person-Umwelt-Relationen im Alter, die nicht nur Anpassung fordert und Anreize bietet, sondern auch lebenslang erworbene Bedeutungen repräsentiert und Identität stiftet. Dies kann auch verdeutlichen, warum ein notwendiger Umzug oder auch nur die Vorstellung davon im Einzelfall als Bedrohung des Selbst mit allen damit verbundenen negativen emotionalen Folgen empfunden werden kann (Oswald & Rowles, 2006).

Konzepte wie »*Umweltidentität*« oder »*Ortsidentität*« (Proshansky, 1978; Proshansky, Fabian & Kaminoff, 1983) gehen schließlich von einer untrennbaren Einheit von Person und Umwelt aus. Prozesse der Emotions- und Selbst-Regulation sollen nicht als internale homöostatische Abläufe verstanden werden, sondern in Auseinandersetzung mit der alltäglichen Umwelt erfolgen (Korpela, 1989). »Place Identity« wird verstanden als »substructure of self-identity which consists of (...) cognitions about the physical world in which the individual lives«(Proshansky et al., 1983, S. 59). Diese Kognitionen umfassen Erinnerungen, Ideen, Einstellungen, Werte, Vorlieben, Bedeutungen und Konzepte von Verhalten und Erleben, die direkt auf die jeweilige Alltagsumwelt bezogen sind. Die Identität einer Person wird aber auch durch konkrete Orte und Dinge bestimmt. Dies ist gerade im hohen Alter von Bedeutung, weil Umweltidentität ganz wesentlich angereichert wird durch lebenslang erfahrene und mit dem Alter sich mehrende Umwelterlebnisse. Sie ist geprägt durch die Gegenwart, aber auch durch die eigene Umweltvergangenheit, die biografisch zurückliegende Räume und Plätze in ihrer Beziehung zu erfüllten oder unerfüllten Bedürfnissen der Person.

Im Hinblick auf solche nicht zielgerichteten Prozesse des Wohnerlebens (Belonging) wird vermutet, dass sie in der Folge zur Aufrechterhaltung von Identität bzw. identitätsrelevanter Persönlichkeitsaspekte im höheren Lebensalter beitragen. Die Frage »Wer bin ich?« wird im höheren Alter nicht zuletzt auch aus Beschreibungen der Person im Verhältnis zu ihrer Umwelt gespeist und bildet damit einen Teil des »ökologischen Selbst« (z. B. Born, 2002; Habermas, 1999; Hormuth, 1990; Neisser, 1988). Oder, in den Worten des Geografen Graham Rowles, Bedeutungszuschreibung und Umweltverbundenheit spiegeln nach langer Wohndauer am selben Ort Muster räumlicher, sozialer und autobiografischer

Verinnerlichung (»Insideness«) wider, die helfen können, die eigene Identität zu erhalten (Rowles, 1983; 2008): »Place becomes a landscape of memories, providing a sense of identity (...)«(Rowles, 1983, p. 114; Rowles & Watkins, 2003; vgl. dazu auch Smith, 2009). Dies könnte auch ein Erklärungsansatz dafür sein, warum ältere Menschen häufig hohe Risiken eingehen, ihre Selbstständigkeit zu verlieren (z. B. durch einen Sturz in der nicht barrierefreien Wohnung), wenn sie dabei nur an gewohnten Umweltbedingungen festhalten können, eben weil sich darin auch die eigene Identität widerspiegelt. Ein unpraktisches Möbelstück, ein potenziell sturzauslösender Gegenstand (z. B. ein Teppich) kann biografisch bedeutsam sein und identitätsrelevante »Geschichten« erzählen, weswegen man vielleicht nicht bereit ist, ihn einzutauschen oder aufzugeben. Allerdings können Prozesse des Wohnerlebens (Belonging) auch ganz alltagspraktische Folgen haben. Bestimmte Handlungen nicht nur nach ihrer »sichtbaren« Funktion, sondern auch nach ihrer (z. B. biografisch gewachsenen, identitätsrelevanten) Bedeutung zu beurteilen (z. B. ein Marktbesuch oder ein Friedhofsbesuch) kann zum Verständnis des Wohnalltags zuhause und im Quartier beitragen und helfen, die Organisation und Aufrechterhaltung der eigenen Selbstständigkeit zu optimieren. Zudem wirken sich Wohnverhaltens- und Wohnerlebensprozesse nicht nur auf Identität und Autonomie, sondern auch auf subjektives Wohlbefinden aus, einer klassischen gerontologischen Zielvariable (▶ Abb. 3.1).

Exkurs zu einem neuen Konzept zu Agency und Belonging im Wohnbereich

Man kann nun die Prozesse des Wohnverhaltens (Agency) und Wohnerlebens (Belonging) noch weiter ausführen und beispielsweise mit konkreten Wohnentscheidungen im höheren Alter in Verbindung bringen. Unter den neueren umfassenden Ansätzen, die konkrete Wohnentscheidungen im hohen Alter konzeptuell zu erfassen und auszubuchstabieren versuchen, ist exemplarisch das Modell zur Erhaltung bzw. Herstellung von Wohnnormalität (»Residential Normalcy«) von Stephen M. Golant dargestellt (2011). Das emotions-basierte Modell zeigt Wege zur Nutzung von Umwelten entsprechend eigener Bedürfnisse und Ziele im Alter im Sinne der (Wieder-)Herstellung von sogenannter Wohnnormalität (»Residential Normalcy«) auf. Es wird postuliert, dass ältere Menschen sich, wenn sie ihr Wohnen als positiv und erwünscht, als grundsätzlich angenehm und störungsfrei erleben, in einem Bereich des wohnbezogenen Wohlfühlens (»Residential Comfort Zone«) befinden. Erleben sie das Wohnen als kontrollierbar und sich selbst als kompetent, befinden sie sich in einem Bereich der wohnbezogenen Handlungskompetenz (»Residential Mastery Zone«). Ist man außerhalb einer oder beider dieser stabilen Erlebensbereiche, ist man darum bemüht, erneut Wohnnormalität herzustellen, und zwar mittels assimilativer oder akkomodativer Bewältigungsstrategien, bei denen entweder die Wohnumwelt oder die eigene Haltung angepasst wird, wobei ein Umzug dabei nur eine von vielen Optionen ist.

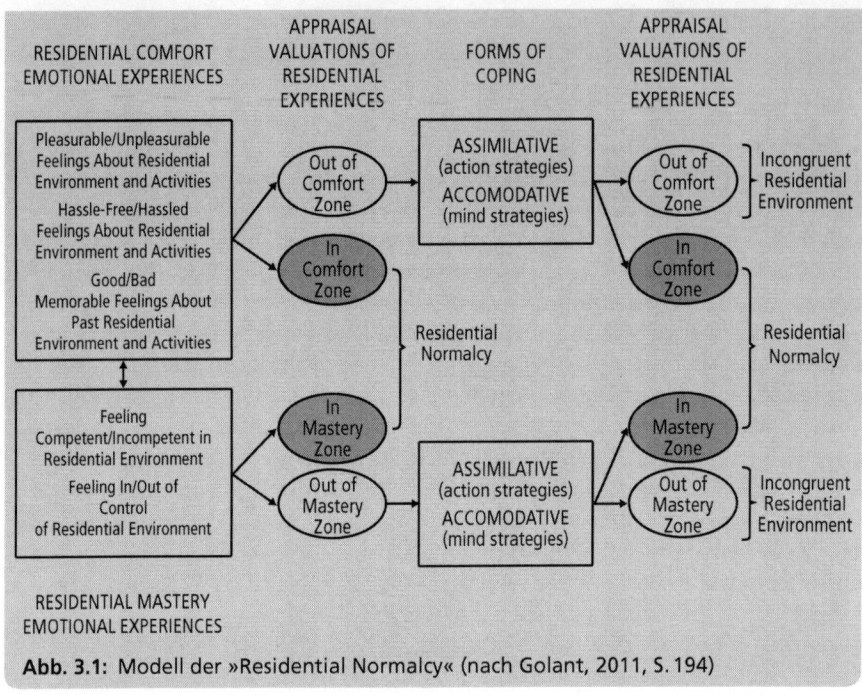

Abb. 3.1: Modell der »Residential Normalcy« (nach Golant, 2011, S. 194)

3.3 Wohnformen älterer Menschen

Mit einem Anteil von 93 % lebt der größte Teil älterer Personen in Deutschland im Alter über 65 Jahre in privaten Wohnungen (Kremer-Preiß, 2012) (▶ **Abb. 3.2**).

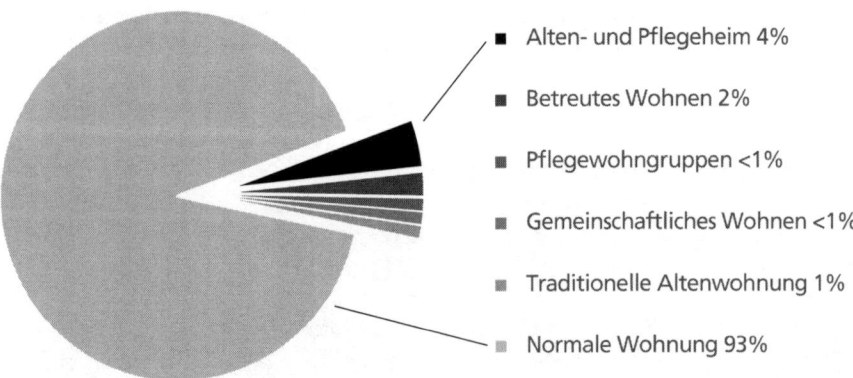

Abb. 3.2: Wohnformen älterer Menschen in Deutschland (nach Bundesverband Freier Immobilien- und Wohnungsunternehmen BFW, 2008; nach Kremer-Preiß, 2012)

Am häufigsten leben über 65 Jahre alte privat wohnende Personen in Deutschland in Ein- und Zweipersonenhaushalten – leicht abweichend vom Europäischen Durchschnitt (basierend auf einer Auswahl von 27 Ländern) – mit 57 % Zweipersonenhaushalten (Europa: 48 %) und 34 % Einpersonenhaushalten (Europa: 31 %), im Vergleich zu 9 % anderer Haushaltstypen (Europa: 21 %) (Statistisches Bundesamt [StBA], 2011) (▶ Abb. 3.3). Knapp die Hälfte der privaten wohnenden Personen im höheren Alter sind Eigentümer (48 %).

Ein großer Teil der Einpersonenhaushalte wird von allein lebenden Frauen geführt, was insgesamt sowohl die Zunahme von Einpersonenhaushalten in der Gesellschaft als auch die höhere Lebenserwartung von Frauen und das Bestreben nach Selbstständigkeit und Selbstbestimmtheit im Alter widerspiegelt (siehe auch Institut für Demoskopie Allensbach, 2012). Allein wohnen ist aber nicht mit allein leben gleichzusetzen. Immer mehr allein wohnende ältere Menschen leben zusammen mit einer Person, die ebenfalls nicht auf eine selbstständige Haushaltsführung verzichten will (Motel-Klingebiel, Wurm & Tesch-Römer, 2010).

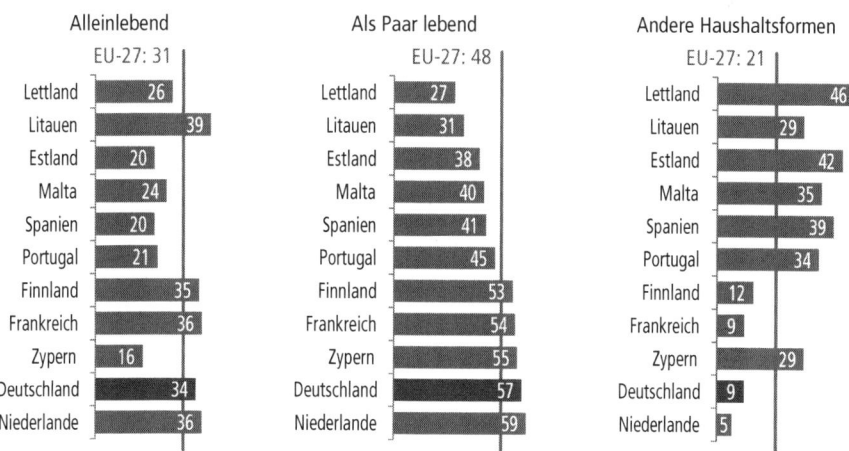

Abb. 3.3: Ältere Menschen (65+) nach Haushaltsformen in Deutschland und der EU (in %) (nach Statistisches Bundesamt [StBA], 2011)

Nur knapp 4 % der Personen über 65 lebt in institutionellen Kontexten von Alten- und Pflegeheimen (Kremer-Preiß, 2012, ▶ Abb. 3.2). Jenseits des 80. Lebensjahres steigt dieser Anteil zwar auf ungefähr 11 % an, das heißt aber auch, dass ca. 89 % der älteren Menschen im Alter von 80 und mehr Jahren in Deutschland privat wohnen. Auch ein großer Teil der Personen mit Demenz (ca. 75 %) lebt in privaten Wohnungen und nicht in Heimen. Dies ist insbesondere vor dem Hintergrund einer zu erwartenden Verdopplung der heute etwa drei Millionen über 80-Jährigen in Deutschland (3,5 % der Bevölkerung) auf etwa acht Millionen bis zum Jahre 2050 von großer Bedeutung für jeden Einzelnen und für die Gesellschaft, zumal gleichzeitig die Bevölkerung im Vergleich zu heute auf ca. 75

Millionen (– 7 Mio.) schrumpfen wird und die über 80-Jährigen in Deutschland dann etwa 11 % der Bevölkerung ausmachen werden, was im Vergleich zu heute einer Verdreifachung ihres relativen Bevölkerungsanteiles entspricht.

Wie viele ältere Menschen in alternative Wohnformen leben, ist anteilig nur schwer zu ermitteln, sie machen aber derzeit noch einen zahlenmäßig sehr geringen Anteil aus, wobei davon ausgegangen wird, dass ca. 2 % der über 65-Jährigen im Betreuten Wohnen, weniger als 1 % in gemeinschaftlichen Wohnformen und ebenso weniger als 1 % in Pflegewohngruppen und traditionellen Altenwohnungen leben (Kremer-Preiß, 2012). Die Bedeutung alternativer, insbesondere gemeinschaftlicher Wohnformen deutet sich derzeit mit »nur« ca. 8000 Personen in ca. 250 Wohnprojekten bundesweit zunächst an und wird sich womöglich erst in der Zukunft zeigen (Kremer-Preiß, 2012; Otto, Stumpp, Beck, Hedtke-Becker & Hoevels, 2012; Schulz-Nieswandt, Köstler, Langenhorst & Marks, 2012).

3.4 Befunde zum Privatwohnen im Alter

Die Thematisierung der »eigenen vier Wände« in der Gerontologie wird oft damit begründet, dass die meisten älteren Menschen privat wohnen und die Aufenthaltsdauer im unmittelbaren Wohnbereich mit dem Alter zunimmt (Saup, 1993; Wahl & Oswald, 2012). Im Hinblick auf das Ziel, Selbstständigkeit zu erhalten, stehen häufig Unterstützung und Kompensation von altersbedingten körperlichen und kognitiven Einbußen durch gezielte Interventionen im Wohnbereich im Mittelpunkt. Dagegen werden andere Wohnfunktionen oder -bedeutungen wie Anregung durch die Umwelt, Freude am Wohnalltag oder Beibehaltung durch biografische Verankerung und lebenslang gewachsene, identitätsstiftende Wohnverbundenheit eher ausgeklammert.

3.4.1 Wohnumweltbedingungen

Krankmachende Schadstoffe, sonstige Belastungsfaktoren, Temperatur und Lärm. Gesundheitsbeeinträchtigende Schadstoffe in Wohnungen wurden bislang kaum speziell für ältere Menschen untersucht, obwohl diese, ebenso wie Probleme mit der Luft- und Wasserqualität bei Älteren gehäuft auftreten könnten, weil diese insgesamt in veraltetem Baubestand wohnen und zudem häufiger unter umweltsensiblen Erkrankungen, wie Lungenemphysemen oder Herz-Kreislauferkrankungen leiden. Hingegen sind klimatische Effekte relativ gut beschrieben (Wahl & Oswald, 2008). Die Rolle von extrem hohen oder niedrigen Temperaturen in der Wohnung in der Folge entsprechender Außenverhältnisse und der je gegebenen Heiz- oder Kühlungsmöglichkeiten wurde im Hinblick auf Ältere empirisch wiederholt adressiert. So haben etwa Analysen einer Hitzewelle im Juli 1995 in Chicago ergeben, dass die in der Folge beobachtete Exzess-Mortalität primär in Folge von Hyperthermie vor allem alte und chronisch kranke Menschen betroffen hat, wobei in beiden Gruppen insbesondere die Alleinlebenden einem deutlich erhöhten Mortalitätsrisiko ausgesetzt waren (Semenza et al., 1996). Ähnliche Befunde wurden nach der Hitzewelle im Sommer 2003 aus Frankreich berichtet, wobei hier in hohem Maße auch Alten- und Pflegeheimbewohner/innen, speziell Bettlägerige, betroffen waren (Carré, Ermanel, Isnard & Ledrans, 2003). Am Beispiel Frankfurt konnte ebenfalls im Sommer 2003 gezeigt werden, dass auch in Deutschland bei extremer Hitze die Sterblichkeit älterer Menschen (gleichermaßen bei privat und in Heimen wohnenden) stark zunimmt (Heudorf & Meyer, 2005). Die geringste Rate an kardio-vaskulären Ereignissen scheint mit Wohnungstemperaturen von etwa 20° C verbunden zu sein. Die gerade in Wintermonaten erhöhte Mortalität hängt dabei wohl im internationalen Vergleich zudem mit finanziellen Problemen als Grund für ungenügendes Heizen zusammen. In Bezug auf die Wirkung von Lärm sind die Ergebnisse im Hinblick auf eine immer wieder zu findende Hypothese, Ältere seien in dieser Beziehung besonders vulnerabel, uneindeutig (Oswald & Wahl, 2004). Ältere scheinen allerdings häufiger als Jüngere Schlafstörungen in Folge von Lärm aufzuweisen (Basner et al., 2001). Insgesamt verweisen Vergleiche möglichen und gezeigten Verhaltens von Menschen unterschiedlichen Alters auf schädliche Einflussfaktoren der Umwelt gerade im hohen Alter (Word Health Organisation [WHO], 2011).

Die Prävalenz von Wohnbarrieren hängt von der Art der betrachteten Barrieren sowie der Art der Messung (z. B. Differenziertheit) ab. Eine Studie mit rund 1100 über 72-Jährigen in den USA erbrachte zu niedrige Stühle oder Toilettensitze bei 14 bis 24 % der Teilnehmern, je nachdem, welche Einschränkungen auf Seiten der Person betrachtet wurden (Gill, Robinson, Williams & Tinetti, 1999). Man kann also den Begriff der Barriere so verstehen, dass diese nur in Kombination mit der jeweiligen Personfähigkeit des Bewohners zu einer sinnvollen Interpretation, z. B. im Sinne der Zugänglichkeit (Iwarsson & Slaug, 2010), führt. Häufiger sind allerdings Angaben zu personunabhängigen Prävalenzen von Barrieren: Beispielsweise fanden sich in amerikanischen Studien fehlende Haltegriffe im Bad bei bis zu 80 % der Beteiligten, Beleuchtungsprobleme bei ca. 12 % in der Küche, 22 % in Gängen, 18 % im Wohnzimmer, 22 % im Schlafzimmer und 12 % im Badezimmer (Gill et al., 1999). Für Deutschland berichtet das Kuratorium Deutsche Altershilfe (KDA) aus Sekundäranalysen und eigenen Studien, dass drei Viertel aller Seniorenhaushalte Stufen und Schwellen beim Zugang zur Wohnung haben, dass ein Viertel durch Stufen und Schwellen innerhalb der Wohnung behindert wird, dass zwei Drittel aller Seniorenhaushalte keinen schwellenfreien Zugang zu Balkon oder Terrasse haben, dass ein Viertel bis ein Drittel der Befragten ihre Bewegungsflächen im Bad oder die Türbreite als zu eng bewerten und dass nur etwa jeder siebte Seniorenhaushalt bodengleiche Duschen hat (Kremer-Preiß, 2012). Die häufigsten Schwachstellen in der Wohnung sind nach der ENABLE-AGE-Studie mit alleinlebenden über 80-Jährigen zu hohe Wandschränke und Regale (42,7 %), rutschige Gehflächen (außerhalb Hygienebereich: 56,7 %; Hygienebereich: 61,6 %), zu tiefe (> 30 cm) Regale (55,3 %) und schwer überwindbare Badewannen anstelle von leichter zugänglichen Duschen (74,7 %). Im Übergangsbereich von außen nach innen – einem oft vernachlässigten Bereich der Wohnumwelt – fehlten am häufigsten Handläufe im Treppenbereich (83,8 %) und Aufzüge (74,4 %); zudem waren Treppenstufen zu hoch, zu niedrig oder unregelmäßig (46,4 %) und Außentüren schlossen zu schnell (55,1 %). Im Nahbereich außerhalb der Wohnung waren die häufigsten Schwachpunkte: fehlende Sitzgelegenheiten (89,1 %), schwer zugängliche Mülltonnen (90 %), unzureichender Wetterschutz in Lade-/Entladezonen (91,8 %) und unebene Wegoberflächen (74,7 %). Insgesamt fanden sich 47 % aller Umweltbarrieren in der Wohnung, und hier primär in Bad und Küche, 23 % im Eingangsbereich und 30 % im Nahbereich um die Wohnung (Iwarsson, Nygren, Oswald & Wahl, 2006). Insgesamt kommt das Bundesamt für Bauwesen und Raumordnung zu dem Schluss, dass nur ungefähr 5 % der über 65-Jährigen in Deutschland in Wohnungen ohne Barrieren lebt (2010). Übersetzt man die Befunde des KDA in Berechnungen des aktuellen Bedarfs an barrierereduzierten (nicht barrierefreien!) Wohnungen in Deutschland bis zum Jahr 2020, so kommt man auf einen Fehlbedarf von 2,5 Millionen Wohnungen. Umgerechnet in Euro für die Umsetzung dieses Bedarfs entspricht dies einem Finanzaufwand von 39 Milliarden Euro (oder zumindest für den Anteil des Mehraufwands für altersgerechtes Wohnen nach KfW-Standard auf 18 Milliarden Euro) (Bundesministerium für Verkehr Bau und Stadtentwicklung [BMVBS], 2010).

3.4.2 Befunde zum Wohnverhalten (Agency)

Handlungsbezogene Aspekte des Agency beschreiben die Nutzung, Gestaltung und Auseinandersetzung mit der bzw. die erlebte Kontrolle über die alltägliche Wohnumwelt. Zur *Nutzung* ist anzumerken, dass der Anteil an Tageszeit, die im unmittelbaren Wohnbereich verbracht wird, im Alter zunimmt. Zeitbudget-Studien verweisen darauf, dass im hohen Alter durchschnittlich über drei Viertel der Tageszeit zu Hause verbracht werden (Küster, 1998). Neueste objektive GPS-/GIS-Tracking-Daten aus Deutschland über einen Zeitraum von vier Wochen erbrachten für eine Gruppe von 141 teilweise kognitiv beeinträchtigten und teilweise nicht beeinträchtigten Männern und Frauen im Alter von 70,1 Jahren (SD: 5,2 Jahre, Range: 50–84 Jahre) aus urbanem und sub-urbanem Kontext durchschnittliche außerhäusliche Aufenthaltsdauern von täglich 4,5 Stunden (SD: 2,7h) (Kaspar, Oswald, Wahl, Voss & Wettstein, 2012). Betrachtet man einzelne Aktivitäten, so weist beispielsweise das Tages-Durchschnittsprofil der Teilnehmerinnen und Teilnehmer der Berliner Altersstudie rund 38 % Freizeitaktivitäten und 19 % Selbstpflege und einfache Aktivitäten des täglichen Lebens aus; etwa 19 % beträgt der Anteil des Ruhens tagsüber, 15 % entfallen auf komplexere instrumentelle Aktivitäten (wie z.B. Kochen), 7 % auf soziale Aktivitäten, 0,7 % auf Arbeit und 0,3 % auf Hilfe (1,5 % der Aktivitäten waren nicht zuordenbar). Etwa 80 % dieser alltäglichen Aktivitäten fanden innerhalb der Wohnung statt (Baltes, Maas, Wilms & Borchelt, 1996). Aktuelle Befunde zur Nutzung von Technik im Haushalt älterer Menschen zeigen Nutzungshäufigkeiten und -profile von Geräten der Informations- und Kommunikationstechnologie, die nicht geschlechtsspezifisch und mit zunehmendem Alter weniger rückläufig sind als erwartet (Mollenkopf, Meyer, Schulze, Wurm & Friesdorf, 2000).

Hinsichtlich der *Auseinandersetzung* mit der Wohnumwelt deutet vieles darauf hin, dass die Möglichkeiten der Wohnraumanpassung in Deutschland bei weitem noch nicht ausgeschöpft sind. So hatten nur knapp 22 % der deutschen Teilnehmer der ENABLE-AGE-Studie schon einmal von Wohnraumanpassungsmaßnahmen und ihren Finanzierungsmöglichkeiten gehört (Wahl & Oswald, 2005). Weniger als 9 % hatten ihre Wohnung bereits angepasst oder umgebaut, während es in Schweden 27 % waren. Eine mögliche Erklärung könnte darin liegen, dass in Deutschland der Zugang zu Wohnraumanpassung wesentlich stärker von der Eigeninitiative der alten Menschen und ihren Familienangehörigen abhängt, während Hochaltrige in Schweden durch aufsuchende und präventionsorientierte Strategien deutlich besser erreicht werden. So sind die Angebote der Bundesarbeitsgemeinschaft Wohnungsanpassung e. V., beispielsweise im Hinblick auf die Online-Wohnberatung, Schulungen und Jahrestagung, sowie Informationen über Fachberatungsstellen und Schulungsstandards und insbesondere die bereitgestellten 11 Qualitätsstandards für die Wohnberatung noch viel zu wenig bekannt (http://www.wohnungsanpassungbag.de/).

Wohnverhalten zeichnet sich aber auch noch durch andere Prozesse aus. Das *Erleben von Kontrolle* über den eigenen Wohnbereich stellt einen wichtigen Faktor für die Lebensqualität im Alter dar. Im Rahmen von Umweltbeobachtungen vor Ort konnte in privaten Wohnungen gehbeeinträchtigter Älterer die Herstellung sogenannter »Kontrollzentren« beobachtet werden, die der Maximierung von Kontrolle und Autonomie auf minimalem Raum dienten (Lawton, 1989; Oswald, 1996). Dazu gehören eine bequeme Sitzgelegenheit, notwendige und persönlich wichtige Dinge in greifbarer Nähe, eine gute Sicht zu Fenster und Eingangstür, Telefon, Fernseh- und Radiogerät, Fernbedienungen, Kissen, Pflanzen usw. Während solche Prozesse der räumlichen Verdichtung innerhalb der Wohnung insbesondere im Hinblick auf die erzielte Maximierung von Kontrolle über und Unterstützung durch die Umwelt diskutiert werden – beispielsweise bei Vorliegen einer körperlichen Beeinträchtigung –, konnte in einer vergleichenden Untersuchung gezeigt werden, dass auch weitgehend gesunde Ältere über »Lieblingsplätze« in der Wohnung verfügen, die allerdings eine größere räumliche Ausdehnung hatten und durch anderes Wohnverhalten geprägt waren als die von gehbeeinträchtigten Älteren (Oswald, 1996).

Eine Möglichkeit zur Messung handlungsbezogener Person-Umwelt-Bezüge ist die individuelle *Messung der Umweltzugänglichkeit* mit Hilfe des Housing Enabler Instruments, basierend auf Konzepten zur Person-Umwelt-Passung (Iwarsson & Slaug, 2001, 2010). Besonders berücksichtigt wird dabei die Wohnausstattung im Sinne von Barrieren und daraus resultierende Zugänglichkeitsprobleme als Ausdruck von Person-Umwelt-Passung bzw. -Fehlpassung. Die Messung erfolgt dreistufig: Zunächst wird die Personkomponente von Zugänglichkeit erhoben (dichotome Einschätzung von 15 möglichen kognitiven, sensorischen und motorischen Einbußen). Daran schließt sich die Messung der Umweltkomponente von Zugänglichkeit an. Dazu werden 188 mögliche Barrieren in der Wohnung, im Eingangsbereich und im unmittelbaren Außenbereich der Wohnung dichotom erfasst. Schließlich erfolgt die Berechnung des Zugänglichkeitswertes als Kombination beider Werte. Auf der Basis ergotherapeutischer Expertise (Steinfeld et al., 1979) sind im Instrument Werte für jede Barriere in Abhängigkeit vorliegender Funktionseinbußen vordefiniert. Diese Werte spiegeln den Schweregrad (1–4) der zu erwartenden Zugänglichkeitsprobleme beim Vorliegen der entsprechenden Barriere wider (Iwarsson, Nygren & Slaug, 2005).

3.4.3 Befunde zum Wohnerleben (Belonging)

Erlebensbezogene Prozesse beschreiben die Bewertung, Bedeutung von und Bindung an bzw. Verbundenheit mit dem jeweiligen Umweltausschnitt. Vor dem Hintergrund des Modells der Person-Umwelt-Wirksamkeit (Agency & Belonging) können nun empirische Befunde aus verschiedenen Studien der letzten Jahre mit Beteiligung der Autoren (aus den in chronologischer Reihenfolge aufgeführten Projekten ILSE, PASA, Heidelberg-2002, ENABLE-AGE, Älterwerden in Darmstadt-Arheilgen und BEWOHNT) betrachtet werden. Dabei soll Fragen der inhaltlichen Vielfalt und der methodischen Erfassung von Aspekten des Wohnerlebens Raum gegeben werden. Umweltzufriedenheit wird in Abhängigkeit von Alter und geografischen Bedingungen im Zeitverlauf betrachtet, die Verbundenheit mit der Umwelt wird in Abhängigkeit von Alter und Stadtteil beschrieben. Schließlich wird die Identifizierung vielfältiger Bedeutungszuschreibungen der unmittelbaren Wohnumwelt in Abhängigkeit von individuellen Kompetenzeinbußen adressiert sowie über den Versuch einer bereichsübergreifenden umfassenden quantifizierten Messung all dieser Aspekte berichtet.

Im Rahmen der Interdisziplinären Längsschnittstudie des Erwachsenenalters (ILSE) wurde Umweltzufriedenheit als Interviewer-Rating in ausführlichen teilstandardisierten Explorationen erfasst. Insgesamt wurden zum zweiten Messzeitpunkt 898 Personen der Geburtskohorten 1950–52 und 1930–32 aus Ost- und Westdeutschland untersucht (T1–T2: 4,1 Jahre). Ziel war die Untersuchung von Unterschieden im der Umweltzufriedenheit nach Kohorte und Untersuchungsregion (Ost- vs. Westdeutschland nach der Wiedervereinigung) sowie von Zusammenhängen zwischen Umweltbewertungen und Wohlbefinden und deren Veränderung im Zeitverlauf. Dabei zeigten sich in Übereinstimmung mit der Literatur höhere Zufriedenheitswerte bei der älteren Geburtskohorte in beiden Untersuchungsregionen und unabhängig von anderen Variablen (z.B. Geschlecht), ein Befund, der später in anderen Studien mehrfach repliziert werden konnte (Oswald, Wahl, Naumann, Mollenkopf & Hieber, 2006).

In einer Heidelberger Studie (Heidelberg, 2002) wurden globale Selbsteinschätzungen zur innerhäuslichen und außerhäuslichen Umweltverbundenheit telefonisch erfragt. Insgesamt nahmen 365 Personen im Alter von 51 bis 80 Jahren aus drei verschiedenen Stadtteilen an der Studie teil. Beide Verbundenheitskonzepte wurden im Gespräch ausführlich eingeführt und anhand alltagssprachlicher Beispiele zum (z.B. emotionalen und kognitiven) Erleben von Umweltverbundenheit erläutert (Oswald, Hieber, Wahl & Mollenkopf, 2005). Während sich die innerhäusliche Umweltverbundenheit nicht nach Alter und Wohnort unterschied, konnten Unterschiede in der außerhäuslichen Verbundenheit festgestellt werden. Bei älteren Befragten war die außerhäusliche Verbundenheit deutlich stärker ausgeprägt, ein Befund der sich in einer späteren Studie in Darmstadt-Arheilgen eindeutig replizieren ließ (Oswald, Jopp, Rott & Wahl, 2011). Allerdings fanden sich in Heidelberg auch Unterschiede zwischen den Stadtteilen dergestalt, dass Bewohner aus dem als attraktiv geltenden Bezirk höhere Verbundenheitswerte berichteten als jene aus dem weniger attraktiven und schlecht ausgestatteten Stadtteil. Umwelterleben variiert also sowohl zwischen Personen als auch zwischen Umwelten.

Eines der im Rahmen ergänzender Analysen der multimethodalen Studie zur psychologischen Analyse von Sehbeeinträchtigung im Alter (PASA) (Wahl, 1997) anvisierten Ziele war die Identifizierung individueller Bedeutungsstrukturen des Umwelterlebens im Wohnbereich und die Suche nach differenzierenden Bedeutungsmustern bei älteren privat wohnenden Personen mit und ohne Seh- bzw. Gehbeeinträchtigungen. Dazu wurden 126 privat wohnende gesunde (n=42), stark gehbeeinträchtigte (n=42) und blinde (n=42) Personen im Alter von 61 bis 92 Jahren zu Hause besucht und hinsichtlich ihrer Wohnbedeutung befragt. Die teilstandardisierten Interviews wurden aufgezeichnet und inhaltsanalytisch ausgewertet. Die erlebte Vielfalt drückte sich in der Zahl und Verteilung von Bedeutungen aus. Diese bezogen sich auf das Erleben der räumlich-dinglichen Verortung (z.B. Erreichbarkeit, Ausstattung), des konkreten oder potenziellen Handelns (z.B. Gestaltung, Anpassung), von Prozessen der kognitiven Repräsentation (z.B. Gewöhnung, Verinnerlichung), emotionaler Aspekte (z.B. Geborgenheit, Anregung) oder des sozialen Umfelds (z.B. Austausch, Hilfe) (Oswald & Wahl, 2005). Zudem wurde gezeigt, dass gesunde im Vergleich zu beeinträchtigten Älteren häufiger räumlich-dingliche und handlungsbezogene Inhalte betonten, während Prozesse der kognitiven Repräsentation häufiger von Personen mit Einbußen und emotionale Aspekte vergleichbar häufig genannt wurden. Die Gruppenunterschiede legten eine Interpretation der Betonung auf das – vor dem Hintergrund eigener Einbußen – noch als möglich Erlebte nahe (Oswald, 1996; Oswald & Wahl, 2005). Die hier aufgeführten exemplarischen Befunde zum Umwelterleben bestätigen insgesamt die Annahme, dass Prozesse des Belonging im Alter in vielen Erlebensfacetten sichtbar gemacht werden können und dass diese im Hinblick auf eine notwendige differenzielle Sicht des Alterns (z.B. Lehr, 2006) jeweils nach Person- und Umweltvariablen variieren können, wobei die zugrundeliegende Erfassungs- und Auswertungsmethodik unterschiedlich war. Daher werfen die Befunde auch die Frage nach einer methodisch einheitlicheren und psychometrisch abgesicherten Erfassung von Erlebensfacetten auf. Ein wichtiger Schritt in diese Richtung wurde im Rahmen der europäischen Studie zum Zusammenhang von Wohnen und Gesundheit im sehr hohen Alter (ENABLE-AGE) gegangen. Hier wurde erstmals eine konzeptuell begründete Auswahl aus teilweise bereits existierenden und teilweise (im Nachgang zu den o.g. explorativen Befunden) neu entwickelten Fragebögen eingesetzt und anhand von Auswertungen zu einer Teilstichprobe von 1223 hochaltrigen (80–90 Jahre alt), alleinlebenden, privat wohnenden Personen in drei der insgesamt fünf verschiedenen urbanen Regionen Europas (Schweden, UK, Deutschland) psychometrisch getestet und empirisch bestätigt. Die erfassten Bereiche des Umwelterlebens beinhalteten insgesamt 50 Items zur Zufriedenheit, erlebten Nützlichkeit (UIMH, Fänge & Iwarsson, 2003), zu räumlich-dinglichen, behavioralen, kognitiv-emotionalen Wohnbedeutungen und zu domainspezifischen (insbesondere externalen) Kontrollüberzeugungen, die nach dem zugrundeliegenden Modell (▶ Abb. 2.1) streng genommen den handlungssteuernden Prozessen und damit dem Bereich des Agency zugeordnet werden müssen. Um Unterschiede in den Strukturbeziehungen zwischen den Untersuchungsregionen zu berücksichtigen, wurde eine Mehrgruppenanalyse (multi-sample SEM) durchgeführt, die eine simultane subgruppenspezifische Parameterschätzung beinhaltete. Es konnte für alle Regionen eine vergleichbare Struktur des Umwelterlebens bestätigt werden, bei der sich vier konzeptuell vermutete Dimensionen eindeutig bestätigten, nämlich Wohnbedeutungen, erlebte Nützlichkeit, wohnbezogene Kontrollüberzeugungen und Zufriedenheit. Interessanterweise zeigten sich trotz großer Vielfalt objektiver Wohnbedingungen der beteiligten Personen in den verschiedenen Regionen Europas vergleichbare Muster (Oswald, Schilling et al., 2006). Damit wurde erstmals ein umfassendes konzeptuell begründetes und empirisch belegtes Instrumentarium zur Erfassung multipler Facetten des Umwelterlebens im Alter vorgelegt, das in der Folge weitere Überarbeitung und Optimierung erfahren hat (Oswald & Kaspar, 2012).

3.4.4 Befunde zu Zusammenhängen von Wohnverhalten und Wohnerleben

Hier vorgestellte Befunde zum Zusammenhang der Prozesse Belonging und Agency, ebenso wie teilweise auch zum Zusammenhang mit allgemeinen Zielvariablen (wie z. B. Selbstständigkeit und Wohlbefinden) basieren ebenfalls auf Daten des Europäischen Projektes ENABLE-AGE (Nygren et al., 2007; Oswald et al., 2007). Darin wurden insgesamt 1918 hochbetagte, alleinlebende, privat wohnende Männer und Frauen in urbanen Regionen in Schweden, UK, Lettland, Ungarn und Deutschland mehrfach zu Hause besucht und befragt. Zusammenhangsanalysen zwischen objektiven Umweltaspekten sowie Erlebens- und Handlungskomponenten des Person-Umwelt-Austauschs auf der Basis kanonischen Korrelationen zeigten, dass jeweils die ersten kanonischen Korrelationen über alle Länder hinweg ein nahezu identisches Zusammenhangsmuster repräsentierten. Hervorzuheben ist dabei, dass nicht die Anzahl vorhandener Barrieren, sondern die auf Umweltbarrieren und den individuellen Funktionseinbußen basierende Zugänglichkeit als Indikator für die Person-Umwelt-Passung mit dem Kontrollerleben sowie mit den Erlebensaspekten der Nützlichkeit, der Bedeutungszuschreibung, nicht aber mit der Umweltzufriedenheit zusammenhingen. Mit anderen Worten, Personen, die trotz Einbußen und unabhängig von der Anzahl an Barrieren im Wohnbereich eine gute Zugänglichkeit hatten, erlebten ihre Umwelt als nützlich und bedeutsam und machten nicht andere für das eigene Leben verantwortlich. Was die Vergleichbarkeit der Befunde in den verschiedenen Untersuchungsregionen betraf, so zeigte sich das Zusammenhangsmuster weitgehend unabhängig vom spezifischen kulturellen und gesellschaftlichen Länderhintergrund in ähnlicher Weise in den untersuchten Regionen in Schweden, Deutschland, England, Ungarn und Lettland, was als Hinweis auf die Existenz grundsätzlicher Beziehungen zwischen Umwelterleben und Umwelthandeln im höheren Alter gelten kann.

3.4.5 Befunde zu Wohnfolgen

Die »harte« Forschungsevidenz im Hinblick auf *Effekte von Wohnraumanpassungen* zur Verbesserung der Alltagskompetenz und zur Vermeidung bzw. Reduzierung von Stürzen stellt sich als recht gemischt dar (Wahl, Fänge, Oswald, Gitlin & Iwarsson, 2009). Die gute Nachricht ist, dass heute eine Reihe von gut kontrollierten Studien (randomized controlled trials, RCTs) belastbare Befunde hoher Evidenz bereithalten. Die weniger gute Nachricht ist, dass sich unterstützende und nicht unterstützende Studien im Hinblick auf beide Endpunkte in etwa die Waage halten. Hinsichtlich der Reduzierung des Sturzrisikos bleiben viele Studien mit dezidierter Erfassung der Wohnumwelt bislang uneindeutig. Eine entsprechende Analyse im Rahmen der ENABLE-AGE-Studie zeigte allerdings, dass es die Zugänglichkeit, also die Passung zwischen Kompetenzen und Barrieren, und eben nicht die reine Anzahl an Barrieren ist, die Stürze mit vorhersagen kann (Iwarsson, Horstmann, Carlsson, Oswald & Wahl, 2009).

Der gemischten Befundlage gegenüber steht allerdings ein reichhaltiges Praxiswissen bzw. eine Vielzahl von Best Practice, etwa in Gestalt von Fallstudien oder diversen Daten- und Dokumentationsbeständen von Wohnberatungsstellen sowie praxisnahen Anleitungen und hilfreichen Beratungen (z. B. Narten, 2005). Dieses Praxiswissen unterstützt auch die Annahme, dass wir die Endpunkte von Wohnraumanpassung nicht zu eng führen dürfen. So kann es beispielsweise durchaus sein, dass verbesserte Nutzungsmöglichkeiten des Badezimmers einer älteren Dame wieder Lust machen, sich »schön« zu machen, was wiederum motivierend im Hinblick auf die Nutzung außerhäuslicher Räume, also das »Nach-draußen-Gehen«, und damit letztlich auch in Bezug auf soziale Partizipation, wirken kann.

Wohnraumanpassung wird schließlich auch zunehmend von technischen Ausstattungen bestimmt. So werden wir in Zukunft vor allem kombinierte Vorgehensweisen sehen, in denen »Low-Tech«-Veränderungen wie Umbaumaßnahmen und Barrierenabbau mit Elementen von »Smart Homes« wie sensorgestützten Funktionen, etwa von Temperaturregelung und Rollläden, und der Vernetzung und zentralen Steuerung von Hausgeräten verknüpft werden.

Bedeutend für Wohnberatung und Wohnraumanpassung ist auch, dass mit zunehmendem Altern die Diskrepanz zwischen objektiven Wohnbedingungen und Wohnzufriedenheit größer wird, d. h. Wohlbefinden wird zunehmend unabhängiger von objektiven Ausstattungs- und Qualitätsmerkmalen des Wohnens. Mit anderen Worten: Ältere Menschen leiden nicht unter ihren möglicherweise relativ schlechten Wohn- und Wohnumfeldbedingungen und sind deshalb häufig auch nicht sehr motiviert, Wohnraumanpassungen durchzuführen bzw. für Verbesserungen ihres Wohnumfeldes ihre Stimme zu erheben. Keinesfalls sollte dies aber dazu führen, dass notwendige Umweltanpassungen nicht durchgeführt oder mit der Begründung fehlender Notwendigkeit für das Wohlbefinden im Alter zurückgewiesen werden. Allerdings gilt es, Anspracheformen zu finden, die Informationen und vorhandenes Wissen zur Rolle der gebauten Umwelt möglichst effizient vermitteln, nicht zuletzt auch deswegen, um die in Umweltaspekten liegenden Präventionspotenziale noch besser auszuschöpfen. Insgesamt ist hier eher zugehende Altenarbeit (Karl, 2009) gefordert bzw. es gilt auch, z.B. Hausverwaltungen und Wohnungsbauunternehmen in derartige Strategien einzubeziehen, um eine optimale Breitenwirkung zu erzielen. Bedeutsam, aber immer noch nicht flächendeckend bekannt ist, dass Wohnanpassungsmaßnahmen auch durch Leistungen der Pflegeversicherung mitfinanziert werden können – und zwar bei nachgewiesenem Bedarf auch mehr als einmal. Andererseits ist es derzeit schwierig, eine (Teil-)Finanzierung für präventive Wohnraumanpassungen zu erhalten, was im Sinne einer möglichst frühzeitigen Umweltgestaltung zur Stützung guten Alterns und zur Vermeidung von Risiken bei möglicherweise zu einem späteren Zeitpunkt eintretenden Kompetenzverlusten bedauerlich ist.

Was nun die *Zusammenhänge zwischen Umwelterleben und Umwelthandeln einerseits und Identität, Selbstständigkeit und Wohlbefinden* andererseits betrifft, konnte gezeigt werden, dass beide Person-Umwelt-Austauschprozesse mit Alltagsselbstständigkeit (ADL/IADL) und Wohlbefinden (z.B. »Environmental Mastery«, Ryff, 1989; Affekt, PANAS, Watson, Clark & Tellegen, 1988; GDS, Yesavage et al., 1983) zusammenhängen. Hinsichtlich des Belonging traten insbesondere die erlebte Nützlichkeit, handlungsbezogene Wohnbedeutungen, sowie seitens der Agency-Prozesse eine geringe externale Kontrollüberzeugung als bedeutsame Indikatoren von Selbstständigkeit hervor. Die häufig in Studien als einzige Facette subjektiven Umwelterlebens berücksichtigte Zufriedenheit war hingegen erneut im »Konzert« der vielfältigen Erlebensvariablen nicht bedeutsam, obwohl sie, wie bereits erwähnt, eine der empirisch belegten Dimensionen von Umwelterleben war (Oswald et al., 2005). So erbrachten Befunde der (weiter oben ebenfalls bereits erwähnten) ILSE-Studie, dass sowohl das Ausmaß (level) der Umweltzufriedenheit zu T1 als auch die (häufig positiven) Veränderungen der Umweltzufriedenheit über vier Jahre hinweg (slope T1-T2) zur Lebenszufriedenheit (zu T2) beitrugen, im Gegensatz übrigens zu den (teils insbesondere im Osten massiven) objektiven Veränderungen der Umwelt (wie z.B. Umbau oder Umzug).

Seitens der potenziellen Folgen des Person-Umwelt-Austauschs stellten sich in den Zusammenhangsanalysen des ENABLE-AGE-Projektes Alltagsselbstständigkeit, psychisches Wohlbefinden und Depressivität als relevant heraus. Mit anderen Worten, Personen, die trotz Einbußen und unabhängig von der Anzahl an Barrieren im Wohnbereich eine gute Zugänglichkeit erreichten, die ihre Wohnumwelt als nützlich und bedeutsam erlebten und die nicht andere für das eigene Leben verantwortlich machten, waren selbstständiger im Alltag, fühlten sich wohler und waren besser gestimmt (weniger depressiv). Zudem konnte wieder gezeigt werden, dass diese Zusammenhangsmuster in allen fünf europäischen urbanen Regionen nahezu identisch waren.

Grundsätzlich kann angemerkt werden, dass die genannten Befunde alle bei privat wohnenden Personen durchgeführt wurden und dass stabile Person-

Umwelt-Bezüge, also das Wohnen-bleiben-Können im Angesicht einer fragileren Gesamtsituation des sehr hohen Alters (Projekt ENABLE-AGE), bei gesellschaftlichen Veränderungen wie der Wiedervereinigung (Projekt ILSE) oder beim Eintreten massiver Kompetenzeinbußen (Projekt PASA), helfen können, die eigene Identität zu erhalten. Qualitative Analysen des Projektes ENABLE-AGE weisen ebenfalls in diese Richtung (Naumann, 2005). Allerdings adressierten die erwähnten Befunde nicht den Zusammenhang zwischen Wohnerleben und Identität im quantitativen Sinne, indem sie beispielsweise Identität als Zielvariable einbezogen. Im Rahmen der Studie Heidelberg 2002 wurde diesbezüglich versucht, den empirischen Beleg für Zusammenhänge zwischen Umwelterleben und umweltbezogener, hier urbaner Identität (Urban Identity Scale; Lalli, 1992) als Zielvariable herzustellen. Es konnte gezeigt werden, dass insbesondere die innerhäusliche Umweltverbundenheit, unabhängig von Alter, Geschlecht, Finanzen und objektiver Wohnausstattung mit regionaler Identität korreliert (Oswald et al., 2005). Gleichwohl sind für eine empirisch fundierte Bestätigung der in der Literatur postulierten und häufig durch qualitative Befunde schon belegten Verknüpfung von Umwelterleben und Identität (z.B. Rowles & Watkins, 2003; Smith, 2009) auch noch weitere quantitative Nachweise zu erbringen.

Bei der Frage nach Zusammenhängen von Wohnbedingungen und Gesundheit werden selten Aspekte außerhalb der eigenen vier Wände betrachtet, obwohl Wohnungen ja stets in infrastrukturelle Bedingungen eingebunden sind. In Bezug auf den europäischen Kontext sind vor allem die Studien von Scharf im Rahmen des »Growing-Older«-Forschungsprogramms in Großbritannien zu erwähnen, in denen das Wohnen älterer Menschen in sehr deprivierten Nachbarschaften betrachtet wurde. Diese Studien haben die hohe Ambivalenz älterer Menschen in derartigen Settings gezeigt, denn obwohl auf der einen Seite relativ deutlich negative gesundheitliche Folgen gefunden wurden, bestand auf der anderen Seite weiterhin eine hohe Bindung, ja Zuneigung zu ihren »heruntergekommenen« Wohngegenden (Scharf, Phillipson & Smith, 2005). Übereinstimmungen bzw. Diskrepanzen zwischen eigenen Wünschen im Hinblick auf Stadtteilmerkmale und den tatsächlichen Gegebenheiten können eigenständige Anteile an der Varianz der Verbundenheit mit dem Stadtteil erklären; höhere Person-Umwelt-Übereinstimmungen scheinen mit einer engeren Quartiersverbundenheit und höherem Wohlbefinden einherzugehen (Oswald et al., 2005). Insgesamt bedeutet dies, dass Wohnberatung stets auch Aspekte des Wohnumfeldes mit berücksichtigen sollte. Zudem sollte es eine hohe Priorität für Gemeinde- und Stadtplanung sein, die Altersgerechtheit von außerhäuslichen Aktionsräumen fortwährend kritisch zu prüfen und nach Möglichkeit auch laufend zu optimieren. Solche Umfeldevaluationen können beispielsweise bei fehlenden Bänken bzw. Sitzmöglichkeiten beginnen und sich fortsetzen über die Prüfung von Ampeltaktzeiten, Unebenheiten und Gefahrenquellen auf Bürgersteigen, z.B. jahreszeitabhängig, bis hin zu öffentlichen Toiletten und der Seniorengerechtheit von öffentlichem Parkraum und Tiefgaragen. Die empirische Evidenz zur Wirkung solcher Maßnahmen wird dabei allerdings selten von rigorosen Forschungsprojekten, sondern von sogenannten Praxisprojekten abgeleitet, wie beispielsweise der Projektsammlung des BMVBS/BBR-ExWoSt-Forschungsfelds »Innovationen für familien- und altengerechte Stadtquartiere« (Bundesministerium für Verkehr Bau und Stadtentwicklung [BMVBS], 2010) und den dort propagierten Themenschwerpunkten »Gemeinschaftseinrichtungen«, »Gestaltung urbaner Freiräume« und »Attraktives Wohnen im Quartier« oder anderen einschlägigen Projektbefunden zum Thema Kommunen im demografischen Wandel (z. B. Böhme & Franke, 2010; Denton et al., 2010; Kramer & Pfaffenbach, 2011; Naegele, 2010; Wengg & Tews, 2012). Internationale Publikationen zu evidenzbasierten Initiativen gesundheitserhaltender bzw. fördernder Maßnahmen sind eher die Ausnahme (z. B. Greenfield, 2011).

Was die *Vorhersage von Lebensqualität und Verbleibenserwartung im Quartier* betrifft, so zeigen beispielsweise Befunde von 345 Personen der Arheilgen-Studie einerseits, dass im jüngeren Alter (65–79 Jahre alt) der innerhäusliche Ausstattungsaspekt der Wohnfläche positiv mit Lebenszufriedenheit korreliert, während er im sehr hohen Alter (80–94 Jahre alt) negativ mit Lebenszufriedenheit zusammenhängt. Erlebte Nachbarschaftsqualität und Verbundenheit sind hingegen andererseits in beiden Altersgruppen bedeutsam. Insgesamt ist allerdings die Stärke der erlebten Verbundenheit mit der Nachbarschaft im sehr hohen Alter (80–94 Jahre alt) ausgeprägter als im jüngeren Alter (65–79 Jahre alt) (Oswald et al., 2011). Mit Blick auf die Bilanz erlebter Veränderungen im Stadtteil in den letzten 5 bis 10 Jahren konnten neueste Befunde der BEWOHNT-Studie anhand von 595 privat wohnenden Personen (70–89 Jahre alt) aus drei Frankfurter Stadtteilen zeigen, dass hinsichtlich erlebter Veränderungen im Sozialen, in der Infrastruktur und in der Versorgung die Bilanz eher negativ ausfällt (siehe auch folgenden Kasten). Was die auf die Zukunft im Quartier ausgerichtete Verbleibenserwartung betrifft (»Aller Voraussicht nach werde ich auch in fünf Jahren noch hier wohnen«), hängt diese interessanterweise nicht von objektiven bzw. handlungsbezogenen Zugänglichkeitsproblemen, sondern (neben dem Lebensalter und der noch zu erwartenden Lebensjahre) vor allem von der erlebten Verbundenheit mit dem Stadtteil ab.

Befunde einer neuen Studie zum Wohnenbleiben im Quartier: Das Projekt BEWOHNT

Vier Befunde aus einem Projekt mit mehrstündigen Hausbesuchen bei insgesamt 595 alleinlebenden oder in Paarhaushalten lebenden urbanen Stadtbewohnern im Alter von 70 bis 89 Jahren aus Frankfurt (Oswald et al., 2013):

1. Ältere Menschen sind häufig zu Fuß an zentralen Orten im Stadtteil unterwegs. Stadtteilkarten zeigen, dass die Zentren der drei untersuchten Stadtteile unabhängig vom Wohnort besonders häufig angesteuert werden. Tagebücher geben Auskunft über mehr als 10 000 Wege an über 7000 Tagen und zeigen, dass 54 % aller Wege zu Fuß zurückgelegt werden, bei den 80- bis 89-Jährigen sind es sogar 58 %.

2. Ältere Menschen sind beständige und kritische Nutzer und Kenner ihres Quartiers. Sie wohnen im Durchschnitt seit über 45 Jahren im Stadtteil. Sie sind sich ihrer Wohnbedingungen bewusst (z. B. Ängste vor erhöhter finanzieller Belastung) und bewerten Veränderungen im Stadtteil (Mobilitätsinfrastruktur, Versorgungssituation, Nachbarschaft) sehr differenziert, d. h., keinesfalls war »früher alles nur besser«, auch wenn die Gesamtbilanz eher negativ ausfällt.
3. Stadtteilverbundenheit ist wichtig für das Wohlbefinden im Alter. Ältere Menschen sind Liebhaber ihres Quartiers. Sie haben eine tief empfundene Verbundenheit zu ihrem Viertel und blicken optimistisch in die eigene Zukunft im Stadtteil. Zentrale Orte und Plätze des Stadtteils sind nicht nur für die Versorgung wichtig, sondern auch für das Erleben von Verbundenheit. Neu ist der Nachweis, dass dies einen bedeutsamen Einfluss auf das Wohlbefinden und die Verbleibenserwartung hat, unabhängig von der Gesundheit.
4. Wer alt ist, muss nicht einsam sein. Teilhabe am Leben im Stadtteil und sozialer Austausch sind wichtig. Mit dem Alter wächst das Einsamkeitsrisiko, insbesondere für Alleinlebende. Überraschend ist aber, dass hochbetagte Befragte (80–89 Jahre alt) in Frankfurt sich – anders als in vielen Studien andernorts – nicht einsamer fühlen als jüngere Befragte (70–79 Jahre alt). Mitzubekommen, was passiert, kann dabei wichtiger sein, als selbst mitzumachen. Dies trägt zum Wohlbefinden bei, gerade im sehr hohen Alter.

Was bringt diese Forschung für die Praxis? Will man gutes und gemeinsames Altern in der Stadt erreichen und verbessern, muss das Quartier geschützt und lebendig gehalten bzw. gestaltet werden. Dazu gehören die Erhaltung günstigen Wohnraumes, verbesserte Mobilität und Zugänglichkeit (Barrieren beseitigen, Verkehr entschleunigen), kleinräumige Angebote der Versorgung und Anregung bzw. Erholung an zentralen Plätzen im Quartier (z. B. »Dorfbrunnen«) und eine Verbesserung des sozialen Austauschs in der Nachbarschaft.

Ähnlich wie bei Nachbarschaften und Quartieren ist auch die Gegenüberstellung von städtischem versus ländlichem Altern häufig großen methodischen Problemen ausgesetzt. So sind beispielsweise Ältere auf dem Lande im Durchschnitt schlechter gebildet und ohne Kontrolle dieses Faktors sind entsprechende Vergleiche, etwa im Hinblick auf gesundheitliche Ausgänge, stets durch Variablenkonfundierungen in ihrer Interpretation uneindeutig. Klar ist allerdings schon, dass das Wohnen und Altern in ländlichen Regionen bis heute mit bedeutsamen strukturellen Nachteilen verbunden ist, die gesundheitliche Auswirkungen besitzen dürften: schlechtere Facharztdichte und teilweise ungenügende Anbindung an städtische Räume, deshalb schlechtere medizinische Versorgung, geringere Rehabilitationsbemühungen und weniger Vorsorgeuntersuchungen (Golant, 2004; Walter & Altgeld, 2000). Aus gesellschaftlicher Perspektive fällt zudem eine in westlichen Gesellschaften niedrige Wohnmobilität älterer Menschen auf. In Deutschland liegt die Binnenwanderungsbeteiligung für über 65-Jährige weit unter der Quote aller Fortzügler über Kreisgrenzen. Auch die mittleren Umzugsdistanzen gehen weiter zurück, so ist nur jeder vierte Umzug eine Fernwanderung über mehr als 50 Kilometer Entfernung (Friedrich, 2008). Vor dem Hintergrund der »anhaltenden Existenz stabiler Muster der Standortverbundenheit« (Friedrich, 2008, S. 192) zeichnet sich bereits heute deutlich ein Szenario ab, allerdings zumindest in Deutschland noch kaum erforscht, das als »Zurückbleiben« von Älteren in ökonomisch schwachen Regionen beschrieben werden kann, vor allem in ländlichen Regionen der neuen Bundesländer, in Folge des arbeitsmarktgetriebenen Abwanderns mittelalter und junger Fachkräfte samt ihrer Familien. Wagte man, Befunde solch erzwungen »natürlicher« Segregationen alter Menschen aus den USA auf die deutsche Situation zu übertragen (Norris-Baker & Scheidt, 1996), was nur mit größter Vorsicht geschehen kann, so hätten wir hier mit Sicherheit einen Problembereich, der in Zukunft der besonderen sozialpolitischen Aufmerksamkeit bedarf.

3.5 Umzug im Alter

Umzüge im Alter können einerseits als Eingriffe in das gewohnte Leben interpretiert werden, beispielsweise wenn der Selbstständigkeitserhalt in Frage steht und eine Übersiedlung in eine Institution oder andere Wohnform angebracht erscheint. Insbesondere Umzüge ins Heim oder ins Betreute Wohnen erfolgen häufig aufgrund gesundheitlicher Einbrüche und auf Veranlassung durch das Umfeld (Angehörige, Arzt), mit dem Ziel, so viel Sicherheit wie nötig und so viel Selbstständigkeit wie möglich zu erreichen. Andererseits kann im Zusammenhang mit Umzügen auf Begleitmaßnahmen verwiesen werden, wie die Nutzung von Wohn- oder Umzugsberatung, Normen zur Zertifizierung und Orientierung (Betreutes Wohnen), oder das Umzugsmanagement. Umzüge im Alter dürfen nicht nur als Reaktion auf zunehmenden Umweltdruck oder als belastende Ereignisse betrachtet werden. Sie können auch als Optimierung der Wohnumwelt oder als Entwicklungschance verstanden werden, wenn sie der Verwirklichung von Wohnwünschen dienen (Oswald & Rowles, 2006).

3.5.1 Umzug in private Haushalte

Ältere Menschen (65 Jahre und älter) in Deutschland haben im Vergleich zu anderen Altersgruppen eine dreimal niedrigere Wohnmobilität, dabei finden zwei Drittel aller Umzüge im Umkreis von 50 Kilometern statt (Friedrich, 2008). Auch von den Ruhesitzwanderern auf die Kanaren oder Mallorca haben über die Hälfte noch einen Wohnsitz in Deutschland. Hinsichtlich individueller Motive für einen Umzug im Alter unterscheidet man häufig Grund- und Wachstumsmotive. Grundmotive beziehen sich auf die Aufrechterhaltung der Selbstständigkeit,

Wachstumsmotive hingegen zielen auf die Verwirklichung eigener Wohnwünsche und Entwicklungsmöglichkeiten ab (Carp & Carp, 1984). Hinsichtlich der Inhalte stehen jene Umzugsmotive im Vordergrund, die sich auf das Netzwerk von Angehörigen richten und die sich aus gesundheitlichen Einschränkungen ergeben, gefolgt von Umzügen zur Überwindung von Wohnungsmängeln und zur Suche nach einem attraktiveren Wohnsitz (Friedrich, 2008). Eine Studie mit 217 über 60-Jährigen, die privat innerhalb oder nach Heidelberg umzogen, zeigte, dass sich Grund- und Wachstumsmotive zahlenmäßig ungefähr die Waage halten (Oswald, Schilling, Wahl & Gäng, 2002). Einen belegbaren Einfluss auf den häufig langwierigen Entscheidungsprozess haben Indikatoren wie Alter, Gesundheit, Nähe zur Verwandtschaft und sozioökonomischer Status, aber auch das eigene Wohlbefinden und die persönliche Bindung an den Zielort (Longino, Bradley, Stoller & Haas, 2008). Hinsichtlich möglicher Umzugsfolgen wirken sich insbesondere eine schlechte Gesundheit negativ und die Überzeugung, das eigene Leben kontrollieren zu können, positiv auf die Bewältigung des Umzugs aus. Objektiv führen Privatumzüge im Alter häufig zu einer besseren Ausstattung – auch weil ältere Menschen häufig nach langer Wohndauer aus altem Wohnbestand ausziehen –, aber nicht immer zu weniger Wohnfläche, es sei denn es wird Wohneigentum aufgegeben (Oswald et al., 2002). Eine verstärkte Nutzung von Gesundheitsdiensten oder eine erhöhte Mortalität konnte bislang nicht nachgewiesen werden, allerdings können insbesondere spät im Alter erfolgende Umzüge sich negativ auf die soziale Integration am neuen Wohnort auswirken (Krout & Wethington, 2003).

Handlungsoptionen im Zusammenhang mit Umzügen in private Haushalte können sich auf die Vorbereitungsphase, die Entscheidungsphase oder die Phase nach erfolgtem Umzug beziehen. Wie Erfahrungen zum Beispiel mit OWOG-Workshops (»Over Wonen von Ouderen Gesproken«/Über das Wohnen mit Älteren sprechen) zeigen, eröffnen sich im Vorfeld eines Umzugs jedem Einzelnen zunächst Optionen eines grundsätzlich weniger »verkrampften« und negativen Umgangs mit der Thematik Umzug im Alter. Kurse dieser Art können auch helfen, die eigene Motivlage besser kennenzulernen und einen Umzug nicht nur als Ultima Ratio »im Falle des Falles« anzusehen. In Abhängigkeit von der individuellen Motivlage, stellt sich dann, zum Beispiel bei drohender Unselbstständigkeit (Grundbedürfnis), auch die Frage nach der Vermeidung eines Umzugs durch Maßnahmen der Wohnraumanpassung. Hier sind Wohn- und Umzugsberatungsstellen der Kommune oder anderer Träger gefordert. Bei Wachstumsmotiven stellen sich hingegen eher Fragen nach verfügbaren anregenden (und barrierefreien) Wohnalternativen, vorzugsweise im unmittelbaren Umfeld. Dabei sollte man von einer grundsätzlich nicht eindimensionalen Motivlage, zum Beispiel nach Verkleinerung und leicht zugänglicher Wohnlage im Erdgeschoss, ausgehen. Vielmehr existieren häufig Mischungen aus teilweise auch konkurrierenden Wohnwünschen (z. B. nach Zugänglichkeit, Sicherheit und Anregung). Eine Grundlage für gute Beratung liegt im Wissen um die Vielfalt von Wohn- bzw. Umzugsmotiven sowie um biografisch gewachsene Wohnbedeutungen und Bindungen, auch jenseits der funktionalen Erhaltung von Selbstständigkeit. Eine Möglichkeit zur Absicherung der eigenen unmittelbar bevorstehenden Umzugsentscheidung, die insbesondere bei Betreuten Wohnanlagen, aber auch bei anderen Wohnprojekten für Ältere angeboten wird, ist das Probewohnen, das es erlaubt, die neue Wohnumwelt vor einem potenziellen Umzug in realen Bedingungen (z. B. Tageslichtschwankungen, Lärmbelästigung) und über mehrere Tage hinweg kennenzulernen.

Eine gesellschaftliche Handlungsoption bietet das Umzugsmanagement, insbesondere dann, wenn ein Umzug, zum Beispiel aufgrund sich auch verändernder Haushaltsstrukturen (Auszug der Kinder, Verwitwung), mit einer Verkleinerung der Wohnfläche einhergeht. Vor dem Hintergrund eines steigenden Wohnflächenbedarfs ist dies persönlich und gesellschaftlich bedeutsam, da so Wohnraum für jene frei wird, die auf große Wohnflächen angewiesen sind, insbesondere Familien mit Kindern. Umzugsmanagement soll Angebote wie Umzugshilfen, Umzugsprämien und Wohnungstauschmaßnahmen bündeln und jene Probleme kompensieren, mit denen sich ältere Menschen im Zuge eines Umzugs, beispielsweise in eine barrierefreie Wohnung, konfrontiert sehen. Neben finanziellen Aufwandsentschädigungen wird praktische Hilfe bei der Organisation und Durchführung bei allen im Zusammenhang mit dem Wohnungswechsel stehenden Tätigkeiten angeboten (Schader-Stiftung, 1999). Durch effektivere Ausschöpfung der Bestandspotenziale haben Maßnahmen des Umzugsmanagements aber vor allem einen wohnungspolitischen und volkswirtschaftlichen Nutzen. Anbieter des Umzugsmanagements sind meist Kommunen, zum Teil in Kooperation mit der Wohnungswirtschaft, für die es ein wohnungspolitisches Steuerungsinstrument darstellt. Häufig wird Umzugsmanagement gemeinsam mit Wohnberatung und Wohnanpassung angeboten; empirische Untersuchungen dazu sind nicht bekannt.

In der konkreten Umzugsphase selbst steht die Stressreduktion im Vordergrund. Eine wichtige Rolle spielt hier die Organisation und Durchführung des Umzugs selbst, was mittlerweile auch zu Angeboten von Umzugsberatern für ältere Menschen seitens einiger Möbelspeditionen geführt hat. Diese kümmern sich persönlich und bereits im Vorfeld des Umzugs um die individuelle Betreuung und um organisatorische Begleitmaßnahmen. Nach dem Umzug stellen sich Fragen nach der Orientierung und Versorgung im Umfeld, aber auch nach der sozialen Einbindung in die Nachbarschaft, der Vertrautheit mit dem weiteren Umfeld und der kommunalen Partizipation. Erleichternd wirkt hier, dass viele Umzüge im Alter im Nahbereich erfolgen, was der Wiedereingliederung dient. Zudem können kommunale Angebote mit Nachbarschaftsbezug (Räume, Kurse, Austauschoptionen), aber auch eine Wohn-/Umzugsberatung, die sich als Mediation eines langfristigen Übergangs versteht, hilfreich sein.

3.5.2 Umzug ins Betreute Wohnen und ins Gemeinschaftliche Wohnen

Auch wenn der normale Privathaushalt auf absehbare Zeit die häufigste Wohnform im Alter bleiben wird, nehmen Umzüge ins Gemeinschaftliche Wohnen oder ins Betreute Wohnen zu (Kremer-Preiß, 2012). Derzeit leben ca. 1 bis 3 % der über 65-jährigen Personen in Deutschland in alternativen Wohnformen, allerdings trägt die intensive öffentliche Diskussion quartiersbezogener Wohnalternativen vor dem Hintergrund einer wachsenden Nachfrage viel dazu bei, dass Umzüge im Alter nicht mehr nur aus einer Unterstützungsperspektive, sondern auch als Entwicklungs- und Gestaltungsmöglichkeit diskutiert werden.

Für das Betreute Wohnen konnte gezeigt werden, dass Angebote dann langfristig erfolgreich sind, wenn sie nicht nur auf Barrierefreiheit setzen, sondern auch Bedürfnisse nach sozialer Anregung und mitmenschlicher Nähe ernst nehmen. Ein Vergleich von Bewohnern vor, während und nach ihrem Umzug ins Betreute Wohnen zeigte, dass zum Zeitpunkt des Einzugs häufig falsche Erwartungen vorlagen. So gingen 96 % der Bewohner davon aus, in ihrem Leben nicht mehr umziehen zu müssen, drei Jahre später waren nur noch 79 % dieser Meinung. Bei Einzug äußerten 87 % die Erwartung, Sicherheit wie im Heim zu haben, drei Jahre später erwarteten dies noch 54 % der Befragten (Saup, 2001). Diese Befunde können auch im Hinblick auf eine notwendige Verbesserung der Transparenz des Angebotes für potenzielle Interessenten interpretiert werden. Eine Umzugsentscheidung ins Betreute Wohnen sollte auf der Basis bestmöglicher Information erfolgen. Nach Angaben vieler Anbieter und Betreiber wird das Betreute Wohnen immer häufiger auch von Personen mit fortgeschrittenen Kompetenzeinbußen nachgefragt, für die es ursprünglich nicht geplant war.

Für das Gemeinschaftliche Wohnen liegen kaum systematische empirische Untersuchungen vor. In einer exemplarischen deskriptiven Analyse einiger weniger gemeinschaftlicher Wohnformen wurden Aspekte der Konzeptualisierung, Finanzierung und Gruppenformierung (z. B. Rechtsform), der Projektrealisierung (z. B. Grundstück-/ Immobiliensuche), der Klärung des Verhältnisses nach dem Einzug (z. B. Nachfolgeregelung), der begleitenden Maßnahmen (z. B. regelmäßige Treffen) und von Aspekten der Gruppendynamik erläutert (Hieber, Mollenkopf, Wahl & Oswald, 2005). Es zeigten sich nach Aussagen von Beteiligten dann positive Auswirkungen auf das längerfristige Gelingen einer gemeinschaftlichen Wohnform, wenn von Anfang an eine aktive Mitbestimmung möglich war, wenn nicht (nur) auf Sicherheit und Versorgung gesetzt wurde, wenn alle Beteiligten Offenheit und Respekt füreinander empfanden, wenn es möglich war, ausdauernd und mit Freude gemeinsame Aktivitäten durchzuführen, wenn alle Beteiligten eine Bereitschaft zur längerfristigen Verantwortungsübernahme hatten und wenn es den Bewohner gelang, eine gute Balance von Nähe und Distanz zu halten.

Einen wichtigen Bestandteil im Zusammenhang mit der Entscheidung für oder gegen einen Umzug ins Betreute Wohnen stellt vor dem Hintergrund der Angebotsvielfalt, mangelnder Transparenz und der Unverbindlichkeit der Angebote die Einführung der Dienstleistungsnorm DIN 77800 für Betreutes Wohnen dar, die derzeit auch für den Europäischen Kontext überprüft wird (Mühlbauer, 2008). Dabei handelt es sich um ein Gestaltungsinstrument für Anbieter, soweit sie sich zertifizieren lassen, was derzeit bundesweit erst für ca. 25 Einrichtungen der Fall ist. Gleichzeitig wurde mit dieser DIN-Norm aber auch eine hilfreiche Orientierungshilfe für potenzielle Umzugsinteressenten geschaffen, die weit über die üblichen Checklisten hinausgeht und zu einer tragfähigen Umzugsentscheidung und zur Vermeidung falscher Erwartungen beiträgt. Geregelt werden darin unter anderem Vergleichbarkeit und Transparenz von Bewerbungsunterlagen und Verträgen, Angaben zu Mindeststandards, Leistungsumfang (Grund-, Wahlleistungen), Ausstattung von Wohnung und Wohnanlage (Barrierefreiheit), Kosten sowie zur Qualifizierung der Betreuungsperson und Organisation des Beschwerdemanagements für Bewohner. Für das Gemeinschaftliche Wohnen existieren derzeit Initiativen zur Bündelung der zahlreichen Modellprojekte und zur Überführung der Thematik aus einem Nischendasein heraus näher in das Zentrum des Wohnungsmarktes (Schader-Stiftung & Stiftung trias, 2008), unabhängig von der notwendigen Klärung der Frage nach der individuellen Passung von Wohnbedürfnissen und Angebot (Schulz-Nieswandt et al., 2012). Ein spezifischer Interventionsbedarf besteht hinsichtlich der vertraglichen Regelung bei Wohn- und Hausgemeinschaften von Senioren, wozu neben der Klärung des Verhältnisses nach außen (also z. B. zum Vermieter) auch die vertragliche Vereinbarung vieler Aspekte im Innenverhältnis der Bewohner gehört (Schlenk, 2010).

3.5.3 Umzug ins institutionalisierte Wohnen (Heim)

Etwa 20 % aller Umzüge im Alter sind Heimeinzüge (Friedrich, 2008). Für Deutschland gilt, dass von den 749 000 Ende 2005 in 9100 vollstationären Einrichtungen lebenden Personen etwa 60 % vorher in privaten Einpersonenhaushalten, ca. 27 % in privaten Zweipersonenhaushalten und ca. 10 % in anderen Einrichtungen lebten. Nach Angaben des Personals kamen dabei 37 % aus Krankenhäusern ins Heim (Schneekloth & Wahl, 2006). Häufig ist der Heimeinzug, insbesondere im sehr hohen Alter, die Verlängerung einer medizinischen Intervention nach einem Krankenhausaufenthalt, bei der die Person selbst wenig Entscheidungsspielraum hat. Ein grundsätzliches Ziel geriatrischer Rehabilitation ist, dass z. B. durch Maßnahmen der Wohnraumanpassung dem Patienten die Rückkehr in die angestammte Wohnumwelt ermöglicht wird. Gelingt dies nicht, so hat das häufig mit der Kumulation von Risikofaktoren zu tun, allen voran schlechte Gesundheit (Multimorbidität); es folgen fehlende Unterstützung durch andere Menschen, fehlende Alternativen oder eine schlechte Wohnausstattung (Schneekloth & Wahl, 2009). Der Heimeinzug wurde lange als traumatisches Ereignis (»Relokationstrauma«) betrachtet und in frühen Studien wurden dramatische Erhöhungen von Desorientiertheit, Passivität, Depressivität und Mortalität festgestellt. Aktuelle Studien zeigen, dass insbesondere der unfreiwillige Umzug in ein Heim bei hoher Vulnerabilität zu Funktionseinbußen, geringer Lebenszufriedenheit, niedrigem Wohlbefinden und erhöhter Mortalität führen kann. Zudem ist die Vorstellung eines Heimeinzugs bei vielen älteren Menschen extrem angstbesetzt, unabhängig von der geleisteten Betreuung und von verschiedenen Wohn-, Lebens- und Pflegekonzepten in den Heimen (Schneekloth & Wahl, 2009).

Handlungsoptionen im Zusammenhang mit Umzügen in Institutionen der Altenhilfe können sich ebenfalls sowohl auf die Phase vor dem Umzug, als auch auf die Phase nach erfolgtem Umzug beziehen (auf den Umzug selbst wird hier nicht näher eingegangen). Es ist davon auszugehen, dass für negative Umzugsfolgen eine Kombination aus Faktoren der Person (z. B. Gesundheit), des Umzugsprozesses selbst (z. B. Vorhersehbarkeit, das Herausgerissen-Werden aus dem gewohnten sozialen Umfeld) sowie der Umwelt (z. B. Dichte, Privatheit) verantwortlich ist. Daher kann bereits lang vor einem möglichen Heimeinzug auf die Bewahrung von Kontrolle über das eigene Handeln Einfluss genommen werden. Dies kann zum Beispiel durch die Nutzung langfristiger Entscheidungsspielräume bei der Wahl des Trägers und des Heimes und durch die Möglichkeit, sich selbst auf einen Heimeinzug vorbereiten zu können (z. B. Auswahl der Möbel, Kleidung etc.), erfolgen. Nach einem Heimeinzug ist es nicht nur wichtig, von den eigenen Möbeln umgeben zu sein, sondern auch, autonomiefördernde Auseinandersetzungsstrategien seitens der älteren Person aktiv zu unterstützen, da diese für eine unmittelbare Bewältigung des Umzugs und für die langfristige Aufrechterhaltung der Lebenszufriedenheit im Heim wichtig sind. Außerdem kann die regelmäßige Beschäftigung mit jeder/m Bewohner/in, zum Beispiel mit Hilfe der Erfassungen individueller Lebensqualitätsprofile, dem Personal helfen, die Persönlichkeit jeder/s Einzelnen zu respektieren und zu adressieren und individuelle Veränderungen – über Tagesschwankungen oder einen demenziellen Abbau hinaus – wahrzunehmen. Was Personen mit Demenz betrifft, so führen insbesondere Umzüge in Einrichtungen mit besonderem Heimkonzept und besonderer Umweltgestaltung (auch im Garten) häufig zur Verbesserung der Lebenssituation von Betroffenen, während für Umzüge in Heime ohne besondere Betreuung eine für Gesundheit kontrollierte Zunahme der Mortalität durch den Heimeinzug berichtet wird. Grundsätzlich zeigt sich, dass die zunehmende Anzahl von Personen, die bei Einzug bereits fortgeschritten kognitiv verändert sind, nicht nur von speziellen Angeboten, sondern auch von kleinräumigere Einrichtungen (ca. 12–17 Bewohnerinnen) profitieren, die sich auch durch eine Orientierung am Normalitäts- oder Alltagsprinzip und an privatwohnungsähnlichen Umständen auszeichnen.

Es soll an dieser Stelle ausdrücklich darauf verwiesen werden, dass Leben und Wohnen im Heim auch mit multiplen Kompetenzeinbußen und kaum Aussicht auf Verbesserung ein traditionelles und vielschichtiges Thema der Alternsforschung ist (z. B. Kruse & Wahl, 1994) und – wenngleich vor dem Hintergrund unterschiedlicher jeweils aktueller Konzepte betrachtet – auch qualitätsvoll und lebenswert sein kann. Dabei werden nicht nur Konzepte zur Sicherung und Verbesserung der Pflege und der Arbeitsbedingungen im institutionellen Kontext, sondern auch zur Etablierung, Sicherung und Verbesserung von Lebensqualität im Heim diskutiert. Hierzu tragen sowohl Praxiserfahrung als auch wissenschaftliche Untersuchungen bei. Exemplarisch sollen zwei Projekte genannt werden, die sich in jüngster Zeit vor dem Hintergrund der deutschen Versorgungslandschaft mit der wissenschaftlich gesicherten Erfassung von Lebensqualität im institutionellen Kontext beschäftigt haben, nämlich die Projekte und zugehörigen Erfassungsinstrumente H.I.L.DE. (*Heidelberger Instrument zur Erfassung der Lebensqualität demenzkranker Menschen* [Becker, Kaspar & Kruse, 2011]) und INSEL (*Instrument zur praxisnahen Erfassung von Lebensqualität* [Oswald et al., in Druck]). Während sich H.I.L.DE. ausdrücklich der mehrdimensionalen Erfassung von Lebensqualität bei Demenz widmet, versteht sich INSEL als Instrument zur praxisnahen Erfassung von Lebensqualität als mehrdimensionalem Konstrukt für möglichst alle Heimbewohner sowohl aus Sicht der Bewohner als auch aus Sicht der Betreuenden. Dieses Projekt geht auf das Bestreben der Paul Wilhelm von Keppler-Stiftung, einem bedeutsamen Heimträger in Baden-Württemberg, zurück, der INSEL mittlerweile auch in den Regelbetrieb übernommen hat und an mehr als 1000 Personen eingesetzt hat. Auf zahlreiche andere Initiativen im Zusammenhang mit Heimen als Lebens- und Wohnorten, wie beispielsweise Fragen der Angehörigenbelastung (Schacke & Zank, 2009) oder der Gewaltprävention in der stationären, aber auch der familialen Pflege (Bonillo et al., 2013), kann an dieser Stelle nicht eingegangen werden (Zank, Peters & Wilz, 2010).

3.6 Wohnen und Sterben

Sind Wohnorte auch Sterbeorte? Wenn es nach dem Wunsch der meisten Menschen geht, so wollen sie in ihren Wohnungen nicht nur, so lange es geht, wohnen bleiben, sondern – wenn möglich – auch sterben. Spezialisierte Einrichtungen wie Hospize oder Palliativstationen werden deutlich seltener genannt, klassische Heime oder Krankenhäuser (Intensivstationen) noch seltener. Die Realität sieht allerdings anders aus, auch wenn grundsätzlich anzumerken ist, dass die Ermittlung tatsächlicher Sterbeorte methodisch nicht einfach ist, da diese nicht Gegenstand statistischer Dokumentationen sind. Häufig liegen dazu nur regional begrenzte Befunde vor. So wurde Mitte der 90er Jahre für das Bundesland Rheinland-Pfalz konkrete Werte ermittelt, die zeigten, dass 44 % der erfassten Personen im Krankenhaus starben, 40 % im Privathaushalt, 13 % im Pflegeheim und ca. 3 % an anderen Orten (Ochsmann, Slangen, Feith, Klein & Seibert, 1997). Damit übereinstimmend bestätigen bundesweite offizielle Statistiken, dass das Krankenhaus der Ort ist, an dem Menschen in unserer Gesellschaft mit ca. 45 bis 48 % am häufigsten sterben (Statistisches Bundesamt [StBA], 2012), Palliativstationen sind hier bereits mitgerechnet. Mit zunehmendem Alter steigt zudem nicht nur die Wahrscheinlichkeit eines Einzugs in ein Pflegeheim, sondern auch die Wahrscheinlichkeit, dort zu sterben. Auch wenn es hier Überlappungen von Lebensort und Sterbeort aufgrund kurzfristiger Krankenhauseinweisung von Heimbewohnern gibt, geht man davon aus, dass der Anteil der Personen, die in Heimen (oft nach nur sehr kurzer Wohndauer) sterben, angestiegen ist, wobei hierfür stark schwankende Anteile von ca. 20 % (Wilkening & Kunz, 2003), ca. 30 % (Tesch-Römer, 2005) oder sogar ca. 40 % (Gronemeyer, 2008) genannt werden. Deutlich wird an diesen Zahlen aber auch, dass es – anders als die Studie der 90er Jahre zeigt – derzeit nach einer aktuellen Zusammenstellung wohl nur ein Anteil von – je nach Abschätzung – etwa 30 % bis sogar unter 10 % der Sterbenden gelingt, zuhause zu sterben (Werner, 2012). Auch wenn spezialisierten Einrichtungen und Angeboten wie Hospizen und Palliativstationen der Krankenhäuser sowie der speziellen ambulanten Palliativ-Versorgung (SAPV) für die Versorgung

Sterbender zukünftig eine zunehmend wichtiger werdende Rolle zukommt, sind sie als Sterbeorte derzeit eher vergleichsweise selten. Werner (2012) berichtet für das Jahr 2009 von ca. 44 400 begleiteten Sterbenden auf insgesamt 191 stationären Palliativstationen der Krankenhäuser. Zudem wird von 165 stationären Hospizen in Deutschland berichtet, die knapp 23 000 Sterbebegleitungen durchführten (ebd.).

3.7 Interventionsperspektiven

Aus interventionsgerontologischer Perspektive zielt Wohnen auf die Erhaltung gewohnter Lebensräume, auf die Nutzung von und Auseinandersetzung mit Wohnraum (Handeln), auf Beratung (Wissen) und Anpassung (Umbau) sowie auf die grundlegende Veränderung von Wohnumwelt (Umzug) ab. Dabei steht in einem fiktiven zeitlichen Alternsverlauf bzw. dem Wunsch vieler älterer Menschen folgend zunächst die Erhaltung gewohnter Person-Umwelt-Bezüge im Vordergrund, also das Verbleiben in der angestammten Wohnung bzw. im angestammten Quartier trotz gesundheitlicher oder sozialer Veränderungen. Hierunter fallen alle Maßnahmen der Beratung und Wohnraumanpassung, die dazu dienen, mit schlechter werdender Kompetenz und/oder zunehmend schwerer zu meisternden Barrieren im Wohnbereich umzugehen oder diese zu beseitigen, ebenso wie die Beantwortung der Frage des Wohnenbleibens oder Umziehens nach Verwitwung. Im Mittelpunkt stehen dabei der Selbstständigkeitserhalt und die Durchführung notwendiger Alltagsaktivitäten durch Beseitigung von Barrieren und Verbesserung bzw. Erhaltung von Zugänglichkeit. Weniger zentral, aber auch bedeutsam sind erlebensbezogene Wohnprozesse der Verbundenheit und der damit verbundenen manchmal förderlichen, manchmal hinderlichen Gewohnheiten und Gefühle und ihre Bedeutung für die Erhaltung der eigenen Identität. Wenn die Anpassung an die bestehenden Wohnbedingungen nicht mehr möglich oder gewollt ist und eigene Erlebensbezüge dies erlauben oder weniger zentral für die Entscheidung sind, enthält die Interventionspalette auch die Möglichkeit zu Umzügen in eine besser passende Privatwohnung (z. B. im gewohnten Quartier), ins Gemeinschaftliche Wohnen, ins Betreute Wohnen oder ins Heim als Maßnahme mit weitaus größerem räumlich und sozialem Veränderungspotenzial. Unterstützungen hierbei können (wenngleich nicht systematisch angeboten) vielfältig sein und sich sowohl auf die Vorbereitung, die Begleitung oder die Nachbereitung und Anpassung an die neue Wohn- und Lebenssituation beziehen. Grundsätzlich ist dabei wichtig, dass bei aller bekannten individuellen Vorliebe des Privatwohnens und bei allem gesellschaftlichen Vorzug der ambulanten Versorgung zuhause und im Quartier vor der stationären Versorgung ein Leben und Wohnen im institutionellen Kontext eines Heimes nicht von vornherein »verteufelt« wird. Bei bestimmten Belastungskonstellationen kann ein Leben im Heim die »bessere« Alternative zu einem gefahrvollen und nicht mehr organisierbaren Privatwohnen sein. Dazu braucht es allerdings moderne, alltagsorientierte Heimkonzepte, kleinräumige Einrichtungen oder Modelle einer quartiersnahen Versorgung, die auch ein Leben im Heim bei möglichst hoher Lebensqualität erlauben. Schließlich sei – quer zur Unterscheidung Wohnenbleiben mit Wohnraumanpassung versus Umzug – gerade hinsichtlich der sich drastisch verändernden Palette der Interventionsmöglichkeiten im Wohnbereich auf den Einsatz von Technik zum Wohnen verwiesen, der ausdrücklich Formen von »Low-Tech« und von »High-Tech« (▶ Kap. 5) umfasst und letztlich auch den Einsatz von Medien generell (▶ Kap. 6) einschließt.

> **Fragen zur inhaltlichen Reflexion**
>
> Mit den nun folgenden Fragen, die das vorangegangene Kapitel zur Reflexion stellen, möchten wir Sie dazu einladen, sich etwas Zeit zu nehmen und sich noch einmal auf die gelesenen Inhalte einzulassen. Bitte notieren Sie eigene Überlegungen zu den folgenden Fragen.
> 1. Was ist der Unterschied zwischen Wohnverhalten und Wohnerleben?
> 2. Was hat Wohnen mit der Erhaltung von Selbstständigkeit und Identität zu tun?
> 3. Was hat Wohnen mit Wohlbefinden und Gesundheit zu tun?
> 4. Welche andere Wohnformen neben dem Privatwohnen werden im Zusammenhang mit dem Wohnen im höheren Alter diskutiert?
> 5. Wie groß ist der Anteil der über 80-jährigen Personen, die in Heimen leben?

Weiterführende Literatur

Kremer-Preiß, U. (2012). Aktuelle und zukunftsträchtige Wohnformen für das Alter. In H.-W. Wahl, C. Tesch-Römer & J. Ziegelmann (Hrsg.), *Angewandte Gerontologie: Interventionen für ein gutes Altern in 100 Schlüsselbegriffen* (S. 554–561). Stuttgart: Kohlhammer.

Oswald, F. (2012). Umzug im Alter. In H.-W. Wahl, C. Tesch-Römer & J. Ziegelmann (Hrsg.), *Angewandte Gerontologie: Interventionen für ein gutes Altern in 100 Schlüsselbegriffen* (S. 569–575). Stuttgart: Kohlhammer.

Wahl, H.-W. & Oswald, F. (2012). Wohnen, Wohnraumanpassung und Gesundheit. In H.-W. Wahl, C. Tesch-Römer & J. Ziegelmann (Hrsg.), *Angewandte Gerontologie: Interventionen für ein gutes Altern in 100 Schlüsselbegriffen* (S. 492–498). Stuttgart: Kohlhammer.

4 Altern jenseits der Wohnumwelt: Außerhäusliche Mobilität und außerhäusliche Aktionsräume

4.1 Einleitung und übergreifende theoretische Einordnung

Die Möglichkeiten und Grenzen, innerhalb derer sich Menschen im öffentlichen Raum bewegen können und wollen, haben Psychologen, Verkehrsplaner und Unfallforscher seit langem beschäftigt und interdisziplinär zu einer großen Zahl von Forschungsarbeiten angeregt. Doch angesichts der unaufhaltsamen Alterung nicht nur westeuropäischer Industriegesellschaften stellen sich neue Fragen, die nun besonders ältere Menschen als Akteure in außerhäuslichen (Verkehrs-)Umwelten in den Mittelpunkt stellen. Nicht selten ergeben sich dabei Zielkonflikte zwischen den Wünschen und Bedürfnissen der Älteren einerseits und infrastrukturellen Gegebenheiten, den Ansprüchen jüngerer Verkehrsteilnehmer oder gesellschaftlichen (Sicherheits-)Normen andererseits. Unstrittig sind dagegen die ausgeprägte funktionale Bedeutung und der hohe emotionale Wert von Mobilität gerade im höheren Erwachsenenalter. Sie fördert oder ermöglicht nach einschlägigen Arbeiten (Rudinger & Kocherscheid, 2011; Schaie, 2003) unter anderem eine unabhängige Lebensführung, die Teilhabe an sozialen, kulturellen und Freizeitaktivitäten, den Zugriff auf benötigte Güter und Dienstleistungen und die Einbindung in eine lokale »Community« als bedeutsamem protektiven Faktor gegenüber Einsamkeit und Isolation. Auf diese Weise kann außerhäusliche Mobilität entscheidend zu einem Mehr an Lebensfreude und Lebensqualität beitragen und auch den Gesundheitszustand positiv beeinflussen.

Dieses Kapitel beschäftigt sich im Anschluss an eine konzeptuelle Grundlegung, theoretische Einordnung und eine Übersicht zu den mobilitätsrelevanten Folgen des demografischen Wandels zunächst mit dem Zusammenhang zwischen Lebensstilen, Mobilitätsbedürfnissen und der Wahl spezifischer Fortbewegungsmittel (»Slow Modes«, Automobil, öffentlicher Personennahverkehr). Zielkonflikte zwischen Bedürfnissen und den Gegebenheiten der sozialen und räumlichen Umwelt werden dann am Beispiel von vier Problemfeldern umrissen: dem Umgang Älterer mit Anforderungen von Verkehrsumwelten, Risikopotenzialen und Unfallexposition, mobilitätsbezogenen Gesundheits- und Leistungseinbußen sowie möglichen Kompensationsmechanismen. Abschließend werden Interventionsstrategien diskutiert und bewertet, mit deren Hilfe die beschriebenen Problemfelder bearbeitet werden können: Beratung und Aufklärung, Technikentwicklung sowie die Regelung und Gestaltung von Verkehrsumwelten.

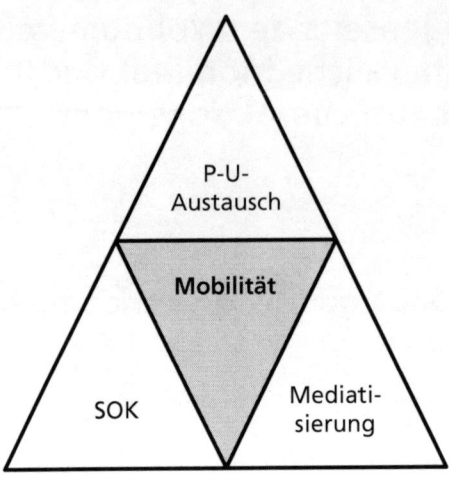

Erlebensbezogene Prozesse der Bewertung, Bedeutungszuschreibung und Bindung spielen auch in Bezug auf außerhäusliche Mobilität eine bedeutende Rolle. Entsprechend *des Modells des Person-Umwelt-Austauschs (Agency & Belonging)* führt beispielsweise die Nutzung eines Automobils dazu, vertraute Plätze in der näheren und weiteren Umgebung erreichen zu können und am gesellschaftlichen Leben teilzunehmen. Frau Schulz nutzt den öffentlichen Nahverkehr, um nach dem Besuch des Wochenmarktes, bei dem sie nicht nur Einkäufe erledigt, sondern auch alte Bekannte trifft, bequem ihre Einkäufe nach Hause transportieren zu können. Für viele Menschen werden darüber hinaus im Altersverlauf der Besitz eines Fahrzeugs und die Fähigkeit, sich mit dessen Hilfe zu bewegen, zu einem Bestandteil ihrer Identität, einer Ausdrucksform von Autonomie und mobilitätsbezogener Entscheidungsfreiheit. Nicht selten schildern ältere Menschen in diesem Zusammenhang, dass sie das Autofahren nicht aufgeben möchten, da es ihnen eine große Freiheit ermöglicht – insbesondere, wenn die Fortbewegung zu Fuß Probleme bereitet.

Im Sinne einer *Mediatisierung* sind auch öffentliche Verkehrsräume und -umwelten in zunehmendem Maße einem technischen und strukturellen Wandel unterworfen. Zugleich hat ihre Komplexität zugenommen, womit sich ebenfalls die Anpassungsanforderungen an ältere Menschen stetig erhöht haben. Die Entwicklung in Richtung einer Altersgesellschaft hat also die Schere zwischen individuellen Mobilitätsbedürfnissen und Umweltpassungen weiter geöffnet. Die Älteren sehen sich daher im öffentlichen Verkehrsraum häufig Barrieren ausgesetzt und tragen ein erhöhtes Benachteiligungsrisiko gegenüber jüngeren Verkehrsteilnehmern. Der Einsatz von Technik und Medien, wie beispielsweise GPS-basierter Navigationssysteme, Online-Kartendiensten oder Smartphones mit ausgewählten Apps kann dabei Potenziale bieten, einige dieser Barrieren zu überwinden. Frau Schulz könnte sich mit Hilfe eines Smartphones anzeigen lassen, wann und wo der nächste Bus abfährt, oder sie könnte sich für den Fall, dass sie eine unbekannte Strecke gehen möchte, diesen auf einem Navigationsgerät anzeigen lassen.

Eine übergreifende handlungstheoretische Vorstellung des Verhaltens in außerhäuslichen Verkehrsumwelten liefert die *Theorie der selektiven Optimierung mit Kompensation*. Ihre Komponenten Selektion, Optimierung und Kompensation beschreiben und erklären Elemente eines bewussten Adaptationsprozesses. Übersetzt auf die Situation Älterer in konkreten Verkehrsumwelten würde dies etwa bedeuten, dass man seine Mobilitätsbedürfnisse variabel handhabt und gegebenenfalls reduziert, sein Mobilitätsverhalten entsprechend anpasst, seine Einstellungen zu Verkehrsmitteln und Verkehrsmittelwahl verändert und seine Fertigkeiten bezüglich der gewählten Verkehrsmittel durch Training verbessert. Für Frau Schulz hätte in diesem Sinne beispielsweise die von der Enkelin vorgeschlagene Benutzung eines E-Bikes zu einer Möglichkeit werden können, die gewohnte Verwendung eines Fahrrades im näheren Verkehrsraum zur Wohnung aufrechtzuerhalten, auch wenn gesundheitliche Beeinträchtigungen, Kraftverluste und Bewegungseinschränkungen die Verwendung eines normalen Rades nicht mehr gestatten.

4.2 Begriffsbestimmung: Außerhäusliche Mobilität im alterns- und lebenslaufbezogenen Kontext

Begrifflich kann außerhäusliche Mobilität zunächst in einem recht weiten Sinne als die Fähigkeit beschrieben werden, sich in unterschiedlicher Weise auch unter Zuhilfenahme unterschiedlicher Mittel in Umwelten außerhalb des eigenen Zuhause zu bewegen. Als Umwelten gelten dabei öffentliche (z. B. Straßen, Plätze, Sportflächen) oder halböffentliche Räume (zu verstehen als Zwischenform zwischen privatem und öffentlichem Raum, wie bspw. Innenhöfe, private Stellplätze), die als Folge sozialer Übereinkünfte oder historisch gewachsener Siedlungsentwicklung entstanden sind (Mollenkopf, Oswald, Wahl & Zimber, 2004). Aus ökologischer Perspektive resultiert aus der Bewegung in diese Räume immer auch eine Wechselwirkung zwischen Person und Umwelt: Menschen können ihre Umwelt gestalten oder verändern, werden andererseits aber auch in ihren Erlebens- und Verhaltensspielräumen durch spezifische Umwelteigenschaften gefördert oder eingeschränkt (Mollenkopf & Wahl, 2002). In frühen Arbeiten zur Mobilität älterer Menschen wurde vor diesem Hintergrund die Bedeutung einer möglichst guten Person-Umwelt-Passung hervorgehoben (Lawton & Nahemow, 1973). Neuere Ansätze favorisieren dagegen eine umfassendere und dynamischere Modellvorstellung von Mobilität. Sie sind geeignet, als theoretischer Rahmen für aktuelle gerontologische Forschungsarbeiten auf diesem Feld zu dienen. Ein Beispiel ist das Modell von Webber, Porter und Menec (2010), das Abbildung 4.1 veranschaulicht:

Orientiert an der Vorstellung diverser Lebensräume beschreibt dieses Modell ausgehend von einem Zimmer des Zuhauses zunehmend ausgedehntere Umweltbereiche, die gleichzeitig immer höhere Anforderungen in Bezug auf unabhän-

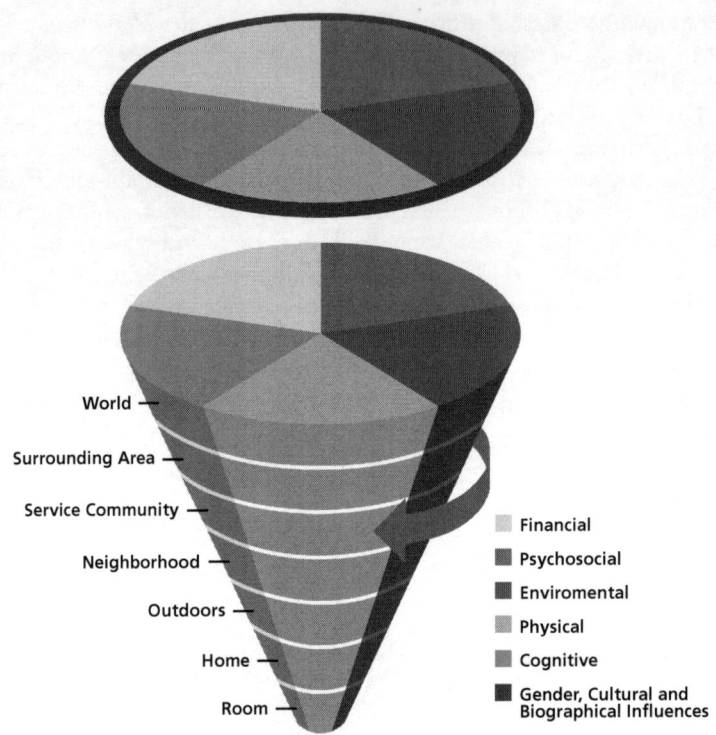

Abb. 4.1: Konisches Rahmenmodell zur Mobilität im Alter (aus Webber et al., 2010, Mobility in older adults: A comprehensive framework. The Gerontologist, 50, S. 446; © Der Autor 2010; veröffentlicht von Oxford University Press im Auftrag der Gerontological Society of America; Abdruck mit freundlicher Genehmigung von Oxford University Press)

gige Mobilität stellen. Im Querschnitt werden kognitive, psychosoziale, körperliche, finanzielle und Umgebungsfaktoren abgebildet, denen ein zentraler Einfluss auf Mobilitätsspielräume zugemessen wird. Jeder Querschnitt wiederum ist von einem Ring kultureller, geschlechtsspezifischer und biografischer Einflüsse umgeben, die jeweils unterschiedliche Möglichkeiten und Benachteiligungsrisiken bedeuten. Bereits diese – noch sehr allgemeine – Modellvorstellung verdeutlicht, dass gerade die außerhäusliche Mobilität eine entscheidende Voraussetzung für Unabhängigkeit und Wohlbefinden im Alter darstellt.

Diese Frage wurde in dem europäischen Verbundprojekt MOBILATE eingehender untersucht: Enhancing Mobility in Later Life: Personal Coping, Environmental Resources, and Technical Support (Mollenkopf, Marcellini et al., 2004). Den Gegenstand des Forschungsprojekts bildeten die alltägliche außerhäusliche Mobilität Älterer und das komplexe Zusammenspiel zwischen Ressourcen der Personen und jenen ihrer räumlichen und sozialen Umgebung. Die MOBILATE-Studie umfasste städtische und ländliche Regionen von fünf europäischen Ländern (Finnland, Niederlande, Deutschland, Ungarn, Italien) mit jeweils unterschiedlichen geografischen, infrastrukturellen und kulturellen Gegebenheiten. Insgesamt wurden fast 4000 zufällig ausgewählte Personen im Alter von mindestens 55 Jahren untersucht. Zielsetzung war eine möglichst umfassende Beschreibung und Erklärung außerhäuslicher Mobilität, was sich auch in einem neuen theoretischen Rahmenmodell außerhäuslicher Mobilität widerspiegelte (▶Abb.4.2). Das Modell veranschaulicht den Einfluss individueller (z.B. geistige Leistungsfähigkeit), sozioökonomischer (z.B. Bildung) sowie struktureller/regionaler Faktoren (z.B. ländliche Region) auf das Mobilitätsverhalten und geht davon aus, dass die Mobilität im Zusammenhang zur Lebensqualität steht. Die Mobilität hängt dabei zusammen mit Kontextfaktoren, wie der nahen Verfügbarkeit von Verkehrsanbindungen (z.B. öffentlicher Nahverkehr, Anbindung an Autobahn) oder dem Vorhandensein attraktiver Freizeitangebote für Ältere (z.B. kulturelle Veranstaltungen, Seniorencafés) und führt zu einem bestimmten Ausmaß an tatsächlicher gezeigter Mobilität.

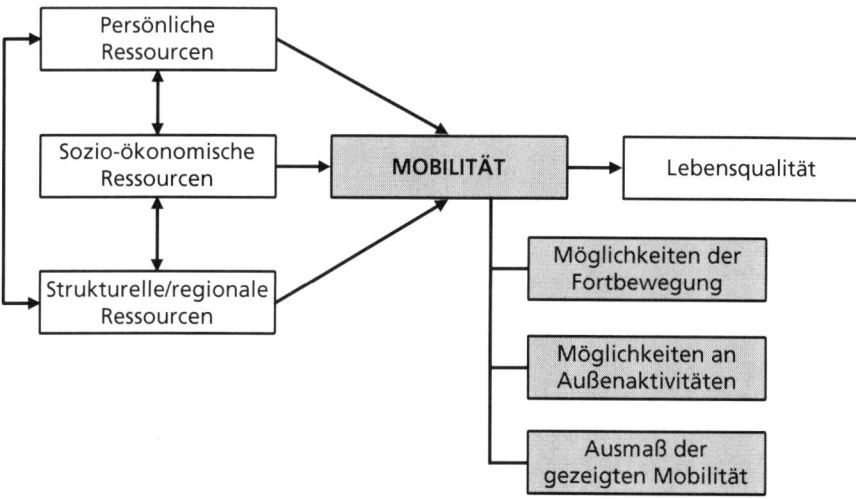

Abb. 4.2: MOBILATE-Modell außerhäuslicher Mobilität im Alter (nach Mollenkopf et al., 2005)

Die Befunde des MOBILATE-Projekts bestätigen überzeugend die Modellannahmen, nach denen die körperlichen, wirtschaftlichen, sozialen und technischen Ressourcen einer Person ebenso wie die im aktuellen Lebensraum gegebenen strukturellen Ressourcen die außerhäusliche Mobilität in entscheidender Weise bestimmen. Danach tragen zum Beispiel Alleinlebende, Frauen oder gesundheitlich beeinträchtigte Menschen mit geringem Einkommen ein besonders hohes

Risiko, sich nicht mehr über ihre unmittelbare Wohnumgebung hinaus bewegen zu können (Mollenkopf, Marcellini et al., 2004). Bezogen auf die Verfügbarkeit von Mobilitätsoptionen ergaben sich im Vergleich der beteiligten Länder sehr unterschiedliche Ergebnisse. Gleichwohl konnte im Trend bestätigt werden, dass in städtisch geprägten Regionen generell eine größere Auswahl an Transportmöglichkeiten als auf dem Lande besteht (Mollenkopf et al., 2005).

Was bedeutet es für den Älteren, den Fuß vor die Haustür zu setzen und damit den Aktionsradius über den Bereich des unmittelbaren Wohnens hinaus auszuweiten? Dies geschieht, so zeigen Untersuchungen (Mollenkopf & Flaschenträger, 2001) im Durchschnitt etwa zwei bis drei Stunden am Tag. Allerdings lassen sich daraus noch keine Aussagen über die subjektive Bedeutung des Erlebens außerhalb der eigenen vier Wände ableiten. In einer qualitativen Interviewstudie konnten zu dieser Frage sieben inhaltliche Bedeutungsschwerpunkte außerhäuslicher Mobilität identifiziert werden (Mollenkopf, Oswald et al., 2004):

- als abstraktes Erleben (emotionale Aspekte): Beispiel: »Freude!«
- als intrinsisches Bedürfnis (physische Bewegung als Selbstzweck): Beispiel: »Damit ich Bewegung habe.«; »Ich will mich bewegen und fühl, mich dabei wohl!«
- als Bewegung in der natürlichen Umwelt (Natur als Erlebnisraum): Beispiel: »Ich muss raus, muss wissen, was in der Natur los ist!«; »Sehnsucht nach frischer Luft.«
- als Voraussetzung für gesellschaftliche Integration (soziale Bedürfnisse): Beispiel: »Dass ich am gesellschaftlichen Leben noch teilnehmen kann.«; »Alte Freunde besuchen.«; »Um nicht zu vereinsamen!«
- als Voraussetzung für Autonomie (Freiheit und Selbstbestimmung): Beispiel: »Nicht eingesperrt sein.«; »Jederzeit, wenn ich will, auch rausgehen können.«
- als Quelle neuer Eindrücke (Anregung und Abwechslung): Beispiel: »Damit ich hier oben nicht verkalke!«; »Um etwas anderes zu erleben, nicht zu versauern.«
- als Ausdruck von (noch vorhandener) Lebenskraft (bei Antizipation des nahenden Lebensendes: Beispiel: »Das letzte bisschen Unabhängigkeit«; »Ein Beweis, dass ich noch ein Mensch bin wie ein anderer Mensch auch.«

Die subjektive Bedeutung erweist sich dabei im Lebenslauf als außerordentlich stabil, was durch einschlägige Längsschnittuntersuchungen unterstrichen wird (Mollenkopf, Hieber & Wahl, 2011). Dieser Befund untermauert nochmals die herausgehobene Bedeutung außerhäuslicher Mobilität für Lebensqualität und Wohlbefinden – von der Lebensmitte bis ins hohe Alter.

Doch mit welchen Mitteln bewegen sich Ältere bevorzugt außerhalb ihrer häuslichen Umgebung, welche Transportmodi werden dabei bevorzugt genutzt? Tabelle 4.1 beantwortet diese Frage wiederum mit Vergleichsdaten der fünf Teilnehmerländer der MOBILATE-Studie.

Auch wenn die Daten nicht mehr ganz aktuell sind, erlauben sie den Vergleich der Nutzung von Transportoptionen zwischen verschiedenen europäischen Ländern. Dabei sind in Deutschland – folgt man Tabelle 4.1 – die eigenen Füße anscheinend das beliebteste Transportmittel. Mehr als die Hälfte aller Wege außerhalb des Hauses wurden nach Angaben der Studienteilnehmer zu Fuß zu-

Tab. 4.1: Prozentuale Nutzung von Transportoptionen in fünf europäischen Ländern (modifiziert nach Mollenkopf et al., 2002)

Transport-option	Finnland	Deutsch-land Ost	Deutsch-land West	Ungarn	Italien	Nieder-lande	Gesamt
Bus	2,5	3,9	1,4	16,2	4,3	8,4	5,0
Sonstige Transportdienste	2,8	2,0	0,8	0,2	2,3	1,9	1,8
Taxi	1,0	0	0	0	0	0	0,2
Bahn	0,1	0	0	0	0	0	0
Straßenbahn	0	1,7	2,4	0	0	0	0,8
Fahrzeugführer	30,9	22,3	30,3	6,2	42,0	29,9	28,4
Beifahrer	13,8	12,2	7,2	4,1	14,7	13,3	11,3
Fahrrad	14,6	11,3	7,8	16,8	0,5	15,3	10,3
zu Fuß	38,4	49,9	53,5	67,0	39,9	31,5	46,0

rückgelegt. Allerdings folgt die Pkw-Nutzung als Fahrer/Mitfahrer dichtauf, während die übrigen Verkehrsmittel eher eine nachrangige Rolle spielen. In diesem Zusammenhang zeigten weitere Analysen der Daten, dass die Verfügbarkeit eines Autos einen erheblichen Einfluss auf die Verkehrsmittelwahl hat. So machten Ältere deutlich weniger Reisen, wenn ihnen die Möglichkeit der (Mit-)Benutzung eines Pkw fehlte. Entsprechend wurde von den Untersuchungsteilnehmern die subjektive Bedeutung des Autofahrens als gleichrangig mit der Möglichkeit betrachtet, zu Fuß gehen zu können (Mollenkopf et al., 2002). Eine Auswertung aktueller Tagebuchdaten eines Frankfurter Projekts (BEWOHNT) mit 595 privat wohnenden Personen im Alter von 70 bis 89 Jahren zeigt auf der Basis von Aufzeichnungen über 17 Tage hinweg (insgesamt 10 739 berichtete Wege aus 7414 Tagen), dass 54 % aller Wege außer Haus zu Fuß zurückgelegt werden. Dabei berichten Personen im Alter von 80 bis 89 Jahren mit 58 % aller Wege über deutlich mehr Zu-Fuß-Aktivitäten als Personen im Alter von 70 bis 79 Jahren (Oswald, Kaspar, Frenzel-Erkert & Konopik, 2013).

Mit der Entwicklung neuer digitaler Informationstechnologien können seit einigen Jahren auch Forschungsfragen beantwortet werden, die sich mit zeitlichen und räumlichen Mobilitätsmustern im öffentlichen Raum befassen. Beispielhaft ist hier das interdisziplinäre Forschungsprojekt SenTra zu nennen, in dem deutsche und israelische Wissenschaftler mit Hilfe von GPS (Global Positioning System)-Technologie das Verhalten Älterer bei außerhäuslichen Aktivitäten untersuchten (Shoval et al., 2011). Personen mit leichter Demenz (PmD), leichter kognitiver Einschränkung (LKB) sowie gesunde Ältere zwischen 64 und 90 Jahren wurden dabei mit GPS-Empfängern versehen und es wurden hochauflösende räumliche und zeitliche Daten für jeweils 28 aufeinanderfolgende Tage erhoben. Es ergaben sich deutliche Unterschiede in den räumlichen und zeitlichen Mobilitätsmustern der Untersuchungsteilnehmer (▶ Abb. 4.3). So wurde bei Personen mit Demenz eine erhebliche Einschränkung der räumlichen Distanzen beobachtet – zwar verbrachten sie geraume Zeit außer Haus, doch zumeist in unmittelbarer Nähe ihrer Wohnung und vorwiegend am Vormittag. Auch Personen mit einer leichten kognitiven Beeinträchtigung waren insbesondere am Vormittag aktiv, wobei sie im Vergleich einen etwas größeren Aktionsradius aufwiesen. Bei den gesunden Untersuchungsteilnehmern konnte der breiteste Aktionsradius festgestellt werden; die Aktivität fand zudem nicht nur am Vormittag, sondern über den Tag verteilt statt.

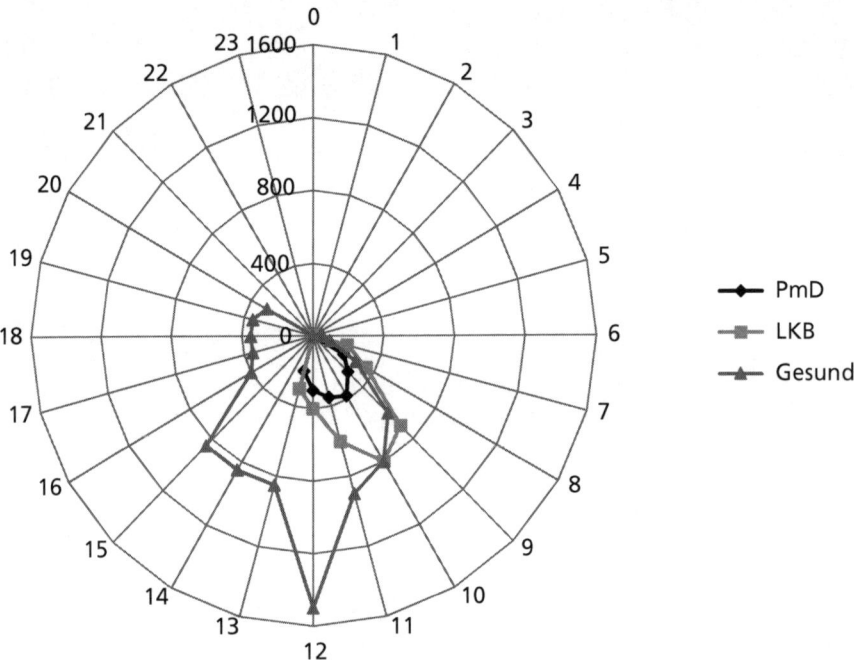

Abb. 4.3: Räumliche Distanzen und Zeiten von Personen mit Demenz, Personen mit leichter kognitiver Beeinträchtigung sowie Gesunden (modifiziert nach Shoval et al., 2011)

Vertiefung: Messung außerhäuslichen Mobilitätsverhaltens durch GPS-Systeme

Die notwendige Ausrüstung besteht im Wesentlichen aus drei Elementen (▶ Abb. 4.4, basierend auf dem Forschungsprojekt »Senior Tracking«, kurz SenTra [Shoval et al., 2011]):

1. Tragbarer GPS-Empfänger mit GSM-Modem und Radiosignal-Empfänger,
2. Wasserdichter Radiosignalsender mit Körpersensor für das Handgelenk,
3. Stationärer Radiosignal-Repeater zur Sicherung der häuslichen Bewegungsfreiheit.

Über den Handgelenksender sind die Untersucher darüber informiert, ob die Teilnehmer diesen stets tragen (Compliance-Check). Hat der Körpersensor keinen Hautkontakt, wird umgehend eine entsprechende Meldung versendet. Compliance-Daten dienen als wesentlicher Anhaltspunkt für die Kalibrierung der Messungen und zur Beurteilung der Validität.

Entfernt sich der Proband mehr als 70 Meter von seiner Wohnung, wird ebenfalls eine Meldung ausgelöst. Der tragbare GPS-Empfänger überprüft alle 10 Sekunden die Position und übermittelt die Daten per Funk an einen zentralen Server.

Abb. 4.4: Ausrüstung zur Messung außerhäuslichen Mobilitätsverhaltens im Projekt SenTra

In einer Untersuchung an einer deutschen Substichprobe des SenTra-Projekts (Kaspar et al., 2012) wurde der Zusammenhang zwischen außerhäuslichem Mobilitätsverhalten und Wohlbefinden untersucht, wobei zusätzlich zum GPS-Tracking Tagebuchaufzeichnungen Verwendung fanden. Die Befunde ergaben Hinweise auf starke Zusammenhänge zwischen Wohlbefinden und Mobilitätsverhalten. So führten beispielsweise mehr Spaziergänge, weniger Reisen sowie weniger und kürzere Autofahrten zu erhöhtem Wohlbefinden. Auch zeigte sich vor diesem Hintergrund eine Reihe von Einschränkungen der GPS-Tracking-Methode. Zwar haben sich einige Eigenschaften der Geräte (Größe, Batterielebensdauer, Handhabung) im Zuge der technischen Entwicklung positiv verändert. Doch bleibt GPS-Tracking ein rein deskriptives Verfahren, das für sich genommen noch keine Informationen über die Qualität des Erlebens von außerhäuslichem Mobilitätsverhalten liefert und aus diesem Grund auch nur eingeschränkt erklärungsrelevant ist. Auch ergaben Datenanalysen im Rahmen des SenTra-Projekts, dass ungültige GPS-Informationen aus geringem Wohlbefinden oder Bedienungsproblemen mit dem Tracking-Gerät resultieren können. In der Kombination von Tagebuch- und GPS-Datenquellen können daher erhebliche Stichproben-Selektivitätseffekte entstehen. Setzt man die GPS-Tracking-Technologie bei Personen mit Demenz ein, sind zusätzlich ethische Fragen (Zugang, Gebrauch, Selbstbestimmung, etc.) zu diskutieren.

4.3 Implikationen des demografischen Wandels

Mit dem bekannten Wandel des Altersaufbaus der Bevölkerung von der Pyramide hin zu einem »Pilz« ist auch eine Veränderung in der Alterszusammensetzung jenes Personenkreises verbunden, der sich mit unterschiedlichen Mitteln in öffentlichen Verkehrsräumen bewegt. Eines ist sicher: Es werden auch hier die älteren Verkehrsteilnehmer sein, die nach und nach immer stärker das Bild auf Straßen und Plätzen prägen. Und mit ihnen werden auch spezifische mobilitätsrelevante Fähigkeiten und Verhaltensweisen, aber auch besondere individuelle und infrastrukturelle Bedarfe beobachtbar. Arbeiten, die sich mit Verkehrsteilnehmern im höheren Erwachsenenalter befassen, rücken in diesem Zusammenhang häufig die Gruppe der Kraftfahrer in den Mittelpunkt des Interesses (Kaiser & Oswald, 2000). Denn vieles spricht dafür, dass die Altersgesellschaft trotz eines allgemein gewachsenen Umweltbewusstseins immer noch deutlich von Auto-Mobilität gekennzeichnet sein wird. Prognostiziert wird in diesem Zusammenhang eine weiter steigende Anzahl sowohl der älteren Führerscheininhaber als auch älterer Fahrzeugbesitzer (Schlag, 2008); ebenso dürfte die Zahl der in Deutschland zugelassenen Pkw (derzeit ca. 45 Millionen) weiter ansteigen. Daneben ist zu erwarten, dass sich im Gefolge gewandelter Lebensstile im Alter auch das Mobilitätsaufkommen insgesamt erhöhen wird. Denn die implizite Norm des »aktiven Alterns« dürfte sich dort weiter verbreiten und sich in einem besonders mobilitätsintensiven Lebens- und Freizeitstil widerspiegeln. Darauf weisen zumindest Ergebnisse der Studie FRAME zur Freizeitmobilität im Alter hin (Rudinger, Holz-Rau & Grotz, 2006). Aber auch der vorherrschende Wertekanon innerhalb einer Altersgesellschaft weist enge Bezüge zu mobilitätsbezogener Einstellung und Mobilitätsverhalten auf. »Freie Fahrt für freie Bürger«! hieß es schon in den 60er Jahren, und noch heute wird dieser Slogan gern verwendet, wenn man sich etwa gegen ein Tempolimit auf deutschen Autobahnen wenden möchte. Und nicht zufällig sind (Wahl-)Freiheit, Autonomie und ein gelebter Individualismus wesentliche Eckpfeiler des Wertesystems der Älteren von heute. Dort, wo diese Werte ihre Entsprechung in verschiedensten Formen und Stilen von Mobilität finden, entstehen Quellen von Lebenszufriedenheit und Wohlbefinden (Hieber, Mollenkopf, Kloé & Wahl, 2006; Mollenkopf & Kloé, 2011). Aus dieser Sicht kann die – möglichst lebenslange – Erhaltung von Mobilität einen geradezu existenziell bedeutsamen Stellenwert bekommen.

4.4 Lebensstile und Mobilitätsbedürfnisse

4.4.1 Slow Modes

Unter »Slow Modes« werden Mobilitätsformen verstanden, bei denen sich Menschen vorwiegend mit Muskelkraft in öffentlichen Räumen fortbewegen, also in der Regel zu Fuß oder mit dem Fahrrad. Betrachtet man die Entwicklung von Lebensstilen im Alter, so haben heute Umwelt- und Gesundheitsbewusstsein dort einen deutlich höheren Stellenwert als noch vor Jahren. Entsprechend ist auch unter älteren Menschen die Neigung angestiegen, im öffentlichen Raum ressourcenschonend und dazu noch auf eine der eigenen Gesundheit förderliche Art mobil zu sein. In gleichem Maße ist in den letzten Jahren das Forschungsinteresse an Slow Modes im Zusammenhang mit Älteren gewachsen (Rudinger & Käser, 2007).

Fragt man nach der Nutzung von Slow Modes, so wird in der Literatur häufig zwischen außerhäuslichen Versorgungsaktivitäten und Freizeitaktivitäten unterschieden (Käser, 2011). Unter ersteren werden dabei Aktivitäten verstanden, welche den alltäglichen Bedarf an Gütern und Dienstleistungen sichern (z. B. Einkäufe, Apothekenbesuch). In der Fragebogenstudie AEMEIS (Jansen, 2001; Rudinger & Jansen, 2003) wurden bundesweit mehr als 2000 Personen zwischen 55 und 94 Jahren untersucht. Jeder dritte der Befragten erledigte täglich Arztbesuche und Einkäufe zu Fuß oder mit dem Fahrrad. Bedeutend sind Slow Modes aber auch im Bereich von Freizeitaktivitäten, dies zeigen Befunde der Bonner Repräsentativstudie FRAME (Rudinger et al., 2006), die sich auf eine Stichprobe von 4500 Personen über 60 Jahre stützen. Danach wurden für nahezu zwei Drittel aller Freizeitaktivitäten Slow Modes als Mobilitätsform benutzt. Sie bilden damit im Freizeitsektor das dominante Verkehrsmittel. Dies ließ sich insbesondere für den ländlichen Raum zeigen (Scheiner, 2004).

Analysiert man die Gründe, aus denen heraus Slow Modes in Konkurrenz zum Auto oder öffentlichen Verkehrsmitteln gewählt werden, so lässt sich kaum ein Unterschied zwischen den Alternativen ausmachen. Hier wie dort stehen Unabhängigkeit, Bequemlichkeit und Zuverlässigkeit im Vordergrund (Käser, 2011). Allerdings sind Slow Modes für Kurzdistanzen in puncto Verfügbarkeit und unkompliziertem Zugriff nicht zu schlagen: Fast jeder kann zu Fuß gehen und drei von vier Personen können Fahrrad fahren (A. Davis, 2002).

Doch gibt es auch Schattenseiten dieser Mobilitätsform, weist sie doch ein erhebliches Gefährdungspotenzial auf. Unfallzahlen des Statischen Bundesamtes sprechen hier eine beredte Sprache (Statistisches Bundesamt, 2007b). Im Jahr 2007 gehörte danach von den knapp 35 000 verletzten Fußgängern und 75 000 Radfahrern fast jeder Fünfte zur Gruppe der Älteren, bei den insgesamt mehr als 1000 Verkehrstoten sogar jeder Zweite. Ältere Slow-Mode-Verkehrsteilnehmer sind also besonders vulnerabel, wobei Untersuchungen zudem zeigen, dass sie das Gefährdungspotenzial selbst kaum wahrnehmen (Lubecki, 2004). Dies gilt im Übrigen auch für eine neue Generation von Slow-Mode-Verkehrsmitteln (Pedelecs, E-Bikes, Scooter), deren Bedeutung aufgrund ihrer noch geringen Verbreitung jedoch derzeit noch nicht zuverlässig einzuschätzen ist (Käser, 2011).

4.4.2 Automobil

Bei kaum einem Verkehrsmittel ist die funktionale und emotionale Bedeutung (nicht nur) für ältere Menschen so eng verbunden und so stark ausgeprägt wie beim Auto. »Das Auto ist der Deutschen liebstes Kind«, sagt ein geflügeltes Wort. Verständlich, dass vor diesem Hintergrund der Verlust des Führerscheins und/oder der Fahrfähigkeit gerade für viele Ältere den Charakter eines kritischen Lebensereignisses hat (Jakobs & Ziefle, 2011). Denn Autofahren macht den meisten unter ihnen nicht nur »Spaß«, sondern ist auch ein starkes Symbol von Freiheit und Autonomie. Zudem versetzt es in die Lage, am sozialen und gesellschaftlichen Leben teilzunehmen, und bildet damit einen Schlüssel zu mehr Lebensqualität (Mollenkopf & Flaschenträger, 1997). Noch in den 60er Jahren war der Sitz am Steuer eines Autos fast ausschließlich eine Domäne der Männer und der Satz »Frau am Steuer« wurde stets herabsetzend gebraucht. Schon heute geht der Trend jedoch auch im höheren Erwachsenenalter in einen andere Richtung, und laut Prognosen für das Jahr 2030 werden Frauen mit 60 Prozent stärker an den Motorisierungsgrad der Männer heranrücken (Shell, 2009).

In einer qualitativen Studie über die Einstellungen Älterer zum Auto und zum Autofahren (Jakobs, Lehnen & Ziefle, 2008) wurden 48 Personen in drei Altersgruppen (55+, 65+ und 75+) untersucht. Es zeigte sich eine weitgehend positiv besetzte Haltung zur Technik und zum Autofahren selbst. Die meisten der Untersuchten hatten Freude am Fahren und der Bedienung von Technik – wenn sie einen erlebbaren Nutzen aufwies. Als belastend erwiesen sich Fahrsituationen mit hoher Verkehrsdichte oder Fahrten auf Autobahnen. Auch neigten die Befragten eher zu einem zurückhaltenden Fahrstil und eher geringen Geschwindigkeiten. Insgesamt legen die Ergebnisse nahe, dass dem emotional positiv getönten Erleben des Autofahrens gegenüber dem funktionalen Aspekt (von A nach B gelangen) eine vergleichsweise stärkere Bedeutung zukommt.

4.4.3 Öffentliche Verkehrsmittel

Abgesehen vom Auto stellen öffentliche Verkehrsmittel das bedeutendste Transportmittel dar, mit dem sich Ältere in Verkehrsräumen bewegen. Empirische Untersuchungen (Hieber et al., 2006; Mollenkopf et al., 2011) belegen, dass über einen Zeitraum von 10 Jahren zwei von drei Senioren regelmäßig öffentliche Verkehrsmittel benutzen, wobei der Trend dort ansteigend ist, wo beispielsweise städtische Verkehrsbetriebe die Umrüstung auf moderne Niederflurfahrzeuge umgesetzt haben. Rückläufig sind die Nutzungszahlen teilweise für die Personengruppe der Älteren mit Mobilitätseinschränkungen. Fragt man nach den Gründen für eine verstärkte Nutzung öffentlicher Verkehrsmittel, werden am häufigsten günstige Tarifangebote, spezifische Wege (z.B. in die Innenstadt) oder der fehlende Zugriff auf eine Pkw-Nutzung genannt.

Aber es gibt auch Barrieren, welche die Nutzung öffentlicher Verkehrsmittel erschweren oder verhindern. So können Probleme beim Besteigen der Fahrzeuge auftreten oder jemand ist schon aufgrund körperlicher Beeinträchtigungen überhaupt nicht in der Lage, sich zu einer Haltestelle zu begeben. Vor allem in Stadtrandgebieten ist das Liniennetz oftmals nur sehr spärlich ausgestaltet, oder Fahrkartenautomaten sind so kompliziert, dass ihre Bedienung (nicht nur) Ältere vor unlösbare Probleme stellt. Und manchmal ist es auch das Auto als fahrplanunabhängige und bequemere Konkurrenz, die eine Nutzung öffentlicher Verkehrsmittel verhindert.

Neben objektiven Merkmalen öffentlicher Verkehrsmittel spielen für ihre Nutzung aber auch Fragen eine Rolle, die das individuelle Erleben von der Bedeutsamkeit einzelner Verkehrsmittel berühren. Dazu zählen die Zufriedenheit mit dem Verkehrsmittelspektrum im Ort, die subjektive Bedeutung für die ganz persönliche Mobilität oder ihre Veränderung über die Zeit. Die folgende Abbildung 4.5 veranschaulicht Zufriedenheitsverläufe über einen Zeitraum von 10 Jahren, wobei der Wert 0 für »ganz und gar unzufrieden«, der Wert 10 für »ganz und gar zufrieden« steht.

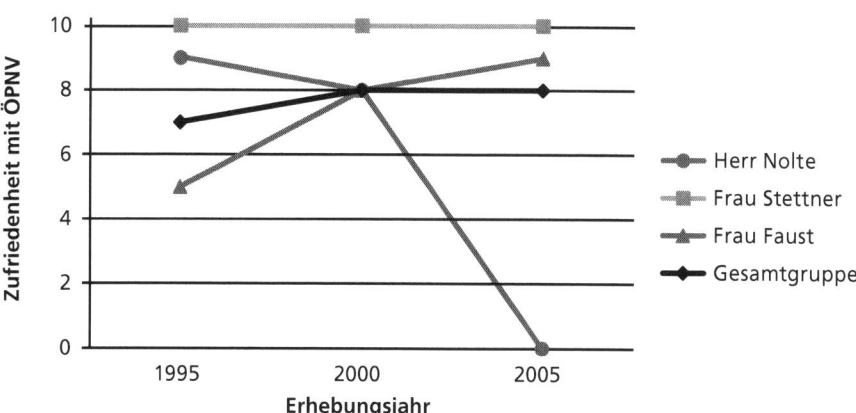

Abb. 4.5: Zufriedenheit mit öffentlichen Verkehrsmitteln (nach Hieber et al., 2006, S. 130)

Die subjektive Bedeutung öffentlicher Verkehrsmittel wurde in der Untersuchung von Hieber und Mitarbeitern (2006) mit Hilfe qualitativer Interviews untersucht.

Die dort ermittelten Bedeutungskategorien werden im Folgenden durch gekürzte Originalzitate der Untersuchungsteilnehmer illustriert:

1. *Unabhängigkeit*: »Da komm ich überall hin, wo ich hin will.« (Frau V., 67 Jahre alt)
2. *Bequeme Zielerreichung*: »Ja, man erreicht den Zielort leichter ... ohne Anstrengung.« (Herr G., 74 Jahre alt)
3. *Erreichbarkeit der Innenstadt*: »Na, ich komm günstiger in die Stadt, als wenn ich mit'm Auto fahr.« (Herr R., 74 Jahre alt)
4. *Autoersatz/-ergänzung*: »Wenn ... vor Weihnachten alles so zugeparkt ist, dann ... nehme ich die Bahn.« (Frau I, 68 Jahre alt)
5. *Lebensqualität*: »Die sind unerlässlich. Sonst würd ich nur zu Hause hocken.« (Herr U., 73 Jahre alt)
6. *Zukunftsalternative zum aktuellen Mobilitätsverhalten*: »Gut zu wissen, dass sie da sind. Dass man, wenn man nicht mehr Auto fährt, auf sie zurückgreifen kann.« (Frau B., 80 Jahre alt)

4.5 Spezielle Problemfelder außerhäuslicher Mobilitätsentwicklung

4.5.1 Unfallexposition und Risikopotenziale

Schon aufgrund des demografischen Wandels ist zu erwarten, dass sich künftig deutlich mehr Ältere am Steuer eines Kraftfahrzeugs im Straßenverkehr bewegen werden als heute. Hinzu kommen die Effekte eines aktiven Lebensstiles und damit verbunden ein ausgeprägteres Mobilitätsverhalten. Es werden also relativ mehr Ältere jeweils mehr Kilometer mit dem Auto zurücklegen. Schon aus diesem Grund ist ein erheblicher Forschungsbedarf in Richtung von Studien zu konstatieren, die sich mit der Unfallexposition und den Risikopotenzialen älterer Kraftfahrer beschäftigen.

Zwar zeigen Daten des Statistischen Bundesamtes, dass Ältere – berücksichtigt man ihren Bevölkerungsanteil – sogar seltener als erwartet in Unfälle verwickelt sind als jüngere Altersgruppen (Statistisches Bundesamt, 2007a). Dieser Befund konnte im Rahmen der Studie PROSA (Profile von Senioren mit Autounfällen) anhand von 48 000 Datensätzen von Autounfällen im Großraum Bonn bestätigt werden (Birck, 2011; Pottgießer et al., 2012). Bei einem Bevölkerungsanteil von gut 17 % waren die Älteren nur zu gut 9 % am polizeilich dokumentierten Unfallaufkommen beteiligt. Doch kehrt sich das Bild um, wenn man die Gruppe der Unfallverursacher in den Blick nimmt. Ab dem 60. Lebensjahr ließ sich hier ein deutlicher Zusammenhang zwischen dem Lebensalter und der Unfallverursachung identifizieren: je älter die Beteiligten, desto höher auch der Verursacheranteil (bei der Gruppe der Hochaltrigen zum Beispiel deutlich über 80 %). Zudem lassen sich für ältere Pkw-Fahrer Verkehrssituationen identifizieren, in denen es typischerweise zu einer Unfallbeteiligung kommt (Breker et al., 2003). Hier handelt es sich in der Regel um komplexe oder unübersichtliche Verkehrssituationen, wie zum Beispiel an Kreuzungen oder Einmündungen. Ebenfalls typisch sind Unfälle als Folge des Missachtens von Verkehrsregeln oder des Fehlverhaltens gegenüber Fußgängern.

Die PROSA-Studie verfolgte die Zielsetzung, unter Berücksichtigung individueller Leistungsbeeinträchtigungen, Kompensationspotenzialen und Persönlichkeitsmerkmalen Risikoprofile älterer Kraftfahrer zu identifizieren. Dazu wurden 180 Personen (65+) aus dem Großraum Bonn mit einem Face-to-Face-Interview untersucht, die im Zeitraum von fünf Jahren vor der Erhebung am Steuer eines Kraftfahrzeugs in einen Unfall verwickelt waren. Eine Teilstichprobe (n=50) nahm zusätzlich an einer verkehrsmedizinisch-verkehrspsychologischen Untersuchung teil, die neben einer Testung der Aufmerksamkeitsleistung auch eine Real-Life-Fahrverhaltensprobe beinhaltete.

In die clusteranalytische Auswertung der Daten wurde auch die Verursacherfrage am sogenannten »Hauptunfall« (Rekrutierungskriterium) einbezogen. Es konnten drei Subgruppen (Cluster) gebildet werden:

- *Cluster 1 (Unfallverursacher 65–74 Jahre, ein Viertel der Stichprobe)*:
  Wenige Krankheiten, geringe Medikamenteneinnahme, geringe Risikowahrnehmung, geringste Ausprägung kompensatorischen Verhaltens, höchste jährliche Fahrleistung, höchste Anzahl von Unfällen über die Lebensspanne.
- *Cluster 2 (Unfallverursacher > 75 Jahre, ein Viertel der Stichprobe)*:
  Viele Krankheiten, hohe Medikamenteneinnahme, hohe Risikowahrnehmung, hohe Ausprägung kompensatorischen Verhaltens, geringste jährliche Fahrleistung, mittlere Anzahl von Unfällen über die Lebensspanne.
- *Cluster 3 (»Unschuldige« aller Altersklassen)*:
  Wenige Krankheiten, geringe Medikamenteneinnahme, geringe Risikowahrnehmung, geringe Ausprägung kompensatorischen Verhaltens, mittlere jährliche Fahrleistung, geringe Anzahl von Unfällen über die Lebensspanne.

Dieser Teilausschnitt wie die Ergebnisse der PROSA-Studie insgesamt verdeutlichen, dass sich individuelle Leistungsfähigkeit und Unfallrisiko zuverlässig nicht allein aufgrund des Lebensalters vorhersagen lassen. Vielmehr ist anzunehmen, dass spezifische Kombinationen aus altersassoziierten Beeinträchtigungen und Verlusten in Verbindung mit Erkrankungen zu einer Erhöhung des Unfallrisikos führen können. Mit Blick auf die Entwicklung von Maßnahmen zur Unfallprävention, aber auch bezogen auf die Gestaltung von Untersuchungsdesigns im Rahmen der Risikoforschung haben derartige Befunde daher eine herausgehobene Bedeutung.

4.5.2 Mobilitätsrelevante Gesundheits- und Leistungseinbußen

Zu den am besten bestätigten Befunden der Gerontologie gehört, dass nicht Altern *per se* mit einem Verlust körperlicher und/oder geistiger Leistungsfähigkeit verbunden sein muss. Gleichwohl kann es infolge von Erkrankungen – insbesondere von Mehrfacherkrankungen – und ihrer Wechselwirkungen beispielsweise mit Medikamenten zu Beeinträchtigungen kommen, die eine Teilnahme am Straßenverkehr stark behindern oder sogar verhindern (Holte, 2011). Das gilt insbesondere für Beeinträchtigungen in Teilleistungsbereichen, die essenziell für zeitkritische Anpassungsleistungen an das Verkehrsgeschehen sind (Seh- und Hörfähigkeit, Reaktionsfähigkeit, neuronale Funktionsfähigkeit, psychomotorische Funktionsfähigkeit). Es ist schwierig zu ermessen, wie genau sich erkrankungsbedingte Leistungseinbußen auf das Unfallrisiko auswirken. Denn polizeiliche Unfallstatistiken enthalten Hinweise auf Erkrankungen nur dann, wenn sie als Ursache für den Unfall zweifelsfrei feststehen. Doch lassen sich Bestimmungsstücke des Risikofaktors Krankheit aus Studien zumindest ableiten.

Eine interdisziplinäre Studie in Finnland (Peräaho & Keskinen, 2004) untersuchte über 2000 verunfallte Personen und ging dabei nach dem Ausschlussprinzip vor: Ließen sich keinerlei Ursachenalternativen identifizieren, ging man von einer Krankheit als Ursache aus. Danach wurde in der Personengruppe 60+ für ein Fünftel aller Unfälle eine Erkrankung verantwortlich gemacht.

Krankheit und Medikamenteneinnahme in Bezug auf Unfallrisiko sowie Mobilitätserleben und -verhalten standen im Mittelpunkt einer Repräsentativbefragung (Holte & Albrecht, 2004) der Bundesanstalt für Straßenwesen (BASt). Es konnte gezeigt werden, dass das Unfallrisiko für Personen, die von Mehrfacherkrankungen (Multimorbidität) betroffen sind, um das 2,6-Fache erhöht ist. Daneben ergab sich, dass es sowohl mit steigendem Alter als auch mit steigender Belastung durch Krankheit zu einer Einschränkung des Mobilitätsverhaltens kommen kann.

In mehreren kontrollierten Fallstudien und Metaanalysen (LeRoy & Morse, 2008; Vaa, 2003) konnten spezifische Einzelerkrankungen identifiziert werden, die das Unfallrisiko im Sinne einer bedingten Wahrscheinlichkeit in besonders gravierender Weise erhöhen. Dazu gehören zum Beispiel psychiatrische Störungen, Depression, Schädel-Hirn-Trauma, Demenz oder Alkoholabhängigkeit. So ist das Unfallrisiko von Alkoholikern doppelt so hoch wie bei Personen ohne Alkoholproblem.

4.5.3 Kompensationsmechanismen

Von Kompensationsmechanismen in Verkehrsumwelten spricht man allgemein immer dann, wenn mobilitätsrelevante Fähigkeiten oder Fertigkeiten eines Verkehrsteilnehmers in Teilbereichen verloren oder eingeschränkt sind und durch spezifische Operationen oder Verhaltensweisen ganz oder teilweise ausgeglichen werden. Solche Kompensationsmechanismen können bewusst (Makroebene, z.B. Vermeidung problematischer Verkehrssituationen) oder unbewusst (Mikroebene, Aktivierung intakter kognitiver Funktionen) ablaufen (Falkenstein, Poschadel, Wild-Wall & Hahn, 2011); zumindest setzen sie aber den Umstand voraus, dass eine kompensationswürdige Anforderung überhaupt vorliegt (Kaiser, 2011).

Die folgende Tabelle 4.2 ordnet einige praktische Möglichkeiten den Kompensationsstrategien auf einer technischen, sozialen und personalen Ebene zu.

Tab. 4.2: Kompensationsstrategien und Anwendungsbeispiele beim Autofahren

Strategie	Beispiele
Technische Hilfsmittel nutzen	Sehhilfen, Fahrerassistenzsysteme
Medizinische Kompensation	Medikamente, physische Hilfsmittel
Sozial-organisatorische Kompensation	Unterstützung durch andere Personen, Veränderungen im Tagesablauf
Kompensation durch Verhaltensänderung	weniger fahren, nur noch kurze Strecken, nur noch tagsüber fahren
Kognitive Kompensation	Mehr Aufmerksamkeit, Vorsicht, kritische Selbstreflexion

Verhaltens- und handlungsprozessorientiert präsentiert sich ein Modell, das im Hinblick auf die Umsetzung von Kompensationsmöglichkeiten zwischen einer *strategischen* (Entscheidung vor dem Fahren, z. B. Verzicht auf Nachtfahrten), *taktischen* (in einer Fahrsituation, z. B. Reduzierung der Geschwindigkeit) und *operatorischen* (unbewusstes, schnelles Reagieren ohne Entscheidungsbildung) Ebene unterscheidet (Michon, 1989). Besonders die operatorische Ebene kann dabei ein bedeutender Gegenstand umfassender Mobilitätsberatung werden, wenn es nach vorhergehender medizinischer und leistungspsychologischer Diagnostik um die Einschätzung von Möglichkeiten geht, ob die Fahreignung aufrechterhalten oder in welchem Ausmaß sie wiedergewonnen werden kann (Kaiser, 2011).

4.6 Interventionsperspektiven

Mögliche Interventionsmaßnahmen können im Grundsatz auf drei Ebenen ansetzen: Auf der *Ebene des Individuums* sollen ältere Verkehrsteilnehmer über Beratungs- und Trainingsangebote sowie öffentliche Kampagnen in die Lage versetzt werden, eigene Defizite und Risiken realistisch einzuschätzen, adäquate Mobilitätsformen zu wählen und technische Unterstützungsmöglichkeiten zu nutzen. Dies lässt sich auch als eine Art verkehrserzieherischer Ansatz einstufen. Auf der *Ebene der Technikentwicklung* ist es Ziel, möglichst passgenau Defizite auszugleichen und Risiken zu reduzieren. Und schließlich soll die *Verkehrsumwelt* risikoarm gestaltet und so geregelt werden, dass sie auf Leistungsverluste älterer Verkehrsteilnehmer eingeht. Über das Zusammenwirken der drei Ebenen sollen dann Kompensationspotenziale in Kompensationsleistungen verwandelt und am Ende mehr Verkehrssicherheit »produziert« werden.

Ein solcher Ansatz (zusammengefasst in ▶ **Abb. 4.6**) erscheint auf den ersten Blick in sich stimmig und überzeugend und wird von Verkehrsexperten auch weitgehend geteilt. Doch geht es in der Intervention ausschließlich um die Aktivierung von Kompensationsleistungen mit dem Ziel von mehr Verkehrssicherheit? Soll und muss Verkehrssicherheit überhaupt Kulminationspunkt von Inter-

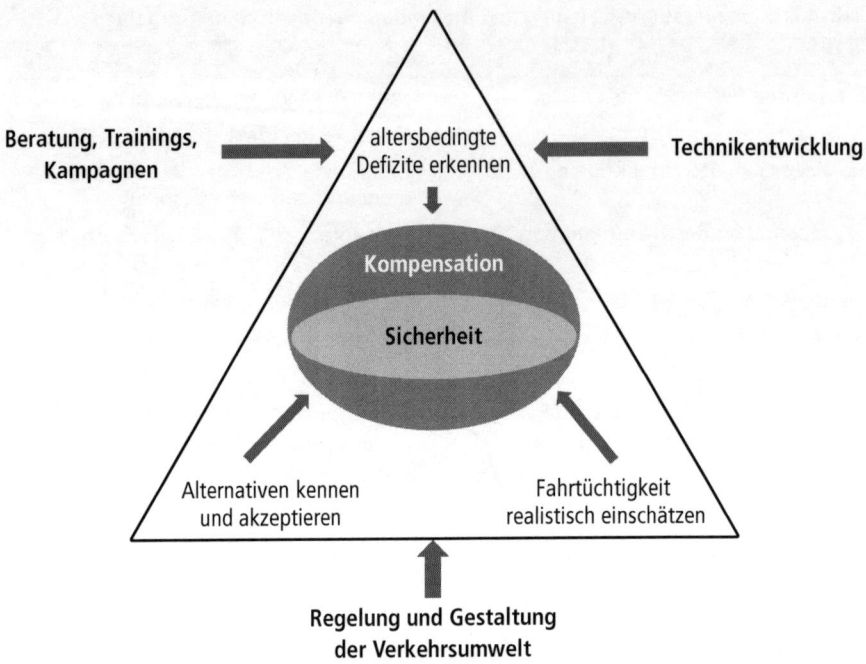

Abb. 4.6: Systematik interventiver Maßnahmen (nach Rudinger & Haverkamp, 2011)

vention bei älteren Verkehrsteilnehmern sein? Schon hier werden eine Reihe der eingangs besprochenen Zielkonflikte berührt. Denn das Streben nach maximaler Verkehrssicherheit kann dem individuellen Bedürfnis nach Autonomie und möglichst lebenslanger Mobilität zumindest partiell widersprechen. Auch ist zu diskutieren, in welchem Ausmaß technische Entwicklungen, die vornehmlich dem Machbarkeitsgrundsatz folgen, für den Nutzer tatsächlich noch »annehmbar« sind oder ob sie eher ein sogenanntes »technological gap« zwischen den Generationen befördern. Ebenso ist es nicht unwahrscheinlich, dass technologische Entwicklungen nur einem (vermögenderen) Teil der älteren Verkehrsteilnehmer zur Verfügung stehen könnten, womit das Problem der Verteilungsgerechtigkeit berührt wäre. Und letztlich stellt sich – abgesehen von ihrer Finanzierbarkeit – die Frage, ob die Umgestaltung von Verkehrsumwelten in sogenannte »Age-friendly Cities« wirklich wünschenswert ist oder ob sich diese nicht eher am Konzept eines lebenswerten (Verkehrs-)Raumes für alle orientieren sollte.

Beratung und Aufklärung

Eine umfassende Mobilitätsberatung und -aufklärung Älterer berührt eine Fülle von Lebensbereichen und ist somit von unterschiedlichen Beratungsdisziplinen zu vertreten. Die Themen reichen dabei von der körperlichen und geistigen Leistungsfähigkeit über die wirtschaftlichen Lebensbedingungen und die Lebensziele des Betroffenen bis zu seiner sozialen Einbindung. Wesentlich ist, dass der zu

Beratende nicht nur »Empfänger« einer Handlungsanweisung oder eines Handlungsausschlusses (z. B. im Sinne von Zwangsmaßnahmen) ist, sondern dass ein Beratungsergebnis tatsächlich das Resultat eines interaktiven Prozesses darstellt. Kaiser (2011, S. 145) schlägt in dieser Hinsicht ein vierstufiges Vorgehen vor:

1. Informationsweitergabe zu Fragen der Mobilität im Alter, ihrer Chancen und Gefährdungen, Informationen über bestehende Beratungsangebote (Hausärzte, Kliniken, Fahrschulen, Seniorenorganisationen etc.).
2. Diagnostik der jeweils individuellen Bedingungen der Verkehrsteilnahme bei den Klienten: Wie ist der Status der zu Beratenden hinsichtlich der Chancen und Gefährdungen ihrer Verkehrsteilnahme?
3. Beratung im engeren Sinne: Vorlegen der Diagnoseergebnisse, Aufmerksam-Machen auf bestehende Probleme, Bewusstmachung eventuell noch nicht gesehener Schwierigkeiten, Aufzeigen der Konsequenzen, Aussprechen von Empfehlungen.
4. Umsetzung der Erkenntnisse in die Lebenspraxis durch
    a) Beratung bei der Planung der eigenen Mobilitätsbedürfnisse und -möglichkeiten,
    b) Unterstützung und Begleitung bei der Umsetzung der Empfehlungen in Verhaltensänderung, gegebenenfalls Training/Einübung von Verhalten, Erstellung von Verhaltensplänen, Kontrolle der Fortschritte usw.

Eine bedeutende Rolle im Kontext von Mobilitätsberatung kann der Hausarzt spielen, da er in weiten Teilen nicht nur die fachliche Kompetenz zur objektiven Beurteilung von Determinanten der Fahreignung mitbringt, sondern daneben auch eine hohe persönliche Akzeptanz bei den Ratsuchenden genießt (Fastenmeier, Gstalter, Eggerdinger & Galsterer, 2005). Vor diesem Hintergrund wurde im Kontext des Projektes VeBo (Verkehrssicherheitsbotschaften für Senioren – Nutzung der Kommunikationspotenziale im allgemeinmedizinischen Behandlungsalltag) ein Fortbildungsprogramm für Ärzte entwickelt, das eingebettet in den Behandlungsalltag Fragen der Beratung und Aufklärung miteinander zu kombinieren erlaubt (Kocherscheid, 2009, 2011). Das Fortbildungsprogramm ist modular aufgebaut (Medizinisch-psychologische Grundlagen sicheren Verkehrsverhaltens, Rechtliche Rahmenbedingungen zu Altern und Fahreignung sowie Verkehrssicherheit und Mobilität als Gegenstand der Arzt-Patient-Interaktion), berücksichtigt in besonderer Weise den Stellenwert des ärztlichen Kommunikationsverhaltens und wurde zertifiziert, um als ärztliche Leistung abrechnungsfähig zu sein. Die Implementierung des Programms in der Anwendungspraxis ergab eine Fülle von Herausforderungen. Im Mittelpunkt stand hier die Initiierung einer kritischen Selbstreflexion beim Patienten im Hinblick auf mögliche Leistungseinbußen und -einschränkungen. Eine anschließende Evaluation des Konzeptes zeigte eine hohe Akzeptanz bei Ärzteschaft und Patienten. Gleichzeitig konstatierten Ärzte einen dringenden Bedarf an Instrumenten zu einem praxisorientierten Mobilitätsscreening, welche durch anschauliche Aufbereitung von Schlüsselvariablen das ärztliche Beratungsgespräch unterstützen könnten.

Die Entwicklung eines derartigen (Self-)Assessment-Instrumentariums stand im Mittelpunkt des von der Bundesanstalt für Straßenwesen (BASt) geförderten

Projektes SCREEMO (Engin, 2011; Engin, Kocherscheid, Feldmann & Rudinger, im Druck). In der Anwendung sollte das Verfahren neben der anschaulichen Darstellung objektiver Einschränkungen und der Vermittlung eines realistischen Selbstbildes der eigenen körperlichen und geistigen Leistungsfähigkeit auch Hinweise zur adäquaten Anpassung des Mobilitätsverhaltens geben. Tabelle 4.3 zeigt die Bestandteile des Mobilitätsscreenings im Überblick:

Tab. 4.3: Konzepte und Operationalisierungen des SCREEMO-Instruments

Konzepte	Operationalisierungen
Gesundheit und Medikamenteneinnahmen	Ärztlicher Anamnesebogen
Fahrverhalten	Fahranamnese (Fahrgewohnheiten, Unfallverwicklung etc.)
Perzeptive Funktionen (Sehschärfe, Dämmerungssehvermögen, pathologische Veränderungen des Auges)	Visus-Kurztest mit Landolt-Ringen, Amsler-Raster zur Prüfung makuladegenerativer Veränderungen
Kognitive Funktionen (visuelle Informationsverarbeitungsgeschwindigkeit/geteilte Aufmerksamkeit, Daueraufmerksamkeit, pathologische Veränderungen [Demenz-Screening], psychomotorische Reaktionsgeschwindigkeit)	Trail-Making-Test Part B, Mobilitätsversion d2, Uhrentest, Ruler-Drop-Test
Motorische Funktionen (Nackenbeweglichkeit, Kraft und Koordinationsvermögen der Beine)	Nackenrotationstest, Zehen-Hackengang

Im Rahmen einer Validierungsstudie an einer Stichprobe von 47 Kraftfahrern ab 65 Jahren wurden die Untertests des Screenings anhand von Daten einer Fahrverhaltensprobe kriteriumsvalidiert. Hier zeigten sich mäßige Übereinstimmungen (maximal r = .57). Dagegen wiesen die Ergebnisse einer Teilnehmerbefragung darauf hin, dass die Zielgruppe das Verfahren als augenscheinvalide und als sinnvolle Ergänzung des ärztlichen Gespräches ansieht.

Technikentwicklung

Mit Blick auf die Technikentwicklung soll hier erneut Bezug genommen werden auf eine qualitative Studie, welche die Bewertung ausgewählter Typen von Fahrerassistenzsystemen zum Gegenstand hatte (Jakobs et al., 2008; Jakobs & Ziefle, 2011). In dieser Untersuchung wurde am Beispiel von Navigationssystemen, Einparkhilfen und Autopiloten vor allem die subjektive Sicht der Benutzer auf derartige Systeme in den Mittelpunkt gestellt.

Navigationssysteme haben einen hohen Bekanntheitsgrad, doch verfügen in der Altersgruppe 55+ nur etwa ein Fünftel der Studienteilnehmer über ein entsprechend ausgestattetes Fahrzeug. Sie können sich in Bezug auf Konflikte zwischen Fahrer und Beifahrer – wie sie häufig beim Kartenlesen auftreten – positiv auswirken und werden emotional überwiegend positiv bewertet. Dagegen stellt die Multifunktionalität der Geräte und ihre häufig nicht intuitive Bedienbarkeit viele Ältere noch vor Probleme. Bisweilen greifen sie daher vor der Fahrt auf die Hilfe Dritter zur Einstellung der Fahrtrouten zurück.

Einparken und Rückwärtsfahren zählen zu den anspruchsvollsten Teilaufgaben beim Autofahren, besonders dann, wenn die Beweglichkeit der Fahrer eingeschränkt ist (Färber, 2000). Hier setzen *Einparkhilfen* an. Ihr Bekanntheitsgrad ist deutlich geringer als derjenige von Navigationssystemen und die Ansichten über ihren Nutzwert sind häufig geteilt. Auch fühlen sich viele Ältere durch die akustischen Signale (»Piepsen«) irritiert und verunsichert. Dass sie daneben für alle Fahrzeuginsassen deutlich hörbar eine Rückmeldung über die Performanz des Fahrers geben, ist eine weitere Quelle für die Ablehnung derartiger Systeme. Ein solcher Bezug ist noch deutlicher in Systemen mit visueller Informationsdarstellung vorhanden, die oftmals die Multitasking-Fähigkeit ihrer Bediener überfordern können (Beispiel im Kasten).

> **Ein 67jähriger (technikaffiner) Mann erklärt eine visuelle Einparkhilfe (Quelle: Jakobs & Ziefle, 2011, S. 187)**
>
> »(...) Sie wollen hier in so eine Lücke jetzt. [zeigt die Lücke mit den Händen] (...) und dann (...) gehen Sie in den Rückwärtsgang, und dann schaltet der Bildschirm um, und ich sehe so grüne Striche. Und einer dieser Striche bedeutet, dass Sie jetzt so weit zurückfahren, bis dieser grüne Strich (...) an dieses Auto hier anstößt, sozusagen, ne? Dann müssen Sie stehen bleiben, dann müssen Sie das Lenkrad (...) ohne weiterzufahren komplett einschlagen, dann fahren Sie so/(...) vorher noch zeigt der so ein Rechteck an oder Viereck besser gesagt. (...) Wenn (...) Sie also hier stehen und drehen das Lenkrad, dann können Sie es so weit drehen, bis dieses Viereck genau hier drin steht so ungefähr. So, und dann (...) haben Sie also schon eingeschlagen und dann lassen Sie es so stehen das Lenkrad und fahren so zurück, ohne das Lenkrad zu drehen, bis irgendein anderer grüner Strich hier am Bürgersteig irgendwo an ... so. Und dann müssen Sie stehen bleiben, dann das Lenkrad in der anderen Richtung drehen, ne? So, und dann ohne zu drehen weiterzufahren.

Autopiloten können größere Abschnitte von Fahrleistungen selbstständig übernehmen. Sie werden von der Automobilindustrie gegenwärtig getestet, doch steht ihre Markteinführung noch bevor. In der vorliegenden qualitativen Studie wurden Autopiloten überwiegend kritisch bewertet. Zum einen empfanden die Befragten es als unangenehm, beim Fahren vom aktiven Handeln ausgeschlossen zu werden. Zum anderen wurden Sicherheitsbedenken und Zweifel an der Zuverlässigkeit von Autopiloten geäußert.

Insgesamt legen die Befunde auch aus experimentellen Studien (Winkler, Ziefle & Kraus, 2010) den Schluss nahe, dass Fahrerassistenzsysteme immer dann eine Hilfe für Ältere sind, wenn die Technik ihren Nutzerbedürfnissen entgegenkommt. Zudem berücksichtigen viele multifunktional überfrachtete Systeme nicht, dass sich gerade für ältere Fahrer der zusätzliche Abruf von Informationsverarbeitungskapazitäten als Überlastung und Sicherheitsrisiko darstellt.

Regelung und Gestaltung von Verkehrsumwelten

Das Verkehrsgeschehen der Zukunft wird zweifellos durch einen stetig steigenden Anteil älterer Personen geprägt sein. Schon heute ist aber erkennbar, dass die bestehenden Verkehrsräume in ihrer Gestaltung und Regelung darauf kaum ausgerichtet sind. Gleichzeitig ist wenig darüber bekannt, wie denn eine optimale Ausrichtung aussehen könnte und welche Gesichtspunkte und Interessen dabei leitend sein sollen (Boenke, 2010; Gerlach & Boenke, 2006). Sollen unsere Städte und Straßen ein »altersgerechtes« Gesicht haben oder orientieren wir uns besser in Analogie zu einem »good design for all« an Konzepten von sicheren, lebenswerten und nutzerfreundlichen Verkehrsräumen für alle Bürger? Und nähern wir uns im ersteren Fall aufgrund der im Alter häufigeren Einschränkungen und Leistungsverlusten einem »behindertengerechten« Verkehrsgeschehen?

Typische mobilitätsrelevante Einschränkungen im Alter können wie folgt umrissen werden: Gehbehinderungen, Beeinträchtigung des Sehvermögens und des Hörvermögens, herabgesetzte Aufmerksamkeitsleistung und Reaktionsfähigkeit. In einem idealen Verkehrsraum müssten sich also alle derartig eingeschränkten Personen gleichermaßen sicher und komfortabel im Verkehrsgeschehen bewegen können. Doch allzu oft führen Umgestaltungsmaßnahmen zu Zielkonflikten (Boenke & Gerlach, 2011). Senkt man beispielsweise an einem Übergang im Sinne von Rollator-Benutzern den Bordstein auf »Nullniveau« ab, ist das für diese sehr sicher und komfortabel. Aber Blinden und Sehbehinderten fällt es dann äußerst schwer, die Grenze zwischen Straße und Gehweg noch zu ertasten.

Die Regelung und Gestaltung von Verkehrsumwelten erfordert aus diesen Gründen einen dynamischen Diskurs zwischen Stadt- und Verkehrsplanern einerseits und den in lokalen Verkehrsräumen betroffenen Mobilitätsteilnehmern andererseits. Dazu können unterschiedliche Methoden der Bürgerbeteiligung (Zukunftswerkstätten, Hearings etc.) genutzt werden. Zielsetzung ist am Ende ein möglichst optimaler Kompromiss zwischen den vorhandenen Mobilitätsbedarfen und den (auch wirtschaftlich realisierbaren) Möglichkeiten von Gestaltungsmaßnahmen.

> **Fragen zur inhaltlichen Reflexion**
>
> Mit den nun folgenden Fragen, die das vorangegangene Kapitel zur Reflexion stellen, möchten wir Sie dazu einladen, sich etwas Zeit zu nehmen und sich noch einmal auf die gelesenen Inhalte einzulassen. Bitte notieren Sie eigene Überlegungen zu den folgenden Fragen.
>
> 1. Was kann unter außerhäuslicher Mobilität verstanden werden?
> 2. Welche subjektive Bedeutung kann die außerhäusliche Mobilität haben?

3. Welche Rolle spielt die technische Entwicklung hinsichtlich der außerhäuslichen Mobilität?
4. Welches sind Problemfelder der außerhäuslichen Mobilitätsentwicklung?
5. Welche Zielkonflikte können sich zwischen dem Bedürfnis nach Wahlfreiheit von Mobilitätsformen einerseits und dem gesellschaftlichen Interesse nach Sicherheit im öffentlichen Verkehrsraum ergeben? Wie könnten diese Zielkonflikte aufgelöst werden und in welcher Art könnten die Alternswissenschaften dazu beitragen?

Weiterführende Literatur

Kaiser, H.-J. (2012). Automobilität. In H.-W. Wahl, C. Tesch-Römer & J. Ziegelmann (Eds.), *Angewandte Gerontologie: Interventionen für ein gutes Altern in 100 Schlüsselbegriffen* (S. 513–520). Stuttgart: Kohlhammer.

Rudinger, G. & Kocherscheid, K. (2011). Künftige Handlungsfelder – Implikationen für die Praxis. In G. Rudinger & K. Kocherscheid (Eds.), *Ältere Verkehrsteilnehmer – Gefährdet oder gefährlich?* (Vol. 5, S. 253–258). Göttingen: V & R unipress.

Rudinger, G. & Kocherscheid, K. (2012). Infrastruktur und Verkehr. In H.-W. Wahl, C. Tesch-Römer & J. Ziegelmann (Eds.), *Angewandte Gerontologie: Interventionen für ein gutes Altern in 100 Schlüsselbegriffen* (S. 576–581). Stuttgart: Kohlhammer.

5 Technik im Alter

5.1 Einleitung und übergreifende theoretische Einordnung

In annähernd allen Bereichen des Alltags spielt Technik heutzutage eine kleinere oder größere Rolle; sei es beispielsweise der automatische Rollladen für Bequemlichkeit und Sicherheit, der Backofen mit Abschaltautomatik oder die elektrische Zahnbürste. Dass der Bereich der Technik dabei einer stetigen Dynamik und Weiterentwicklung unterliegt, bemerkt man spätestens dann, wenn man sich näher mit neuen Medien, wie Mobiltelefonen oder Computern, beschäftigt (▶ Kap. 6). Auch die demografische Entwicklung verändert sich stetig und hat einen steigenden Anteil älterer Menschen zur Folge. Die Mehrheit lebt dabei in der eigenen Häuslichkeit. Die Möglichkeit, in den eigenen vier Wänden wohnen bleiben zu können, hat für die meisten älteren Menschen einen sehr hohen Stellenwert und stellt ein Symbol der noch vorhandenen eigenen Autonomie dar. Die mit dem demografischen Wandel einhergehenden Veränderungen können in Zukunft jedoch dazu führen, dass eine ältere Person bspw. nicht mehr über genug Verwandte verfügt, die als potenzielle Pflegepersonen in Frage kommen, und ein selbstständiges Leben in der eigenen Häuslichkeit bedroht und letztendlich unmöglich wird. Technik, die speziell an die Bedürfnisse älterer Menschen angepasst ist, kann eine Lösungsmöglichkeit darstellen, um Teile dieser Diskrepanzen zu überwinden.

Wendet man das *Modell des Person-Umwelt-Austauschs (Agency & Belonging)* auf den Bereich der Technik an, können zum Belonging, das heißt zu den erlebensbezogenen Prozessen der Bewertung, Bedeutungszuschreibung und Bindung beispielsweise die Technikakzeptanz, Technikbewertung oder das mit einem technischen Gerät verbundene Image zählen, genauso wie das bei der Techniknutzung erlebte Unbehagen. Im Falle von Frau Schulz scheint sie ihren modernen Herd mit Abschaltautomatik als sinnvoll und hilfreich zu erleben und nicht mehr missen zu wollen. Ein Elektrofahrrad scheint sie hingegen ebenso wie ein elektronisches Buch als weniger sinnvoll und unpassend für sich zu erachten und abzulehnen. Zu den neben den Belonging-Prozessen angeführten Agency-Prozessen lassen sich im Bereich der Technik Prozesse der verhaltensbezogenen Technikaneignung, Techniknutzung und Auseinandersetzung mit technischen Produkten zählen. Frau Schulz setzt sich beispielsweise mit dem neuen Herd auseinander, eignet sich den Umgang mit dieser Technik an und nutzt sie in ihrem Alltag. Die aus den Belonging- und Agency-Prozessen resultierenden Ent-

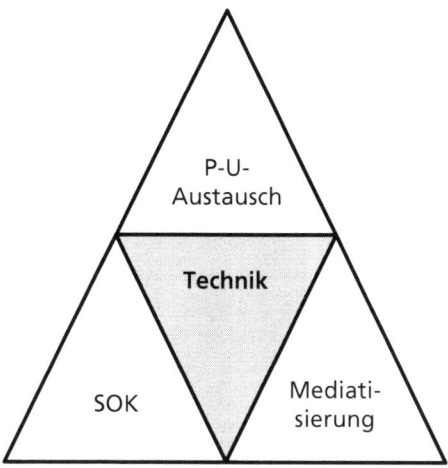

wicklungsfolgen von Technik können u. a. darin gesehen werden, dass Technik zur Aufrechterhaltung der Identität beitragen kann. So kann ein Fahrstuhl das Wohnen in den eigenen vier Wänden weiterhin ermöglichen oder elektronische Erinnerungssysteme (z. B. für Termine, zur Medikamenteneinnahme) können die eigene Selbstständigkeit unterstützen im Sinne von »Trotz mancher Dinge, die ich nicht mehr so gut kann, bin ich dennoch in der Lage, selbstständig zu leben und mich um mich selbst zu kümmern«. Eine weitere Entwicklungsfolge ist neben dem Wohlbefinden in der Autonomie zu sehen. Zu denken ist dabei an sämtliche technische Geräte oder Systeme, die zur Kompensation von Funktionseinbußen bzw. zur Optimierung von Alltagsaktivitäten beitragen können (z. B. Fahrstühle, Hörgeräte, Erinnerungssysteme, sensorgestützte Sturzerkennung). In welcher Art und Weise sich die Prozesse der Person-Technik-Interaktion sowie deren Entwicklungsfolgen im Einzelfall gestalten, wird u. a. beeinflusst vom individuellen Lebenslauf, d. h. in diesem Falle der sogenannte *Technikbiografie*, sowie von geschichtlichen Einflüssen, was im Konzept der *Technikgenerationen* Berücksichtigung findet.

Das Konzept der *Mediatisierung* ist eng mit dem Bereich der Technik verknüpft, da einige Formen der Kommunikation durch Technik (z. B. Telefon, E-Mail) erst ermöglicht werden. Diese Verwobenheit wird insbesondere bei der Digitalisierung, die als neue Basistechnologie verstanden wird, deutlich. Doch verändert sich nicht nur die Architektur der Kommunikation, sondern gleichzeitig auch die der Technik, was hinsichtlich der Multifunktionalität und Komplexität vieler Geräte besonders deutlich wird. Mobiltelefone werden nicht mehr nur zum Telefonieren eingesetzt, sondern – und dies wahrscheinlich sogar in höherem Ausmaß – um Textmitteilungen zu schreiben, Musik zu hören, Fotos zu machen, Videos anzusehen, E-Mails oder Informationen im Internet abzurufen oder Termine zu organisieren. Nicht selten stellen innovative technische Geräte dabei neuartige Anforderungen (z. B. Bedienung eines Touch-Displays) an den Nutzer, was im Falle niedriger Kompetenz auf Seiten des (älteren) Nutzers zu einer Überforderung und folglich zu dessen technischer/digitaler Exklusion führen kann. Können die Potenziale der Technik jedoch dem individuellen Nutzer angepasst genutzt werden, bieten sie die Möglichkeit, zu einem Wandel von Alltag und Kultur sowie zu einem positiven Altern beizutragen.

Nach der *Theorie der selektiven Optimierung mit Kompensation* kann Technik als ein Mittel betrachtet werden, um die Prozesse der Selektion, Optimierung und Kompensation zu unterstützen. Was beispielsweise den Bereich der kognitiven Entwicklung betrifft, der insbesondere im Alter starken Abbauprozessen unterliegen kann, kann Technik im Sinne der Kompensation dem Ausgleich nachlassender kognitiver Fähigkeiten dienen oder die geistigen Funktionen optimieren (Wahl, Claßen, & Oswald, 2010). Zu denken wäre dabei beispielsweise an Frau Schulz' Abschaltautomatik beim Herd, an elektronische Erinnerungssysteme oder technische Systeme, die im Bereich der *Smart Homes* eingesetzt werden. Technik kann ebenfalls bei der Selektion und Optimierung eine Rolle spielen, sodass über Internetseiten des öffentlichen Nahverkehrs bequem von zu Hause aus nach komfortablen Reiseverbindungen gesucht werden kann. Durch die Möglichkeit, die Schrift auf einem elektronischen Lesegerät vergrößert darstellen zu lassen, können im Sinne der Kompensation und Optimierung nachlassende Sehfähigkeiten ausgeglichen werden. Der Einsatz von Technik kann somit zu einer erfolgreichen Alltagsbewältigung beitragen, indem die Prozesse der Selektion, Optimierung und Kompensation unterstützt und gefördert werden.

5.2 Begriffsbestimmung, Klassifikation und Entwicklung von Technik

5.2.1 Begrifflichkeit

Wenn der Begriff *Technik* fällt, ist nicht unbedingt sofort erkennbar, von welcher Technik genau die Rede ist. Befindet man sich gerade in einem Sportverein, mag womöglich über eine bestimmte Technik beim Sport (z. B. Sprungtechnik) diskutiert werden, besucht man hingegen eine Kunstausstellung, wird sich der Begriff Technik wohl eher auf eine bestimmte Art des Malens oder Zeichnens beziehen. Der Begriff »Technik« kann folglich je nach Kontext recht unterschiedliche Bedeutung haben. Aus einer philosophisch-anthropologischen Perspektive können technische Entwicklungen dem Verständnis von Arnold Gehlen (1986) folgend als kompensatorische Reaktionen auf die instinktiven und organischen Mängel der Menschheit verstanden werden. Diesem Verständnis von Technik folgend, ist beispielsweise an technische Geräte wie Hörgeräte oder Prothesen zu denken, die (altersbedingte) Funktionseinschränkungen auszugleichen helfen oder Handlungsweisen ermöglichen, die ohne Technik nicht realisierbar wären. Doch Technik muss im Alter nicht zwangsläufig eine kompensatorische Rolle spielen, sondern kann durchaus auch entwicklungsförderliches und anregendes

Potenzial haben. In diesem Zusammenhang ist bspw. an das Internet und die damit verbundene Möglichkeit zu denken, Kontakt zu Enkeln oder Freunden aufrechtzuerhalten oder Formalitäten bequem von zu Hause aus regeln zu können. Insbesondere der Aspekt der Sozialkontakte geht allerdings oftmals mit der ethischen Frage einher, ob Technik nicht auch die Gefahr birgt, soziale Kontakte zu verringern, da die Personen keinen Grund mehr haben, das Haus verlassen.

In diesem Kapitel soll Technik unter dem sachtechnischen Aspekt verstanden werden und sich vorwiegend auf Technologien bzw. technische Geräte aus dem Bereich der *Gerontechnology* beziehen. Dieser Bereich fungiert als Schnittstelle zwischen alterndem Menschen und (moderner) Technik, wobei die Verwobenheit besonders deutlich wird, wenn man den Wortursprung des Begriffes, der sich aus *Gerontologie*, d. h. der Wissenschaft zum Alter(n), und *Technologie*, d. h. Bereichen wie Computerwissenschaften und Elektronik, zusammensetzt, betrachtet. Im Bereich der Gerontechnology sowie dem des »Ambient Assisted Living« (AAL) werden technische Produkte/Systeme für den Bereich des Wohnens und des Haushalts konzipiert, die ein hohes Maß an Bedienkomfort und -sicherheit bieten und somit insbesondere Personen mit Funktionseinbußen neue Möglichkeiten eröffnen bzw. die eingesetzt werden, um die Funktionsfähigkeit von Personen mit Einschränkungen zu erhöhen, aufrechtzuerhalten oder zu verbessern. Zu Technik sind dabei z. B. Heizungen, Herde, Lichter oder Rollläden zu zählen, die sich bequem von einer Kontrolleinheit steuern lassen oder nach entsprechender Vorprogrammierung eigenständig funktionieren (z. B. kann eine Herd so programmiert sein, dass er sich nach einer bestimmten Zeit der Nicht-Bedienung eigenständig ausschaltet). Hampel (1994) stellt fest, dass es sich bei den Hilfsmitteln, die für Haushalte Älterer angeboten werden, zumeist nicht um Hilfsmittel handelt, die speziell den Bedürfnissen Älterer entsprechend entwickelt wurden, sondern dass es sich um Produkte für einen allgemeinen Behindertenmarkt handelt, was die Hersteller mit funktionalen Gesichtspunkten begründen würden. So sei es nebensächlich, ob eine Person aufgrund eines Unfalls oder aufgrund des hohen Alters auf einen Rollstuhl angewiesen sei, sondern die Frage sei primär, was benötigt werde. Doch kann sich diese Form der Stigmatisierung negativ auf die Technikakzeptanz auswirken.

5.2.2 Gerontechnology: Konzeptuelle Einordnung

Wahl und Kollegen (2010) heben bei der Verortung der Gerontechnology in die allgemeine Alternsforschung vier Strömungen hervor. Ansätze der *Human-Factors*-Forschung haben insbesondere das Ziel, Person-Umwelt-Fehlpassungen durch optimales Design und optimale Bedienumwelten zu reduzieren und damit zu höherer Effizienz und geringerer psychosozialer und gesundheitlicher Belastung beizutragen (Charness, Bosman, Birren & Schaie, 1990). So können zum Beispiel Treppenlifte dazu beitragen, dass Personen mit Knieproblemen dennoch in das obere Stockwerk gelangen und es nutzen können. Die *ökologische Gerontologie*, eine mit der *Human-Factors*-Forschung verwandte Strömung, befasst sich seit den 1960er Jahren mit der Bedeutung von (räumlich-sozialen) Umweltbedingungen, die zu einem guten Altern beitragen können (Wahl, 1992, 2001). Auch Technik ist in diesem Zusammenhang als Ausschnitt der Umwelt zu verstehen, die unterschiedliche Funktionen, wie beispielsweise die der Unterstützung, der Kompensation und der Anregung (sei es hinsichtlich des körperlichen, sozialen oder affektiven Bereiches) erfüllen kann. Aus der Perspektive der *Alterns- und Lebenslaufpsychologie* ist in den letzten Jahren zunehmend die entwicklungsregulative Rolle von Technik adressiert worden. Diesem Ansatz folgend kann Technik zum einen eine Rolle spielen, um eingetretene Funktionseinbußen auszugleichen oder bestimmte Fähigkeiten oder Fertigkeiten zu optimieren oder aber in einem allgemeineren Sinne die insbesondere im Alter notwendiger werdenden Anpassungsprozesse zu unterstützen. Elektronische Geräte, die sich selbst ausschalten, können zum Beispiel nachlassende Gedächtnisleistungen auszugleichen helfen und für mehr Sicherheit sorgen oder aber es können mit Hilfe des Internets Sozialkontakte aufrechterhalten oder gar neu geknüpft werden. Ein Ansatz, bei dem insbesondere soziologische Aspekte im Mittelpunkt stehen, ist der der Technikgenerationen. Dieser Strömung zu Folge werden bestimmte Kohorten, sogenannte Technikgenerationen (siehe Abschnitt 2) (Sackmann & Weymann, 1994), geprägt durch diejenigen technischen Geräte, mit denen sie in jüngeren Jahren konfrontiert wurden, wobei sich diese früheren Technikerfahrungen auf die spätere Einstellung zu und den späteren Umgang mit Technik auswirken.

Auch Fozard (2002) geht in seinem transaktionalen Person-Umwelt-Modell auf Generationsunterschiede ein. In seinem Modell versteht er das Zusammenspiel von Personen und ihrer (Technik)Umgebung als System, welches sich über die Zeit hinweg verändert (▶ **Abb. 5.1**). Als Ergebnis des Systems können beispielsweise Gesundheitsveränderungen, Veränderungen im emotionalen Befinden oder auch Bedienungsfehler gelten.

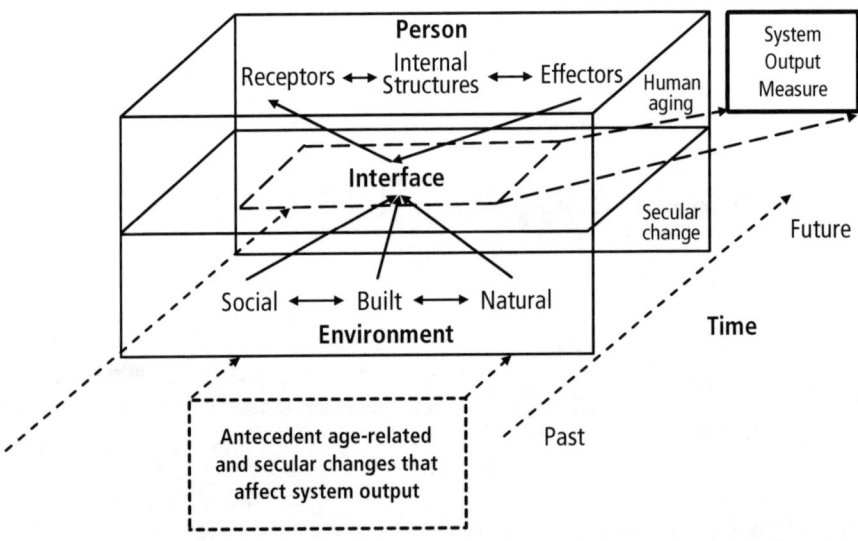

Abb. 5.1: Transaktionale Person-Umwelt-Schnittstelle und ihre zeitlichen Veränderungen (adaptiert nach Fozard, 2002, S. 138)

Ein optimales Funktionieren des Person-Umwelt-Systems kann durch Anpassungen auf Seiten der Umwelt (z. B. Gerätedesign) oder durch Veränderungen auf Seiten des Nutzers (z. B. Training) erreicht werden. Die Umwelt wirkt dabei mittels dreier Komponenten (bebaute, physikalische, soziale) auf die Person-Umwelt-Schnittstelle ein, wobei für Veränderungen zumeist an der »bebauten« Komponente (z. B. Bedienelemente eines Gerätes) sowie der sozialen Komponente (z. B. Erwartungen an und Erfahrungen mit einem technischen Gerät) angesetzt wird. Die Person ihrerseits erhält über Rezeptoren Informationen aus der Umwelt, verarbeitet diese internal (Strukturen) und reagiert darauf (Effektoren). Der Beitrag der Person zur Person-Umwelt-Schnittstelle und letztendlich zum Ergebnis des Systems variiert in Abhängigkeit von der Art und Qualität der zur Verfügung stehenden Information sowie von der Verständigung mit der Umgebung (z. B. über Stimme, Hände). Das System unterliegt einer zeitlichen Dynamik, wozu sowohl Alterseffekte als auch Kohorteneffekte (z. B. Zugehörigkeit zu einer Technikgeneration) zu zählen sind.

Wendet man Lawtons und Nahemows Theorie der Umweltkompetenz (Lawton & Nahemow, 1973) auf den Bereich der Technik an, kann die Technik als Umweltkomponente betrachtet werden, die bestimmte Anforderungen mit sich bringt. Auch die Person bringt bestimmte Kompetenzen, in diesem Falle z. B. Technikerfahrung, kognitive oder sensorische Fähigkeiten, mit. Damit sich eine Person im Umgang mit Technik wohl fühlt, also im Anpassungsbereich befindet, muss der Anspruch der Technik den Kompetenzen der Person entsprechen. Ist die Kompetenz der Person hoch, wird sie sich auch im Umgang mit anspruchsvoller Technik wohl fühlen, sich also im Anpassungsbereich befinden. Ist die Technik jedoch sehr einfach zu nutzen, wird sich die kompetente Person unterfordert fühlen und in den Bereich der Anpassungsprobleme geraten. Umgekehrt bedeutet dies, dass bei Personen mit einer geringen Technikkompetenz die Technik nur wenig anspruchsvoll sein darf, damit mögliche Anpassungsprobleme vermieden werden.

5.2.3 Dimensionen zur Ordnung und Klassifikation

Zur Ordnung und Klassifikation von Technik existieren vielfältige Dimensionen. Technische Geräte lassen sich beispielsweise nach dem Grad ihrer Komplexität einteilen. Es lassen sich in diesem Zusammenhang *Low-tech-* von *Hightech-Geräten* differenzieren. *Low Assistive Technology Devices (ATD)* basieren meist auf mechanischen Prinzipien, worüber das Individuum direkte Kontrolle hat (z. B. hydraulischer Badewannensitz), wohingegen *high ATD* auf elektronischen Prinzipien basieren und lediglich eine indirekte Kontrollmöglichkeit für den Nutzer bieten (z. B. Smartphone). Dabei bedeutet ein hoher Komplexitätsgrad nicht zwangsläufig auch eine komplizierte Bedienungsweise. Beispielsweise haben die meisten Personen wenige Probleme, ein modernes hochkomplexes Automobil zu fahren. Teilweise sind es sogar die komplexeren technischen Geräte, wie beispielsweise moderne Digitalkameras, die einfacher zu bedienen sind als die weniger komplexen, da sie viele Einstellungen automatisch vornehmen. Die Komplexität bezeichnet also nicht die Einfachheit der Bedienung, sondern den »*Anteil relevanter Merkmale in einem Wirkmechanismus, der durch ein entspre-*

chendes Gerät berücksichtigt wird« (Kaspar, 2003, S. 38). Auch Lesnoff-Caravaglia (1988) nimmt eine Unterteilung technischer Hilfsmittel in *high* und *low* vor, definiert diese jedoch anders. Sie versteht unter low-technology technische Hilfsmittel, die bei der Ausübung einfacher Aktivitäten helfen (z. B. Aktivitäten des täglichen Lebens), unter high-technology hingegen Geräte, die komplexere Aktivitäten unterstützen. Bei high-technology handelt es sich dabei zumeist um elektronische Geräte. Insbesondere aus dem Bereich der Computertechnik ist eine Unterteilung der Technik in die Bereiche *Hardware* und *Software* bekannt. Hardware bezeichnet dabei die Realtechnik, das heißt die tatsächlich greifbare Technik wie beispielsweise Festplatte oder Laufwerk. Software bezeichnet hingegen nicht greifbare Wissens- und Organisationstechniken, wie beispielweise bestimmte Computerprogramme. Hampel schlägt eine Klassifikation von Technik (im Sinne von Hardware-Technik) vor. Er unterscheidet die Technikbereiche Umfeldtechnik, Transport- und Kommunikationstechnik, Sicherheits- und Kontrolltechnik, Haushaltstechnik, Gesundheits- und Pflegetechnik sowie Medizintechnik.

Technik kann ebenso hinsichtlich ihrer unterschiedlichen (Anwendungs-)Bereiche klassifiziert werden. Wie ein Blick in die letzten zehn Jahrgänge der Zeitschrift *Gerontechnology* verdeutlicht, existieren vorwiegend gerätespezifische Klassifikationen innovativer Technologien. Als Anwendungsbereiche innovativer Technologien werden die in Tabelle 5.1 aufgeführten Bereiche genannt (Kearns & Fozard, 2007; van Bronswijk, Bouma & Fozard, 2002).

Tab. 5.1: Anwendungsbereiche innovativer Technologien

Anwendungsbereiche innovativer Technologien	Beispiele von Technik
Gesundheit und Selbstwertgefühl	Hörgeräte, Prothesen, Sensormatten
Wohnen und Alltagsleben	Automatische Steuerung von Licht und Heizung, Reinigungsroboter
Mobilität und Transport	Navigationssysteme, Einparkhilfen
Kommunikation und Steuerung	Mobiltelefone, Tablet-PCs
Arbeit und Freizeit	Computer, Spielkonsolen

Insbesondere die Unterhaltungstechnik ist komplexer und multifunktional geworden. Durch die Einführung digitaler Technik ist die Anzahl der Funktionen einer Technik gestiegen. Wie oben bereits erwähnt, werden beispielsweise Mobiltelefone nicht nur zum Telefonieren, sondern auch für viele weiterer Funktionen genutzt. Dabei muss ein technisches Gerät, damit es funktioniert, mittlerweile oftmals programmiert werden. Da ein Bedienelement nicht selten mehrere Funktionen erfüllt, ist der Zusammenhang zwischen der Handlung des Nutzers und dem resultierenden Ergebnis nicht mehr so klar nachvollziehbar, was zur Folge hat, dass die Nutzung moderner Technik teilweise eine Herausforderung an kognitive Funktionen darstellt; eine Ressource, die insbesondere im höheren Alter abnimmt. Auch der Trend hin zur Miniaturisierung stellt insbesondere im Alter, wo es häufig zu einem Nachlassen sensorischer Funktionen kommt, eine zusätzliche Herausforderung dar. Andererseits bietet moderne Technik den Vorteil, dass sie im Vergleich zu weniger moderner Technik gegenüber Fehlbedienungen toleranter ist und somit höhere Sicherheit bietet (beispielsweise schalten sich moderne Herde bei Überhitzung selbstständig ab).

Doch was unter »Technik« verstanden wird, hängt nicht nur vom jeweiligen Kontext ab, sondern beispielsweise auch von dem Alter der Personen. So mag es nicht verwundern, wenn eine 90-Jährige die Waschmaschine zu »moderner Technik« zählt, das gleiche Gerät von einer 20-Jährigen jedoch wohl kaum mehr als neuartig eingeschätzt wird. Dies hängt zusammen mit der in der sogenannten »formativen Periode« erfahrenen Technik. Nach dem Generationenkonzept des Soziologen Karl Mannheim (1980) kennzeichnet die formative Periode den Zeitraum der Jugendphase, in der ein Mensch besonders offen für Erfahrungen ist. Dabei werden nahe zusammenliegende Geburtsjahrgänge als historische Lebensgemeinschaft verstanden, die durch kollektive Erfahrungen (z. B. Krieg, Naturkatastrophen, aber auch technische Innovationen, Moden, Werte) miteinander verbunden sind. Davon abgeleitet bedeutet dies, dass die Technik, mit der man in diesen Jahren konfrontiert wird, prägend ist für die spätere Einstellung zu und den Umgang mit Technik. Je nach Geburtskohorte können verschiedene sogenannte »*Technikgenerationen*« voneinander unterschieden werden. In der BRD unterscheiden Sackmann und Weymann (1994) z. B. die *Frühtechnische Generation* (Personen, die vor 1939 geboren wurden), die *Generation der Haushaltsrevolution* (Personen, geboren 1939–1948), die *Generation der zunehmenden Haushaltstechnik* (Personen, geboren 1949–1963) sowie die *Computergeneration* (Personen, geboren 1964–1978). Personen, die nach 1980 geboren wurden, gelten nach Prensky (2009) als »Digital Natives« oder werden zur »Online-Generation« gezählt (Doh, 2011b). Hierbei sei angemerkt, dass Personen innerhalb einer Generation ein breites Spektrum an Erfahrungsräumen aufweisen können und folglich auch im Umgang mit technischen Innovationen große interindividuelle Unterschiede bestehen können. So unterschied Mannheim (1980) in diesem Zusammenhang beispielsweise verschiedene »Generationeneinheiten« voneinander, Rogers (1995, 2003) in ähnlicher Weise verschiedene Adoptionsgruppen hinsichtlich der Diffusion von technischen Innovationen (▶ Kap. 5.2.4).

5.2.4 Technische Entwicklung: Beschleunigung, Zugänglichkeit, Diffusion

Im Bereich der Technik vollziehen sich fortwährend Neu- und Weiterentwicklungen. Was heute dem neuesten Stand der Technik entspricht, kann innerhalb kürzester Zeit bereits von neuerer innovativerer Technik abgelöst worden sein. Selbst wenn man nicht das Bedürfnis hat, als sogenannter »Early Adopter«, die neueste Technik möglichst früh zu besitzen, sieht man sich nach einer gewissen Zeit oftmals doch dazu gezwungen, sich an der technischen Fortentwicklung durch den Kauf neuer Geräte zu beteiligen. Dies liegt zum einen daran, dass die ältere Technik entweder nicht mit neuerer Technik kompatibel ist (man denke hierbei z. B. an bestimmte Speichermedien wie Disketten, Videobänder, DVD oder Blu-ray), zum anderen daran, dass die ältere Technik vom Hersteller nicht weiter unterstützt wird und kaum mehr Ersatzteile erhältlich sind. Entwickelt sich Technik schneller, als es die Bedürfnisse oder Fähigkeiten des Nutzers, selbige zu nutzen, tun, sprechen Fozard und Wahl (2012) vom sogenannten *individual lag*.

Selbst wenn stetig neue Technik auf dem Markt erscheint und technisch mittlerweile bereits sehr vieles möglich ist, gibt es auch einen gewissen Anteil von Technik, der bisher real noch kaum angewendet wird. Dies kann insbesondere darauf zurückgeführt werden, dass es sich bei den technischen Innovationen oftmals noch um Insel-Lösungen handelt, die zumeist in Einzelstücken produziert werden und deshalb noch zu teuer sind, um sie flächendeckend einzusetzen. Für eine flächendeckende Verbreitung von Technik sind bedarfsgerechte kostengünstige Lösungen vonnöten. Die bloße Existenz von Technik ist also noch längst kein Garant für deren Erfolg, vielmehr sollte der Einsatz von Technik stets begleitet werden von einer Reflexion der sich ergebenden Vor- und Nachteile.

Lag im 20. Jahrhundert noch ein starker Fokus auf einer Art »one fits all«-Design, steht heutzutage zunehmend die Person in ihrer Einzigartigkeit im Mittelpunkt. So stellt beispielsweise Scherer (2002) fest, dass es im Jahr 2001 mehr als 27 000 verschiedene technische Hilfsmittel gab. Die Datenbank *AbleData* (http://¬www.abledata.com) listete im Jahr 2010 mehr als 40 000 verschiedene technische Hilfsmittel auf. Lindenberger et al. (2008) konstatieren, dass das Design und die Evaluation von Technik zu gleichen Maßen eine psychologische wie auch eine technische Leistung darstellt. Das Augenmerk eines »Universellen Designs« besteht in der Schaffung von Umwelten, Produkte und Technologien, die möglichst unabhängig von Alter und Fähigkeiten von allen Personen genutzt werden können. Denkt man an Alltagssituationen, sollte eine Lebensmittelverpackung auch von älteren Personen, die eventuell Einbußen in der Feinmotorik zu verzeichnen haben, geöffnet werden können oder ein Treppengeländer sollte so konzipiert sein, dass es sowohl von Kindern als auch von Personen mit einer großen Körpergröße gut erreicht werden kann. Ein Vorteil des Universellen Designs ist darin zu sehen, dass eine technische Ausstattung, die bereits in jüngeren Lebensjahren angeschafft wird, dazu führt, dass die benötigte Technik dann auch in älteren Lebensjahren vorhanden ist und genutzt wird (Mynatt & Rogers, 2001).

Von einer erfolgreichen Markteinführung eines neuen Gerätes kann gesprochen werden, wenn 20 % aller Haushalte das entsprechende Gerät besitzen. Ab diesem Zeitpunkt kann davon ausgegangen werden, dass das Gerät für einen erheblichen Anteil der Bevölkerung zu einem relevanten Bestandteil des Alltags geworden ist. Der Ausstattungsgrad ist dabei ein statistisches Maß dafür, wie viele Haushalte ein bestimmtes Gerät besitzen. Was die Ausstattung deutscher Haushalte mit Technik angeht, zeigen sich bei Geräten, deren Markteinführung schon länger zurückliegt (Fernseher, Telefon, Kühlschrank) bezüglich des Ausstattungsgrades kaum Unterschiede über die verschiedenen Altersgruppen hinweg. Beispielsweise besitzen in der Gruppe der alleinlebenden 25- bis 35-Jährigen ebenso wie in der Gruppe der alleinlebenden 70- bis 80-Jährigen 98,5 % der Haushalte ein Telefon, in der Gruppe der alleinlebenden über 80-Jährigen sind es 97,7 %. Bei neueren Gebrauchsgütern (z. B. MP3-Player, digitaler Fotoapparat) hingegen ergeben sich durchaus Unterschiede im Ausstattungsgrad. Ein MP3-Player ist beispielsweise in der Gruppe der alleinlebenden 25- bis 35-Jährigen in 52,1 % der Haushalte vorhanden, in der Gruppe der 70- bis 80-Jährigen hingegen nur in 4,9 % (Statistisches Bundesamt [StBA], 2008).

Entwicklungen vollziehen sich auch hinsichtlich der Diffusion, d.h. der Verbreitung, eines technischen Gerätes. Nach Rogers Theorie der »*Diffusion of Innovation*« (1995, 2003) unterscheiden sich technische Innovationen hinsichtlich ihres Markterfolges und der Geschwindigkeit ihrer Verbreitung. Zudem übernehmen nicht alle Mitglieder einer Gemeinschaft eine technische Innovation zeitgleich. Wie schnell sich diese Ausbreitung einer Innovation vollzieht, ist nach Rogers von den fünf Produkt-Eigenschaften *relative Vorteilhaftigkeit, Kompatibilität, Komplexität, Beobachtbarkeit* und *Prüfbarkeit* abhängig. Mit zunehmendem Alter wird es schwieriger, für Innovationen einen komparativen Vorteil zu erzielen, und je mehr Neuheiten den eingelebten Gewohnheiten zuwiderlaufen, desto komplexer werden sie wahrgenommen. Auch nimmt der Effekt der Beobachtbarkeit mit zunehmendem Alter ab. Wichtiger dagegen werden mit zunehmendem Alter die Aspekte Prüfbarkeit und Bewährung. Der zeitliche Verlauf des Diffusionsprozesses kann durch eine s-förmige Kurve beschrieben werden, wonach die Diffusion erst langsam beginnt und erst allmählich eine Verbreitungsdynamik entwickelt. Die Häufigkeit, mit der eine technische Innovation adoptiert wird, kann durch eine Normalverteilung beschrieben werden, nach der die überwiegende Mehrheit der Personen die technische Neuerung nicht gleich nach deren Markteinführung, sondern erst nach einem bestimmten Zeitintervall annimmt. Rogers unterteilt den Diffusionsprozess in Abhängig von dem Zeitpunkt, zu dem eine bestimmte Neuerung übernommen wurde, in fünf aufeinanderfolgende Phasen, wobei deren Abstand jeweils eine Standardabweichung beträgt (▶ **Abb. 5.2**).

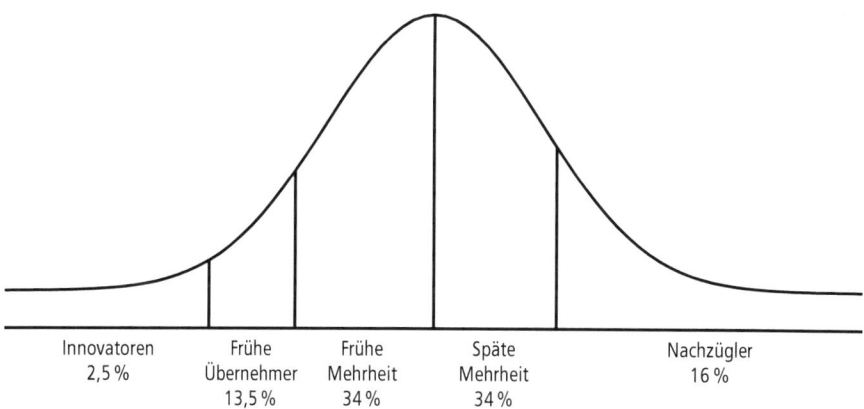

Abb. 5.2: Zeitlicher Verlauf des Diffusionsprozesses

Personen, welche das technische Produkt gleich nach Markteinführung erwerben, nennt Rogers Innovatoren (Innovators), wobei diese Gruppe 2,5 % der Gesamtpopulation ausmacht. Anschließend entscheiden sich die Frühen Übernehmer (*Early Adopters*, 13,5 %) für die technische Neuerung, gefolgt von der Frühen Mehrheit (*Early Majority*, 34 %) und der Späten Mehrheit (Late Majority, 34 %). Wenn auch die Späte Mehrheit die Neuerung angenommen hat, liegt der Diffusionsgrad der Neuerung in der Gesellschaft bei bereits 84 %. Wird eine Innovation erst dann angeschafft, nachdem bereits 84 % der Gesellschaft diese besitzen, spricht Rogers von den sogenannten Nachzüglern (*Laggards*, 16 %). Die fünf Adoptionsgruppen weisen jeweils bestimmte Charakteristika (z. B. hinsichtlich des sozialen Status, der sozialen Kontakte etc.) auf. Eindeutige Alterseffekte bezüglich der Adoption von Innovationen scheint es nicht zu geben. Kritik erfuhr die von Rogers vorgenommene Klassifizierung u. a. deshalb, weil sie unterstellt, dass die Verteilung technischer Neuerungen einer Normalverteilung folgt, was sich jedoch nicht immer bei den Verläufen von Konsumgütern nachweisen ließ, und weil die Anzahl und Größe der fünf Kategorien bereits im Vorfeld festlegt wurde.

Bedeutsam für die Analyse des Diffusionsprozesses bei Älteren könnte das sogenannte *Innovativeness-Needs-Paradox* sein, nach dem die Mitglieder einer Gesellschaft, die objektiv betrachtet am ehesten Bedarf an einer Innovation hätten, zu denen gehören, die diese zuletzt übernehmen. Rogers führt dies darauf zurück, dass von den Herstellern bei der Kontaktierung potenzieller neuer Nutzer der Weg des geringsten Widerstandes gegangen werde und deswegen zuerst die innovationsbereiten Eliten kontaktiert würden. Hörning (1988) verweist darauf, dass Technik im Zuge einer erfolgreichen Diffusion zunehmend mehr zu einem Bestandteil des Alltags werde und Technik, die älteren Personen noch fremd und problematisch erscheine, für jüngere völlig selbstverständlich geworden sei.

Die Innovationsfreudigkeit oder Technikaffinität, das heißt die Bereitschaft, gerne eine neue Technik auszuprobieren, ist bei jüngeren Personen stets höher als bei älteren, wobei die Innovationsfreudigkeit in allen Altersgruppen zunahm. Als Ursache für die steigende Innovationsbereitschaft älterer Personen kann die zunehmende Vertrautheit gesehen werden. Eine positive Einstellung gegenüber einer innovativen Technik ist jedoch keineswegs ein Garant dafür, dass diese auch übernommen wird. Dieser Unterschied zwischen Einstellung und tatsächlichem Verhalten wird als Intentions-Verhaltens-Lücke oder auch *KAP-Gap* (Knowledges, Attitudes, Practice) bezeichnet (Karnowski, 2011).

5.3 Der Technik zugeschriebene Ziele und Funktionen

5.3.1 Allgemeine Ziele des Technikeinsatzes im Alter

Die unterschiedlichen Definitionen des Begriffes *Technik* verdeutlichten bereits die Vielzahl an Erwartungen und Funktionen, die mit Technik in Verbindung gebracht werden. So ist von Kompensation die Rede ebenso wie von dem entwicklungsförderlichen und anregenden Potenzial, das Technik in sich birgt. Der Einsatz von Technik zur Erleichterung des Alltags wird heute kaum mehr hinterfragt und die Auswahl an technischen Geräten und Systemen wird stetig größer. Dabei bietet Technik insbesondere auch im Alter vielfältige Potenziale zur Mit- und Selbstgestaltung des eigenen Lebens und Forschungsarbeiten, die sich mit den Potenzialen von Technik im Alter befassen, werden fortwährend zahlreicher.

Einen dreiteiligen Ansatz zum Verständnis des Potenzials von Technologien zur Wahrung der Selbstständigkeit von älteren Menschen in ihrem Zuhause schlagen Mynatt, Essa und Rogers (2000) vor. Sie unterscheiden die folgenden drei Problembereiche: Technik soll zum einen dazu beitragen, Gefahrensituationen zu erkennen, indem potenzielle Gefahrensituationen aufgedeckt werden und im Notfall Hilfe benachrichtigt wird (z. B. Sensormatte, die im Falle eines Sturzes einen Alarm auslöst). Zudem soll durch Technik das Alltagsgedächtnis unterstützt werden (z. B. elektronisches Gerät zur Erinnerung an die Medikamenteneinnahme). Drittens soll Technik zur Stärkung des Kontakts zu Familienmitgliedern beitragen, da damit das Sicherheitsgefühl gesteigert und Seelenfrieden hergestellt werden kann (z. B. Telefon, Videokonferenz über das Internet). Charness und Schaie (2003) thematisieren Technologien im Kontext erfolgreichen Alterns und zielen bei ihrem Zugang nicht so sehr auf die kompensatorische Rolle von Technik ab, sondern vielmehr auf deren entwicklungsförderliches und anregendes Potenzial, insbesondere auch im Alter. Mollenkopf (2000) nennt im Bereich der Gerontechnology je nach Art und Funktion, die die Technik in Bezug auf ältere Menschen erfüllt, fünf Kategorien von besonders für ältere Menschen geeigneter Technik. Dazu zählen Technologien (1) zur Prävention oder Verzögerung alterskorrelierten Nachlassens von Stärke, Flexibilität und Ausdauer im physiologischen, kognitiven oder sozialen Bereich, (2) zur Verbesserung und Stärkung spezifischer Bereiche oder neuer Rollen, (3) zur Kompensation nachlassender Fähigkeiten im Alter, (4) zur Unterstützung Pflegender und (5) Technologien zur Verbesserung der gerontologischen Forschung (▶ Tab. 5.2).

Tab. 5.2: Beispiele für das Potenzial von Technik

Potenzial	Beispiele von Technik
Präventive Wirkung	Kognitives Training am Computer, Sensormatten zur Sturzprävention
Unterstützung/Ermöglichung der Ausführung von Alltagsanforderungen, Aktivitäten, Rollen	Kommunikation und Informationssuche mit Hilfe des Internets, automatisches Abschalten elektronischer Geräte
Kompensation eingetretener Funktionsverluste	Hörgeräte, Prothesen, Erinnerungssysteme
Unterstützung von informellen und professionellen Hilfs- und Pflegepersonen	Hausnotrufsysteme, Sensormatten, EDV-gestützte Pflegedokumentationssysteme
Beitrag zu gerontologischer Forschung durch Erhebung alltagsnaher Daten	Aktivitätsmessung von Bewohnern im institutionellen Kontext zur (zeitlichen) Anpassung von pflegerischen Maßnahmen

Das Potenzial innovativer Technologien für die Gerontologie kann generell in den vier Bereichen Verbesserung und Zufriedenheit, Prävention und Engagement, Kompensation und Assistenz sowie Unterstützung und Pflegeorganisation gesehen werden (Marx, Cohen-Mansfield, Renaudat, Libin & Thein, 2005).

Im Projekt Technik, Alter, Lebensqualität (Zapf, Mollenkopf & Hampel, 1994) wurden ausführliche Explorationen mit Experten aus dem Sozialwesen, mit Technik-Experten und alten Menschen durchgeführt, um den Beitrag technischer Geräte zu einer aktiven und qualitativ befriedigenden Lebensführung im Alter auszumachen. Es zeigte sich, dass technische Geräte einen erheblichen Beitrag zu einer selbstständigen Haushaltsführung und zur Aufrechterhaltung sozialer Beziehungen älterer Menschen leisten können und somit, in Abhängigkeit von der Gestaltung, positiv oder negativ zur Lebensqualität beitragen können. Was den Einsatz von Technik zur Verbesserung der Lebensqualität von Menschen mit Demenz betrifft, wird dieser generell positiv eingeschätzt, obgleich er sich im Spannungsfeld von viel versprechenden Möglichkeiten, unausgereiften Technologien und ethischen Problemen bewegt (Heeg et al., 2007). Ein Projekt von Sixsmith und Kollegen (2007) untersuchte Technikpotenziale zur Steigerung der Lebensqualität von Personen mit Demenz. Insbesondere wurden vier technikrelevante Bereiche identifiziert, von denen zu erwarten ist, dass sie sich positiv auf die Lebensqualität von Personen mit Demenz auswirken könnten: der Simple Music Player (ein einfaches Musikabspielgerät), das Window on the World (ein internet-basiertes Kamerasystem, um den Kontakt zu Angehörige herzustellen), der Conversation Prompter (eine Art technische Souffleuse, die bei Bedarf die zuletzt gesprochenen Wörter oder Stichwörter zur Verfügung stellen kann) und das Sequence Assisting Device (ein Hilfsmittel, das Handlungsabläufe in kleine leichtverständliche Sequenzen unterteilt).

Der größte Zuwachs im Bereich der Technik für Ältere ist in den letzten Jahren im Kommunikationssektor, im Sinne der Benutzung von E-Mail, Internet oder Chatrooms für Senioren, zu verzeichnen (Fozard, 2001). In Computerkursen soll Senioren das Internet nähergebracht werden und Großeltern können lernen, mit ihren Enkeln zu »chatten« (Marx et al., 2005). Auch für Personen mit einer leichten Demenz wurden spezielle Computerprogramme entwickelt, die an deren Bedürfnissen und Wünschen ansetzen (siehe z.B. Czaja, Fisk & Rogers, 1997). Wesentlich im Bereich der Kommunikation und sozialen Partizipation ist es jedoch, dass die Technik nicht etwa als Ersatz für menschliche Zuwendung verstanden und aus diesem Grund eingesetzt wird, sondern dass sie als Möglichkeit zur Unterstützung und Integration wahrgenommen und verwendet wird.

Rogers und Fisk (2006) beschreiben ein Forschungsprogramm, das sich der Entwicklung von Technologien widmet, die Älteren kognitive Unterstützung bei der selbstständigen Haushaltsführung bieten können. Kognitiv beeinträchtigte ältere Menschen sind hinsichtlich der selbstständigen Ausführung von Aktivitäten wie Einkaufen, Kochen, Wohnungsreinigung oder der Medikamenteneinnahme besonders gefährdet und technische Hilfen können die oft gravierende Lücke zwischen den Anforderungen des Alltags und den vorhandenen kognitiven Fähigkeiten schließen helfen (z.B. durch ein elektronisches Erinnerungssystem zur Medikamenteneinnahme). Riikonen und Kollegen (2010) weisen in ihrer Studie zum Technikeinsatz bei Personen mit Demenz darauf hin, dass durch den Einsatz von Technik der Umzug in eine Pflegeeinrichtung teilweise hinausgezögert werden kann.

Mynatt, Essa und Rogers (2000) stellen verschiedene Technologien vor, die ein Leben in der eigenen Häuslichkeit unterstützen sollen. Unter den Technologien sind beispielsweise das Digital Family Portrait (ein digitaler Bilderrahmen, der Informationen über den Bewohner an Angehörige übermittelt), der Gesture Pendant (ein Computer in Form eines Kettenanhängers, der einfache Handgesten registriert und mit dessen Hilfe Aktivitäten ausgelöst werden können und ein Notruf abgesetzt werden kann) oder die Smart Front Door (eine durch Stimmkontrolle zu öffnende Haustüre, mit der es möglich ist, den Bewohner über Personen vor der Tür zu informieren und sie auf dem Fernsehbildschirm anzuzeigen).

Fozard (2001) sieht ein Ziel der Forschung darin, herauszufinden, in welcher Weise Technik eingesetzt werden kann, um alten Menschen bestimmte Aktivitäten bestmöglich zu erleichtern. Heeg und Kollegen (2007) plädieren für eine verbesserte Wahrnehmung der Potenziale von Technik und schlagen u. a. Maßnahmen zur Aufklärung und zur Öffentlichkeitsarbeit vor, ferner die Integration technologischer Lösungen in ein Gesamtpflegekonzept sowie die präzise Dokumentation des Technikeinsatzes und seiner Auswirkungen.

5.3.2 Potenzial von Technik aus Sicht des älteren Techniknutzers

Die vorangegangenen Abschnitte verdeutlichten, dass es vielfältige Bemühungen und Bestrebungen gibt, »alter(n)sgerechte« Technik zu entwickeln, die den alternden Menschen selbst oder dessen Angehörige unterstützt. Die Technikbranche hat den Alterssektor als interessante Zielgruppe entdeckt und die potenziellen Kunden – die älteren Menschen – werden zunehmend mehr in den Entwicklungsprozess eingebunden. Technikentwickler berichten, dass technisch mittlerweile sehr viel möglich ist, doch betrachtet man die der Öffentlichkeit zugänglichen technischen Geräte, muss man häufig feststellen, dass die Innovationen, von denen vielerorts berichtet wird, sich häufig noch in der Entwicklung befinden und zumeist erst vorläufige Prototypen existieren. Bleibt die Technik bzw. ihre Entwicklung hinter den menschlichen Bedürfnissen oder Interessen zurück, kann vom sogenannten *structural lag* gesprochen werden (Fozard & Wahl, 2012).

Dass bisher vor allem »klassische« Hilfsmittel eingesetzt werden, die nicht unbedingt technisch unterstützt werden, verdeutlicht eine Studie von Mann und Kollegen (2004), in der über 1000 ältere Personen hinsichtlich des für sie wichtigsten Hilfsmittels befragt wurden. Die vier Hilfsmittel, die die Hälfte aller Antworten ausmachten, waren Brille, Gehstock, Rollstuhl und Gehhilfe. Durchschnittlich besaßen die Personen 14 Hilfsmittel, von denen sie zwölf nutzten. Demiris und Kollegen (2008) ließen in Fokusgruppen verschiedene *Smart-Home-*Technologien (beispielsweise Bettsensoren, Herdsensoren, Bewegungssensoren oder Videosensoren) durch Ältere bewerten und konnten eine generell positive

Haltung gegenüber unaufdringlichen Sensoren feststellen. Das Potenzial der Techniken wurde eher in reaktiven Aspekten, wie der Erkennung von Gefahrensituationen, gesehen als in proaktiven Aspekten, wie der frühzeitigen Erkennung von Gesundheitsrisiken. Die Präferenz für bestimmte Sensoren war von verschiedenen Kriterien, wie beispielsweise der Unaufdringlichkeit oder der eingeschätzten persönlichen Relevanz, abhängig. Bedenken wurden bezüglich der Genauigkeit der Sensoren (Fehlalarme) geäußert sowie bezüglich der Balance zwischen Sicherheit und Privatheit. Riikonen und Kollegen (2010) konnten in ihrer Studie zur Technikbewertung von Personen mit Demenz ebenfalls eine Präferenz für unaufdringliche Technik ausmachen, die möglichst wenig aktive Interaktion vom Nutzer erforderte.

Die positive Bewertung unaufdringlicher Sensoren zeigte sich auch bei Johnson, Davenport und Mann (2007), die Teilnehmer im Alter von über 65 Jahren in drei Fokusgruppen mit unterschiedliche Technologien des *Gator-Tech Smart Home* (Smart Home in der Nähe des Campus der Universität Florida) bewerten ließen, wobei die Teilnehmer entweder keine Einschränkung, eine Sehbeeinträchtigung oder eine Mobilitätseinschränkung aufwiesen. Zudem ließ sich feststellen, dass je nach Art der Beeinträchtigung unterschiedliche technische Systeme bevorzugt wurden, wobei generell diejenigen Techniken positiv eingeschätzt wurden, die zur jeweiligen Beeinträchtigung »passten«. Generell waren die Älteren bereit, die technischen Systeme für Dinge zu nutzen, die sie ohne Technik nicht mehr eigenständig ausführen könnten. Häufig wurde die Technik zwar als sinnvoll für andere Zielgruppen, jedoch als persönlich (noch) nicht notwendig eingeschätzt.

5.3.3 Potenzial von Technik aus Sicht von Pflegenden im häuslichen und institutionellen Bereich

Bei zuhause lebenden Personen mit Demenz wird die Pflege zumeist von Angehörigen, insbesondere den Töchtern, geleistet. Dabei ist die Pflege häufig mit großen Restriktionen seitens der Pflegenden verbunden (z. B. Einschränkungen und Nachteile im Berufsleben, weniger Zeit für sich selbst). Im Bereich des häuslichen Wohnens entstehen fortwährend neue innovative Technologien, die Pflegenden dabei behilflich sein sollen, kognitiv eingeschränkte Personen bei einem Leben in der eigenen Häuslichkeit zu unterstützen, indem sie beispielsweise die Beaufsichtigung übernehmen und im Bedarfsfall die Angehörigen alarmieren können. Ein Ziel des Technikeinsatzes besteht darin, dass sich die Entlastung der Angehörigen positiv auf das Verhältnis zur pflegebedürftigen Person auswirkt. Das *Digital Family Portrait* (ein digitaler Bilderrahmen, der Informationen über den Bewohner an Angehörige übermittelt), soll beispielsweise dazu beitragen, das Alltagsgedächtnis älterer Menschen zu unterstützen und den Kontakt zu entfernt wohnenden Angehörigen zu intensivieren (z. B. Melenhorst, Fisk, Mynatt & Rogers, 2004). Obwohl die potenzielle Intrusiveness (z. B. Gefährdung der Privatsphäre, Auffälligkeit der Technik, Missbrauch von Informationen) als Ablehnungsgrund genannt wurde, wurde die Technik dennoch befürwortet, wenn sie als notwendig zur Aufrechterhaltung der Selbstständigkeit oder Sicherheit angesehen wurde. Technik kann somit dazu genutzt werden, Pflegende zu unterstützen und die Lebensqualität der Pflegenden sowie der pflegebedürftigen Personen zu steigern (Czaja & Rubert, 2002).

Auch im Bereich der institutionellen Pflege kann Technik positive Beiträge leisten (zusammenfassend hierzu Day, Jutai, Woolrich & Strong, 2001). Engström und Kollegen (2005) untersuchten beispielsweise die Auswirkungen der Technikeinführung (z. B. automatische Regulation der Beleuchtung, Sturz-Detektoren) auf die Arbeitszufriedenheit von Pflegemitarbeitern einer Einrichtung für Menschen mit Demenz. Im Vergleich zu einer Kontrollgruppe zeigte sich bei den untersuchten Mitarbeitern eine Verbesserung der Arbeitszufriedenheit sowie der wahrgenommenen Qualität der Pflege. Finkel und Kollegen (2007) berichten von abnehmenden Belastungs- und Depressionswerten bei Pflegenden, denen Telekommunikationstechnologien zur Verfügung gestellt wurden. Im Projekt *Bewertung neuer Technologien durch Bewohner und Personal im Altenzentrum Grafenau der Paul Wilhelm von Keppler-Stiftung und Prüfung des Transfers ins häusliche Wohnen (BETAGT)* zeigte sich, dass die Mitarbeiter eines Pflegeheimes moderner Technik (z. B. Sensormatten, EDV-gestützte Pflegedokumentation an Touch-Screens) gegenüber durchaus positiv eingestellt waren und Folgen des Technikeinsatzes u. a. in einer erleichterten Pflege, positiven Auswirkungen auf die erlebte pflegerische Kompetenz, das Selbstbewusstsein und die Motivation sowie in einer qualitativ hochwertigeren und schnelleren Pflegedokumentation sahen (siehe z. B. Claßen, Oswald & Wahl, 2010; Claßen, Oswald, Wahl, Heusel & Antfang, 2010).

Zunehmend häufiger werden auch Robotertiere – allen voran die Roboterrobbe *Paro* – im institutionellen Kontext eingesetzt, was nicht selten emotional getönte Kontroversen, insbesondere über die ethische Vertretbarkeit eines solchen Technikeinsatzes, hervorruft. Sicherlich sollte auch diese Technik nicht unreflektiert zum Einsatz kommen, sondern stets begleitend evaluiert werden, wobei bisher nur wenige entsprechende Arbeiten vorliegen. Shibata und Kollegen (2008) sehen einen großen Vorteil der Therapie mit Robotertieren darin, dass die der Therapie mit Tieren nachgesagten positiven Effekte im psychologischen, physiologischen und sozialen Bereich durch den Einsatz von Robotern auch in Kontexten erzielt werden können, in denen der Einsatz von Tieren zu schwierig oder zu gefährlich wäre. In Studien wiesen sie nach, dass der Einsatz der Roboterrobbe zu einer verbesserten Stimmung, einer gesteigerten sozialen Interaktion sowie zu einem verbesserten Umgang mit körperlichem Stress führte (siehe z. B. Wada & Shibata, 2008). Auch aus deutschen Pflegeheimen wird berichtet, dass die Roboterrobbe die Kommunikation unter den Bewohnern fördern würde, dass die Bewohner zufriedener wirken und Unruhezustände und Weglauftendenzen abnehmen würden. Ob sich die der Roboterrobbe nachgesagten positiven Effekte auch außerhalb der Forschungsgruppe um Shibata wissenschaftlich nachweisen lassen und welche negativen Konsequenzen der Einsatz von Robotertieren mit sich bringen kann, untersucht derzeit beispielsweise die Forschungsgruppe um Prof. Dr. Barbara Klein an der Fachhochschule Frankfurt am Main.

5.4 Technikakzeptanz und Techniknutzung im Alter

Nicht selten schildern ältere Personen, dass der vom Arzt verordnete Rollator nicht genutzt wird, weil er als unpraktisch angesehen wird oder der Badewannensitz gar nicht erst angebracht wurde, weil man schließlich noch selbst in der Lage ist, in die Wanne zu steigen. Die Befunde deuten darauf hin, dass es von enormer Wichtigkeit ist, die Bedürfnisse und Eigenschaften potenzieller Nutzer von (technischen) Hilfsmitteln zu berücksichtigen, um zu verhindern, dass kostspielige Hilfsmittel angeschafft, letztendlich jedoch nicht genutzt werden. Es stellt sich also die Frage nach der Technikakzeptanz.

Entgegen der oftmals verbreiteten Meinung konnte in empirischen Arbeiten mehrfach nachgewiesen werden, dass Ältere durchaus bereit sind, Technik zu nutzen. Dies zeigte sich auch für Personen mit kognitiven Beeinträchtigungen. Im Vergleich zu jüngeren Personen zeigen ältere zwar mehr Probleme, sich an die technischen Systeme zu gewöhnen, doch kann ein Großteil der Probleme, die Ältere mit Technik haben, durch passendes Design und adäquates Training ausgeräumt werden (Rogers & Fisk, 2010). Das Training sollte dabei insbesondere auf nachlassende Fähigkeiten achten und diese so gut wie möglich kompensieren. Für die Akzeptanz erwies es sich generell als ratsam, ältere Personen in noch gesunden Lebensphasen langsam an die Technik heranzuführen.

5.4.1 Modell der Technikakzeptanz

Ein weitverbreitetes Modell zur Vorhersage und Erklärung der Akzeptanz von Informationstechnologien im Arbeitskontext stellt das *Technology Acceptance Model* (TAM) (Davis, 1989, 1993; Davis & Venkatesh, 1996) dar (▶Abb. 5.3). Wie in der *Theorie des überlegten Handelns* wird auch beim TAM davon aus-

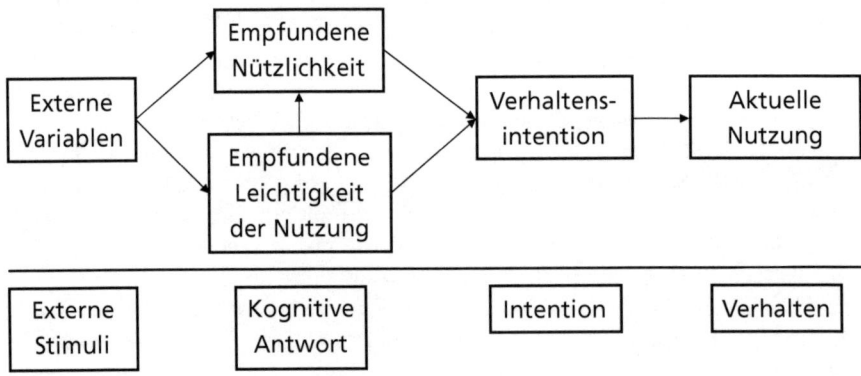

Abb. 5.3: Technikakzeptanz-Modell (nach Davis & Venkatesh, 1996, S. 20)

gegangen, dass die Intention, eine Technik nutzen zu wollen, den besten Prädiktor für die aktuelle Techniknutzung darstellt. Die Intention wird ihrerseits durch die Einstellung zum Verhalten, d. h. durch die Technikeinstellung, vorhergesagt. Im Modell wird angenommen, dass die Intention, eine Technik zu nutzen, durch zwei Überzeugungen bestimmt wird: durch die *empfundene Nützlichkeit (Perceived Usefulness)* sowie die *empfundene Leichtigkeit der Nutzung (Perceived Ease of Use)*. Erfüllen zwei Geräte die gleiche Funktion, wird dasjenige eher akzeptiert, welches leichter zu nutzen ist.

Das TAM wurde in einem zweiten Schritt um soziale und kognitiv instrumentelle Prozesse ergänzt (Venkatesh & Davis, 2000), in einem dritten Schritt um Komponenten der Entscheidungsfindung (Venkatesh & Bala, 2008). Zur Überprüfung des Modells wurden Teilnehmer aus dem Arbeitskontext sowie Studenten herangezogen, ältere Menschen blieben bisher fast unberücksichtigt. Auch wurde das Modell bisher nahezu ausschließlich auf technische Geräte oder Systeme aus dem Bereich der Informationstechnologien angewandt, sodass eine Anwendung des Modells auf andere technische Geräte und Systeme noch aussteht. In einer eigenen Arbeit (Claßen, Oswald & Wahl, 2012a, 2012b) wurde eine adaptierte Version des TAM3 auf den Altersbereich angewendet unter besonderer Berücksichtigung zweier Technikgenerationen (Frühtechnische Generation, Generation der Haushaltsrevolution) sowie dreier technischer Geräte (Sensormatte, Reinigungsroboter, Spielkonsole). Zudem wurden altersrelevante psychologische Faktoren einbezogen. Die Daten lassen auf eine generelle Anwendbarkeit des Modells schließen. Die beiden Technikgenerationen unterschieden sich nicht bedeutsam voneinander, wie nützlich sie die drei Geräte ansahen. Unterschiede zeigten sich jedoch hinsichtlich der *Leichtigkeit der Nutzung* in der Art, dass Mitglieder der jüngeren Technikgeneration komplexere Geräte als leichter zu nutzen ansahen.

5.4.2 Die Rolle von Personeneigenschaften

In zahlreichen Studien konnte gezeigt werden, dass Technikbewertungen mit Einstellungen, Bedürfnissen, Wünschen und Fähigkeiten des Nutzers zusammenhängen. Da das zunehmende Alter zumeist mit einem altersbedingten kognitiven Abbau einhergeht, kann vermutet werden, dass mit fortschreitendem Alter vermehrt Probleme, v. a. im Umgang mit komplexer Technik, auftreten. Ältere Menschen warteten am längsten, bis sie sich Unterhaltungstechnik anschafften, und besaßen generell am wenigsten Technik. Bezüglich des sozioökonomischen Status ließ sich zeigen, dass Haushalte mit höherem Einkommen mehr Technik besaßen. Das Haushaltseinkommen stellte zudem einen wichtigen Prädiktor für den Besitz von Informations- und Kommunikationstechnologien dar. Auch ließ sich ein negativer Zusammenhang von Bildung und Technikbesitz ausmachen (Goor & Becker, 2000). Dass auch psychische Aspekte einen Einfluss auf die Techniknutzung haben können, zeigte sich beispielsweise darin, dass Depressivität einen Prädiktor für den Nicht-Gebrauch von Technik darstellte. Das Vorliegen einer körperlichen Behinderung hing hingegen stark mit der Nutzung von Hilfsmitteln zusammen ebenso wie die Wohnsituation (alleine lebende Personen zeigten eine stärkere Nutzung). Auch die Obsoleszenz, d. h. das Erleben eines Nicht-mehr-dazu-Gehörens, eines Veraltet-Seins, übte einen Einfluss auf die Techniknutzung aus. Die Bewertung und Nutzung von Technik wird demnach nicht nur von den mit Technik gemachten Erfahrungen beeinflusst, sondern ebenfalls von personenspezifischen Eigenschaften.

5.4.3 Die Rolle der Technik

Technik wird oftmals nicht nur dazu eingesetzt, um den Alltag zu erleichtern oder bestimmte Abläufe zu optimieren, sondern sie wird häufig auch aus dem Grund angeschafft, weil der Käufer damit etwas Bestimmtes ausdrücken möchte. Antonides und Raaij (1998) nehmen an, dass der symbolische Wert eines technischen Geräts auf den Kauf und Gebrauch desselbigen schließen lässt. Sie unterscheiden in diesem Zusammenhang Prestige-Güter und Status-Güter und gehen auf drei Effekte ein, mit denen das entsprechende Kauf- oder Nutzungsverhalten zu erklären ist. Der sogenannte *Veblen effect* bezeichnet den von Personen erfahrenen Genuss, den eigenen Wohlstand zu demonstrieren (Antonides & Raaij, 1998; McClure & Kumcum, 2008). Der *Snob effect* geht hingegen auf die Tatsache ein, dass ein Produkt umso attraktiver erscheint, je weniger Personen es besitzen. Der *Bandwagon effect* bezeichnet den Wunsch von Personen, sich im Vergleich zu anderen gut darstellen oder präsentieren zu wollen (Myers, Wojcicki & Aardema, 1977). Man denke dabei beispielsweise an das *iPhone*, das *iPad* oder andere Produkte der Firma Apple. Im Besitz dieser Technik zu sein, so hat es den Anschein, bedeutet, sich zu einer bestimmten, exklusiven Nutzergruppe zugehörig zu fühlen, die mit bestimmten ästhetischen Vorstellungen und eventuell sogar Lebensformen in Verbindung gebracht wird. Der Besitz der Technik dient sozusagen als *Eintrittskarte* und andere »Mitglieder« der Gruppe können schnell erkannt werden.

Im Gegensatz zu der eben beschrieben Art von Technik, deren Besitz womöglich Gefühle von Stolz hervorruft und die gerne genutzt wird, beruht die Nutzung technischer Hilfsmittel oftmals nicht auf einer freien Wahl, sondern eher auf deren Notwendigkeit. Neben der Angewiesenheit auf Technik trägt die Tatsache, dass das Design technischer Hilfsmittel oftmals nicht den ästhetischen Vorstellungen der potenziellen Nutzer entspricht, zusätzlich dazu bei, dass die Technik nicht als Statussymbol, sondern vielmehr als Stigmatisierungsgegenstand wahrgenommen wird. Bei den technischen Geräten für ältere Personen handelt es sich zumeist um technische Hilfen für Behinderte oder um Rehabilitationshilfen, was sich zum einen in deren Image widerspiegelt, zum anderen in ihrer Gestaltung (z. B. ein im Vergleich zu aktuellen Mobiltelefonen sehr großes Mobiltelefon, auffällige Hörgeräte). Die durch die Nutzung dieser Technik womöglich erfahrene Stigmatisierung oder Diskriminierung Älterer kann sich negativ auf deren Technikakzeptanz und -nutzung auswirken. Einen entscheidenden Beitrag zur Akzeptanz und Nutzung leistet nämlich gerade deren Unauffälligkeit (Unobtrusiveness) (Courtney, 2008; Courtney, Demiris & Hensel, 2007; Davis & Venkatesh, 1996; Demiris et al., 2008). Es wird davon ausgegangen, dass die Auffälligkeit der Technik (Intrusiveness) ungefähr die Hälfte der negativen Technik-Beurteilungen ausmacht, wohingegen Sicherheitsrisiken kaum wahrgenommen werden (Melenhorst et al., 2004). Andererseits zeichnen sich insbesondere moderne technische Geräte oftmals durch kleine Schaltflächen und die Bedienung durch einen Touch Screen aus. Diese gestalterischen Aspekte können sich durch die eventuell ungewohnte Bedienweise als hinderliche Faktoren herausstellen. Eng verbunden mit dem Design der Technik ist somit ihre Handhabbarkeit. Erfordert die Bedienung eines technischen Gerätes die Veränderung routinierter Handlungsabläufe oder gar das Erlernen neuer Verhaltensweisen (im Falle des Computer-Jargons das Erlernen einer neuen Art von Sprache), kann dies einen negativen Einfluss auf die Akzeptanz und Nutzung ausüben (Blaschke, Freddolino & Mullen, 2009). Zudem ist das einwandfreie Funktionieren der Technik, die Reliabilität, von entscheidender Bedeutung. Sowohl bei jüngeren als auch bei älteren Personen verminderten sich das Vertrauen und der Verlass auf die Technik, wenn diese nicht völlig zuverlässig funktionierte, wobei Ältere auf diese Veränderungen sensitiver zu reagieren schienen (Rogers & Fisk, 2010).

Lindenberger und Kollegen (2008) nennen drei Kriterien, denen Technik genügen muss, um ein erfolgreiches Altern zu unterstützen. Erstens müssen durch die Technik mehr Ressourcen freigesetzt werden, als für deren Nutzung erfordert werden, was die Autoren in Analogie zur Definition eines erfolgreichen Alterns im Sinne der Maximierung von Gewinnen und der Minimierung von Verlusten sehen. Zweitens sollte Technik der Spezifität und Adaptabilität der (alternden) Person gerecht werden, indem sie sich an die Gewohnheiten des Nutzers anpasst und lernfähig ist. Geschieht dies zu einer Zeit, in der der Nutzer noch relativ uneingeschränkt agieren kann, kann Technik bei Eintreten weiterer Beeinträchtigungen wichtige Funktionen übernehmen bzw. unterstützen. Drittens muss die Technik im historischen und ontogenetischen Kontext betrachtet werden, da davon auszugehen ist, dass nachkommende Generationen einen anderen Umgang mit Technik im Alter zeigen werden (hierbei ist an den oben genannten Begriff der Technikgenerationen zu denken). Auch sind in diesem Zusammenhang der längerfristige Nutzen oder das längerfristige Risiko zu beachten. So kann es sein, dass durch die Nutzung von Technik (z. B. GPS) bestimmte Ressourcen (z. B. kognitive Landkarten) verringert werden, weil die Technik die Aufgaben übernimmt. Andererseits können durch die Nutzung von Technik zusätzliche Ressourcen entstehen oder gefördert werden, wenn Entwicklungsreserven oder kognitive Potenziale aktiviert werden (Technik als Quelle von Plastizität).

Somit sollte Technik zum einen auf die Bedürfnisse älterer Menschen zugeschnitten sein, zum anderen die ältere Person dadurch jedoch nicht stigmatisieren. Das Design der Technik sollte unter ästhetischen Gesichtspunkten so gestaltet sein, dass die ältere Person sich die Technik gemäß ihres Selbstbildes auswählen kann (Zapf et al., 1994). Was die Nutzung technischer Hilfsmittel betrifft, beruht diese oftmals nämlich nicht auf einer freien Wahl, sondern eher auf deren Notwendigkeit. Neben dieser Angewiesenheit auf Technik trägt die Tatsache, dass das Design technischer Hilfsmittel oftmals nicht den ästhetischen Vorstellungen der potenziellen Nutzer entspricht, zusätzlich dazu bei, dass die Technik nicht als Statussymbol, sondern vielmehr als Stigmatisierungsgegenstand wahrgenommen wird.

5.4.4 Die Schnittstelle von Person und Technik

Beispiel:
▶ Beobachtet man heutzutage Kinder im Umgang mit Computern oder Mobiltelefonen, stellt man fest, dass für die meisten von ihnen die Handhabung dieser Technik völlig selbstverständlich und die Technik selbst ein z.T. wesentlicher Bestandteil ihres Alltags zu sein scheint. Im Vergleich dazu wirkt der Umgang älterer Menschen mit dieser Technik oftmals beschwerlicher und weniger selbstverständlich. ◀◀

Anhand dieses Beispiels wird deutlich, dass jede Generation im Laufe ihres Lebens durch andere Umstände und unterschiedliche technische Geräte beeinflusst wurde. Mollenkopf und Kaspar (2004) sprechen von einer erlernten Technikgrammatik, die für das Zurechtkommen mit moderner Technik entweder von eingeschränktem Nutzen oder gar kontraproduktiv sein kann. Sackmann und Weymann (1994) prägten in diesem Zusammenhang den Begriff der *Technikgenerationen*. Hat eine Person in ihrer formativen Periode Erfahrung mit den ersten Haushaltsgeräten (z.B. Waschmaschine und Staubsauger) gemacht, wie dies bei älteren Menschen häufig der Fall ist, wird sie Notebooks gegenüber womöglich ängstlicher und skeptischer sein als eine Person, die bereits während der Schulzeit ein eigenes Mobiltelefon oder einen Lerncomputer besaß. Docampo Rama, de Ridder und Bouma (2001) konnten nachweisen, dass ältere Personen, die in ihrer formativen Periode keine Erfahrungen mit Software-Oberflächen, wie beispielsweise der eines Videotelefons, machen konnten, im Umgang mit dieser Technik schlechter abschnitten als jüngere Personen, die entsprechende Kenntnisse haben. Doch unterscheiden sich nicht nur die Generationen voneinander, sondern es lassen sich auch innerhalb einer Generation technikaffine Personen von technikdistanzierten Personen differenzieren (siehe dazu auch den Abschnitt zu Rogers' Diffusions-Theorie).

Ein weiterer wesentlicher Faktor, der für den Gebrauch von Technik ausschlaggebend ist, ist deren wahrgenommener Nutzen (Melenhorst & Bouwhuis, 2004; Melenhorst, Rogers & Bouwhuis, 2006). Mitzner und Kollegen (2010) konnten in ihrer Studie nachweisen, dass die überwiegende Mehrheit der Probanden, obwohl sie sowohl Vor- als auch Nachteile der Technik wahrnahmen, den Nutzen größer als die Kosten einschätzte. Hinsichtlich des Internets nahmen die erwarteten Gewinne – eher als die erwarteten Schwierigkeiten – großen Einfluss auf dessen Nutzung. Der Hauptgrund, weshalb das Internet nicht genutzt wurde, war der, dass darin kein Nutzen gesehen wurde (Melenhorst & Bouwhuis, 2004). Die Entscheidung für oder die Anschaffung einer technischen Applikation richtet sich gerade bei den sogenannten *late adopters* nach dem wahrgenommenen individuellen (im Gegensatz zum potenziellen) Nutzen der Technik. Die Nutzen werden den Kosten, wie beispielsweise dem erforderlichen Übungs- und Trainingsbedarf, gegenübergestellt. Eine Anschaffung wird erst dann in Betracht gezogen, wenn die individuellen Vorteile die individuellen Nachteile überwiegen. Als Beispiel sei hier der Aspekt der Privatsphäre angeführt. Diesbezüglich konnte Courtney (2008) zeigen, dass der Aspekt der Privatheit eine Barriere für die Technikanschaffung bzw. -nutzung darstellte. Andererseits wurde der Verzicht auf Teile der Privatsphäre hingenommen, wenn dafür Unabhängigkeit in den eigenen vier Wänden aufrechterhalten bleiben konnte (Rogers & Fisk, 2010). Dabei spielten Bedenken hinsichtlich der Privatheit bei weniger invasiven Monitor-Verfahren eine weniger große Rolle (Caine, Fisk & Rogers, 2006). Auch wurde Technik nicht genutzt, wenn keine Auswirkungen auf die Lebensqualität wahrgenommen wurden (Day et al., 2001) oder wenn sie als nicht notwendig betrachtet wurde (Mann, Goodall, Justiss & Tomita). Mitzner und Kollegen (2010) konnten durch Fokusgruppen-Diskussionen herausfinden, dass eine positive Technikeinstellung damit zusammenhing, inwiefern die Technik in der Lage war, bestimmte Aktivitäten zu unterstützen, die Bequemlichkeit zu erhöhen, oder inwiefern sie sonstige nützliche Eigenschaften aufwies. Eine negative Einstellung war hingegen mit durch die Technik entstehenden Unannehmlichkeiten, nicht hilfreichen Komponenten sowie mit Bedenken hinsichtlich Sicherheit und Zuverlässigkeit assoziiert. Zudem wurde diejenige Technik positiv bewertet, die zu einer Steigerung der Effizienz beitragen konnte.

Im oben dargestellten Technology-Acceptance-Modell wird angenommen, dass der Gebrauch von Technik eine Funktion von empfundener Nützlichkeit und empfundener Leichtigkeit der Nutzung darstellt (Davis & Venkatesh, 1996). Die Entscheidung, ein Gerät zu kaufen oder zu nutzen, hängt auch im Modell vom Verhältnis zwischen erwarteten Kosten und erwarteten Nutzen ab (Goor & Becker, 2000). Für die Akzeptanz oder Nutzung von Technik ist es zudem von wesentlicher Bedeutung, dass eine entsprechende Motivation vorhanden ist oder geweckt werden kann. Als Voraussetzung dafür kann die Erfahrung oder antizipierende Vorstellung davon gelten, dass ein technisches Gerät merklich zur Steigerung der Lebensqualität beitragen kann. Die Skepsis gegenüber neuer Technik kann somit durch die Motivation und Aussicht auf Erhöhung der Lebensqualität überwunden werden (Zapf et al., 1994).

5.4.5 Die Rolle kognitiver Beeinträchtigungen

Was die Akzeptanz und Nutzung von Technik bei kognitiven Einbußen im Alter betrifft, zeigen zahlreiche Studien, dass Ältere auch bei vorliegenden kognitiven Einbußen oder im Vorfeld einer Demenz durchaus bereit sind, Technik einzusetzen (siehe z. B. Rogers & Fisk, 2006), wobei es zu berücksichtigen gilt, dass unterschiedliche Schweregrade der Demenz mit differierenden Bedürfnissen und demzufolge mit sehr verschiedenen Anforderungen an technische Innovationen einhergehen. Für Personen mit Demenz gibt es vielfältige Entwicklungen innovativer Technologien, die neben eher funktionalen Zielen, wie beispielsweise Sicherheit, auch nicht funktionale Ziele, wie beispielsweise Kommunikation und Anregung, verfolgen. Im Folgenden soll auf Ergebnisse von Studien eingegangen werden, die durch Beobachtungen oder Interviews versuchten, Informationen über die Technikbeurteilung von Personen mit Demenz selbst zu erhalten. Diese Herangehensweise ist eher selten (siehe Topo, 2009), da zumeist an Stelle der Personen mit Demenz Pflegende oder Angehörige zur Beurteilung der Technik herangezogen werden.

Nygård und Starkhammar (2007) konnten in ihrer qualitativ angelegten Studie zeigen, dass bei Personen mit einer frühen Form von Demenz Schwierigkeiten nicht nur im Umgang mit neuartigen Technologien (z. B. Mobiltelefone), sondern auch mit bereits bekannten Technologien (z. B. Fernseher) auftreten. Die berichteten und beobachteten Schwierigkeiten wurden vier Bereichen zugeordnet, darunter z. B. eingeschränktes Wissen der Person über die Technik und ihre Möglichkeiten oder Probleme bei der Nutzung der Bedienungsanleitung. Topo und Kollegen (2004) untersuchten in Tageseinrichtungen in verschiedenen Ländern, ob und inwiefern Personen mit Demenz das sogenannte *Picture Grammophone*, mit dem über Touch Screen Musik ausgewählt und abgespielt werden kann, nutzen. Die Ergebnisse der Einschätzung von Pflegemitarbeitern deuten darauf hin, dass die Mehrheit der Personen mit Demenz von der Nutzung des Geräts profitierte und sich die Nutzung der Technik positiv auf die Stimmung und soziale Interaktionen auswirkte. Die Angaben der Pflegemitarbeiter stimmten gut mit den Angaben der Personen mit Demenz überein.

Baruch und Kollegen (2004) untersuchten in einer Fallstudie im häuslichen Bereich das Potenzial eines Computer-Bildschirms zur Unterstützung der zeitlichen Orientierung einer Person mit leichter Demenz. Seit Einführung der Technik ließen die nächtlichen Anrufe der Person bei den Angehörigen fast vollständig nach und die Person wirkte sehr viel weniger gestresst. Welche Effekte jedoch tatsächlich auf die Einführung der Technik zurückzuführen sind, muss in weiterführenden Studien untersucht werden.

Werden technische Lösungen adäquat und den Bedürfnissen des Nutzers entsprechend eingesetzt (Rogers & Fisk, 2010), können diese entscheidend dazu beitragen, ein selbstständiges Leben in der eigenen Häuslichkeit weiterhin zu ermöglichen und zu unterstützen sowie die Lebensqualität pflegebedürftiger Menschen und Pflegender in sowohl häuslichen als auch institutionellen Kontexten zu fördern. Im Sinne eines konstruktiven Alterns bietet Technik somit vielfältige Potenziale zur Mit- und Selbstgestaltung und kann als potenzieller Entwicklungskontext angesehen werden (Wahl, Oswald et al., 2010).

5.5 Kritische Betrachtung des Einsatzes von Technik im Alter

In den letzten Jahren findet zunehmend mehr eine ethische und moralische Diskussion über Technik und deren Einsatz statt, die von einer strikten Ablehnung der Technik bis hin zu der Sichtweise reicht, dass man den Menschen Technik nicht vorenthalten dürfe (Heeg et al., 2007). Unbestritten birgt der Einsatz von

5.5 Kritische Betrachtung des Einsatzes von Technik im Alter

Technik vielfältige Potenziale zur Mit- und Selbstgestaltung in sich, doch wäre es zu kurz gegriffen, dem Technikeinsatz ausschließlich positive Konsequenzen zu attestieren. Insbesondere hinsichtlich der mit dem demografischen Wandel einhergehenden proportional steigenden Anzahl an älteren Menschen und damit verbunden dem drohenden Mangel an benötigten Pflegekräften, wäre es fatal, den Einsatz von Technik als Lösung dieses (personellen und finanziellen) Problems zu werten. Bei all den positiven Aspekten eines Technikeinsatzes, die in den vorherigen Abschnitten bereits anklangen, müssen für ein umfassendes Technikverständnis immer auch die kritischen Aspekte mitgedacht werden, von denen auf einige im Folgenden eingegangen wird.

Der im vorherigen Abschnitt erwähnte Einsatz von Robotertieren führt zum Beispiel unweigerlich zu der Frage, ob es ethisch vertretbar ist, den zumeist kognitiv beeinträchtigten Personen eine Technik darzubieten, die so lebensecht agiert, dass sie die betroffene Person womöglich glauben lässt, es handle sich um ein lebendiges Wesen. Andererseits lässt sich das Argument anführen, dass ein Robotertier zur Erhaltung der Lebensqualität beitragen kann und es dabei gleichgültig ist, ob es sich um ein Lebewesen handelt oder nicht, da es schließlich auf das Ergebnis, die Förderung des Wohlbefindens, ankomme. Ein weiterer, kritisch zu betrachtender Aspekt, ist der der Privatheit. Seitens des älteren Menschen ist es durchaus nachvollziehbar, dass er auf Teile seiner Privatheit verzichtet, um dafür in den eigenen vier Wänden wohnen bleiben zu können. Doch fraglich ist, ob sich die (älteren) Techniknutzer tatsächlich über das trotz der vorhandenen Technik bestehende Restrisiko (z. B. Sturzgefahr) bewusst sind. Vielleicht verleitet sie der Technikeinsatz dazu, sich selbst zu überschätzen und gewisse Risiken zu unterschätzen? Eng mit der Privatheit verbunden ist zudem die Frage, was mit den durch die Technik gewonnenen Daten geschieht und auf welche Weise diese Informationen genutzt werden. In jedem Falle muss diesbezüglich eine umfassende und vor allem transparente Aufklärung sowie ein Verständnis des Techniknutzers sichergestellt werden. Da ein einwandfreies Funktionieren von Technik nie garantiert werden kann, wäre vorab von juristischer Seite zu klären, wer im Falle von Schäden, verursacht durch eine fehlerhafte Funktionsweise der Technik, haftbar gemacht werden kann. Diskussionswürdig ist sicherlich auch der finanzielle Aspekt, der bei nahezu allen Entscheidungen für oder wider eine Technik mitschwingt. Insbesondere in Zusammenhang mit dem sich abzeichnenden Pflegenotstand rückt das Argument, durch den Einsatz von Technik, insbesondere im institutionellen Kontext, Kosten einsparen zu können, in den Vordergrund. Doch wird durch den Technikeinsatz die Pflegesituation in Heimen tatsächlich optimiert, oder kommt es doch, wie häufig befürchtet, zu Personaleinsparungen und damit verbunden zu einem Abbau von Sozialkontakten? Da Technik nur selten vom Gesundheitssystem finanziert wird, äußern (potenzielle) Nutzer von Technik häufig Sorgen bezüglich der Finanzierung der Technik sowie der damit verbundenen Dienstleistungen (Stickel, Ryan, Rigby & Jutai, 2002). Sollten technische Systeme nicht durch bspw. Kranken- oder Pflegekassen finanziert bzw. finanziell unterstützt werden, könnte der persönliche ökonomische Reichtum in Zukunft womöglich ausschlaggebend dafür sein, ob man sich technische Unterstützungsmöglichkeiten leisten kann oder nicht.

Der Einsatz von Technik zur Verbesserung der Lebensqualität von Menschen mit kognitiven Beeinträchtigungen, insbesondere Demenz, wird sowohl im Hinblick auf private wie auf institutionelle Kontexte zwar grundsätzlich positiv eingeschätzt, aber auch kontrovers diskutiert (Heeg et al., 2007). So wird nach einer umfassenden Zusammenschau von Praxisbeispielen und technischen Innovationen von Heeg und Kollegen (2007) betont, dass »*trotz noch bestehender technischer Unzulänglichkeiten und ethischer Dilemmata die Lebensqualität von Personen mit Demenz sowie der im pflegerischen Umfeld tätigen Personen durch den Einsatz von Technik im privaten wie institutionellen Wohnbereich beträchtlich erhöht werden kann*« (ebd., S. 109). Als Orientierung für einen Technikeinsatz werden die Lebensqualitätsdimensionen nach Lawton (2001) vorgeschlagen. Demzufolge würden als Ziele des Technikeinsatzes u. a. die Verbesserung oder der Erhalt von Autonomie, Privatheit, Würde, Religiosität, funktionaler Kompetenz, Wohlbefinden, Sicherheit und Orientierung, sozialen Kontakten, Individualität und Identität gelten. Anhand dieser Aufzählung wird bereits deutlich, dass Technik bei kognitiven Einbußen zum einen Ziele der funktionalen Unterstützung und Kompensation verfolgen sollte (z. B. Steigerung der Hörfähigkeit durch High-Tech-Hörgeräte), zum anderen aber auch Aspekte der Anregung und Lebensbereicherung (z. B. Steigerung sozialer Kontakte durch E-Mail-Kommunikation) (Heeg et al., 2007). Was eine zusammenfassende Bewertung der Chancen und Grenzen des Technikeinsatzes bei kognitiven Beeinträchtigungen angeht, müssen zum jetzigen Zeitpunkt (noch) einige nicht unerhebliche Kritikpunkten aufgeführt werden.

Heeg und Kollegen (2007) sehen in dreierlei Hinsicht Probleme im Hinblick auf einen Einsatz von Technik bei Demenz. Erstens hinsichtlich der Funktionszuverlässigkeit und des Versagens von Technik sowie mangelnder Standards und Gütekriterien für deren Einsatz. Da neben einer einfachen Handhabung eine zuverlässige Funktionsweise ausschlaggebend für die Technikakzeptanz seitens des Nutzers ist, besteht in diesem Bereich noch weiterer Optimierungsbedarf (z. B. Orpwood et al., 2004). Zweitens bestehen aufgrund methodischer Probleme und z.T. kleiner Fallzahlen Zweifel an der Generalisierbarkeit und Validität heute eingesetzter technischer Systeme (siehe auch Topo et al., 2004). Und drittens betonen die Autoren die unzureichende ethische Diskussion, insbesondere im Hinblick auf den Einsatz von Sicherheits- und Überwachungssystemen bei Demenz (z. B. Marshall, 1996). In diesem Zusammenhang sollte ein Ziel darin bestehen, die betroffenen Personen – und dies gilt nicht nur für potenzielle Nutzer mit kognitiven Beeinträchtigungen – so früh wie möglich in den Entscheidungsprozess für oder gegen den Einsatz von Technik einzubeziehen. Auch andere Autoren, wie beispielsweise Marshall (1996) oder Topo (2009), beschreiben das Gebiet des Technikeinsatzes bei kognitiven Beeinträchtigungen als vielfältig, jedoch bisher als zu einseitig untersucht. Eine Zusammenschau aktueller Befunde zum Thema Technik bei Demenz auf der Basis von insgesamt 66 verwertbaren Untersuchungen der Jahre 1992 bis 2007 ergab, dass seitens der betroffenen Personen mit Demenz in der Regel nur die Aspekte Sicherheit und Verhaltensauffälligkeiten (Antriebsstörungen, Unruhe, Wandern) im Mittelpunkt stehen und bei Untersuchungen zum Wohlbefinden häufig das Wohlbefinden der Pflegenden betrachtet wird, das psychisches Wohlbefinden der Betroffenen dagegen kaum thematisiert wird. Andere Themen, wie Kommunikation, soziale Partizipation, bedeutsame Aktivitäten oder Anregung, kommen in empirischen Untersuchungen ebenso häufig zu kurz (Topo, 2009). Zudem waren die meisten Studien im Bereich des institutionellen Wohnens angesiedelt (48,5 %) und nur zehn von 66 Studien widmeten sich ausdrücklich dem privaten Wohnen, obgleich in der BRD ungefähr die Hälfte der Personen mit Demenz zu Hause versorgt wird (Gutzmann & Zank, 2005). In diesem Zusammenhang wird ebenfalls kritisiert, dass die Personen mit Demenz selbst, ihre Technikbedürfnisse, ihr Nutzungsverhalten oder ihr Technikerleben nur selten untersucht werden (als Ausnahme z. B. Baruch et al., 2004) und dass in den meisten Studien der potenzielle Einfluss von Umweltfaktoren für die Techniknutzung zu wenig Beachtung findet. Zudem wird die Diagnose der Demenz häufig lediglich anhand zwar gängiger, aber tendenziell oberflächlicher Screening-Verfahren gestellt (z. B. der Mini Mental State Examination nach Folstein, Folstein & McHugh, 1975).

Abschließend lässt sich schlussfolgern, dass zum einen bei all dem Potenzial, das Technik mit sich bringt, ihr Einsatz stets kritisch hinterfragt werden sollte, um den Bedürfnissen des (älteren) Nutzers gerecht zu werden. Zum anderen sollte ein Augenmerk darauf liegen, die ältere Person selbst und ihre (pflegenden) Angehörigen über technische Möglichkeiten zu informieren und aufzuklären sowie entsprechende Finanzierungsmöglichkeiten zu schaffen, um ein selbstbestimmtes selbstständiges Leben möglichst optimal (technisch) unterstützen zu können.

5.6 Interventionsperspektiven

Entgegen der oftmals verbreiteten Meinung, ältere Menschen seien Technik gegenüber generell sehr negativ oder kritisch eingestellt, konnte in empirischen Arbeiten mehrfach nachgewiesen werden, dass Ältere durchaus bereit sind, Technik zu nutzen (z. B. Rogers & Fisk, 2010). Dass dies auch für die Gruppe der Personen mit kognitiven Beeinträchtigungen gilt, wiesen Hanson und Kollegen (2007) nach, die von der Entwicklung eines auf den Bedürfnissen und Wünschen von Personen mit leichter Demenz basierenden Computer-Programms berichten. Nach Anwendung des Programms und begleitenden Diskussionsgruppen über einen Zeitraum von 12 Wochen zeigte sich, dass die Personen mit leichter Demenz aktiv in das Erlernen und die Nutzung des Computer-Trainings eingebunden werden konnten. Das Programm regte zum Erfahrungsaustausch an und neu erlernte Fähigkeiten führten zur Erhöhung des sozialen Status. Als relevant für die Technikakzeptanz wurden die begleitenden Diskussionsgruppen betrachtet sowie ausreichende Zeitkontingente, adäquate Unterstützung durch andere und ausreichende Wiederholungen. Was die Nutzung des Internets betrifft, gibt es die

Forderung nach speziellen Programmierungen, um auch diese Technik für ältere Menschen attraktiv zu machen (Marx et al., 2005).

Im Vergleich zu jüngeren Personen haben ältere mehr Probleme, sich mit den technischen Systemen vertraut zu machen. Sie gewöhnen sich langsamer an die neue Technik und berichten häufiger von Angst oder Frustration im Umgang mit dieser (Rogers & Fisk, 2010). Ein Großteil der Probleme, die Ältere mit Technik haben, kann jedoch durch passendes Design und adäquates Training ausgeräumt werden. Dabei sollte das Training auf nachlassende Fähigkeiten achten und diese so gut wie möglich kompensieren. Für die Akzeptanz ist es ratsam, ältere Personen in noch gesunden Lebensphasen langsam an die Technik heranzuführen und sie durch unterstützendes Training, Ermutigung und qualifizierte Beratung zu unterstützen. Dadurch können Vorurteile vorweggenommen und eine Vertrautheit mit Technik hergestellt werden, damit diese dann auch im höheren Alter, wenn womöglich Kompetenzeinbußen vorhanden sind, noch genutzt werden kann. Die Erfahrung mit Technik spielt auch insofern eine wesentliche Rolle, als eine größere Erfahrung mit geringerer Angst vor Technik einhergeht (Niemelä-Nyrhinen, 2007). Ob dabei eine größere Erfahrung zu einer Angstreduktion führt oder aber ob eine geringere Angst mit einer größeren Erfahrung einhergeht, ist aufgrund der Plausibilität beider Annahmen noch nicht abschließend geklärt.

Für den Bereich des Wohnens ergeben sich durch assistive Technologiesysteme völlig neue Möglichkeiten der Selbstständigkeit und Unabhängigkeit trotz des Vorliegens sensorischer, motorischer oder kognitiver Einbußen. »Ambient Assisted Living (AAL)«, »Intelligentes Wohnen« oder »Smart Home« stehen für technische Assistenzsysteme, die den individuellen Bedürfnissen und Notwendigkeiten entsprechend im häuslichen Umfeld flexible und modular aufgebaute technische Lösungen bereitstellen (z.B. Sensoren zur Erfassung von Gefahrensituationen, Bildtelefonie zur Kontaktaufnahme mit Angehörigen). Bundesweit finden sich mittlerweile Modellhäuser (»Living Labs«), die die Umsetzung dieser assistiven Technologien aufzeigen und für die potenziellen Nutzer erfahrbar machen. Zwar mangelt es noch an der Nachhaltigkeit und Marktfähigkeit solcher technischer Systeme sowie an finanzierbaren Geschäftsmodellen, doch entstehen auf kommunaler Ebene vielversprechende neue Konzepte, bspw. in Kooperation mit Wohngenossenschaften, sodass ältere Privathaushalte mit geringen Mehrkosten AAL-Produkte nutzen können.

Hinsichtlich der Technikimplementierung und -nutzung im Bereich der ambulanten und institutionellen Pflege sollte ein Augenmerk darauf liegen, auf die potenziellen Nutzer zuzugehen und sie über entsprechende technische Möglichkeiten zu informieren und aufzuklären. Insbesondere im privaten Kontext ist noch immer wenig Wissen über die Verfügbarkeit technischer Assistenzsysteme, deren Einsatz- und mögliche Finanzierungsmöglichkeiten vorhanden. Möglicherweise könnten Beratungsstellen als Vermittler zwischen Hersteller und Pflegebereich fungieren. Im Bereich des institutionellen Wohnens sollte Technik wohlüberlegt in das Gesamtkonzept eingebunden und idealerweise von einer (Prozess-)Evaluation begleitet werden. Dabei sind sowohl soziale und psychologische als auch fachlich pflegerische und im engeren Sinne auf die persönliche Einstellung zur Technik bezogene Aspekte zu beachten. Unabhängig von der Umgebung, in der

Technik zum Einsatz kommt, sollte ihre Implementierung stets begleitet sein von einem dem Nutzer angepassten Training.

> **Fragen zur inhaltlichen Reflexion**
>
> Mit den nun folgenden Fragen, die das vorangegangene Kapitel zur Reflexion stellen, möchten wir Sie dazu einladen, sich etwas Zeit zu nehmen und sich noch einmal auf die gelesenen Inhalte einzulassen. Bitte notieren Sie eigene Überlegungen zu den folgenden Fragen.
>
> 1. Nennen Sie Kriterien zur Klassifikation von Technik.
> 2. Was ist unter der Diffusion einer Technik zu verstehen und was besagt Rogers Theorie der Diffusion of Innovation?
> 3. Welche Faktoren können sich auf die Technikakzeptanz auswirken?
> 4. Welches Potenzial bietet Technik für den häuslichen und institutionellen Bereich?
> 5. Welche Kritikpunkte lassen sich hinsichtlich des Einsatzes von Technik anführen?

Weiterführende Literatur

Claßen, K. (2012). Technik im Alltag. In H.-W. Wahl, C. Tesch-Römer & J. Ziegelmann (Eds.), *Angewandte Gerontologie: Interventionen für ein gutes Altern in 100 Schlüsselbegriffen* (S. 499–506). Stuttgart: Kohlhammer.

Schulz, R. (Ed.). (2013). *Quality of Life Technology Handbook*. Boca Raton, Florida: Taylor & Francis Group.

Wahl, H.-W., Claßen, K. & Oswald, F. (2010). Technik als zunehmend bedeutsame Umwelt für Ältere: Ein Überblick zu Konzepten, Befunden und Herausforderungen. In U. Fachinger & K.-D. Henke (Eds.), *Der private Haushalt als Gesundheitsstandort. Theoretische und empirische Analysen* (S. 15–32). Baden-Baden: Nomos.

6 Medien im Alter

6.1 Einleitung und übergreifende theoretische Einordnung

Medien nehmen im Alltag einen breiten Raum ein – etwa zehn Stunden verbringen erwachsene Personen im Durchschnitt täglich mit Medien wie Fernsehen, Radio, Zeitung, Internet und Bild- und Tonträgermedien (Doh, 2011b). Bei älteren Menschen entfällt die Mediennutzung – aufgrund der nachberuflichen Lebensphase – vorrangig auf den Freizeitbereich und das häusliche Umfeld. Doch finden sich innerhalb dieser Altersgruppe eine Vielfalt an unterschiedlichen Nutzungsmustern und -präferenzen sowie Einstellungen zu den Medien.

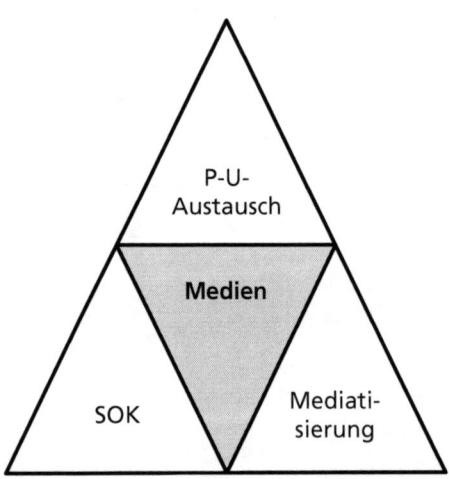

Zur Erklärung des Mediengebrauchs können sogenannte nutzungsorientierte Ansätze (▶ Kap. 6.5.3) herangezogen werden, die dem *Modell des Person-Umwelt-Austauschs (Agency & Belonging)* entsprechen: Medien werden aktiv und intentional zur Befriedigung von Bedürfnissen genutzt. Vehaltensbezogene Prozesse des Mediengebrauchs umfassen Aspekte der Mediennutzung und der Medienkompetenz. Frau Schulz hat über die Jahrzehnte hinweg eine beträchtliche

Ansammlung an Mediengeräten in ihrer Wohnung stehen: mehrere Radiogeräte, Zeitungen, Zeitschriften, zwei Regale voller Bücher, einen Schallplattenspieler mit einer große Klassikplattensammlung ihres Mannes sowie diverse CDs und Videos, die sie zumeist von ihren Kindern und Enkelkindern geschenkt bekam. Und natürlich ein Fernsehgerät – das erste gab es 1961, damals noch ein Schwarz-Weiß-Gerät mit nur einem Programm. Einen Telefonanschluss kam erst 1970 ins Haus und letztes Jahr schließlich auch ein Mobiltelefon. Frau Schulz nutzt es zwar nur als eine Art Notruf, doch gibt es ihr ein Gefühl von Autonomie und Sicherheit. Nahezu täglich nutzt sie die ihr seit Jahrzehnten vertrauten Massenmedien Fernsehen, Radio und eine Auswahl abonnierter Tageszeitungen, Programm- und Boulevardzeitschriften. Erlebensbezogene Prozesse (Belonging) beschreiben hingegen die subjektive Einstellung und Bindung zu Medien sowie deren zugeschriebenen Funktionen und Images (▶ **Kap. 6.5**). So nutzt Frau Schulz noch immer am liebsten und ziemlich häufig das Fernsehen, da es wie kein anderes Medium informiert, bildet und zum sozialen Austausch mit Bekannten anregt, Alltagsorientierung bietet, unterhält, Spaß macht und das Gefühl gesellschaftlicher Teilhabe vermittelt. Gerne sieht sie ihren Regionalsender der öffentlich-rechtlichen Anstalten, da hier öfter Sendungen aus ihrer alten Heimat kommen. Das Fernsehen ist für sie nicht nur ein Tor zur Welt, sondern speziell auch ein Fenster zur Nahwelt, das ihr Identität und gesellschaftliche Verbundenheit vermittelt. Hingegen fällt es ihr noch schwer, für den PC, den sie vor Wochen von ihrem Sohn bekommen hat, zusätzlich einen Internetanschluss legen zu lassen. Immerhin könnte sie damit Kontakt zu ihrer Enkeltochter halten, die demnächst auf Weltreise geht.

Diese Heterogenität im Umgang mit Medien gründet auf medienbiografischen und soziodemografischen Aspekten wie Bildung und Geschlecht, gleichwohl aber auch auf entwicklungspsychologischen Veränderungsprozessen. So änderten sich im Lebenslauf von Frau Schulz Entwicklungsaufgaben, Interessen und Bedürfnisse, was sich auf die Mediennutzung auswirkte. Dabei kommen mit zunehmendem Alter person- und umweltbedingte Anpassungsprozesse zum Tragen. Im Sinne der *Theorie der selektiven Optimierung mit Kompensation* finden sich empirische Befunde, wonach ältere Menschen gezielt selektiv (mehr) fernsehen, um sich entweder zu informieren oder gemeinsam mit Enkelkindern fernsehen, um sozialen Kontakt zu pflegen (van der Goot, Beentjes & van Selm, 2006). In der Altersgruppe der über 80-Jährigen finden sich Belege dafür, dass sich der Medienumfang reduziert und stark auf das häusliche Umfeld konzentriert (Doh, 2011b). Frau Schulz hört beispielsweise keine Schallplatten mehr, da ihr die Musik aus ihrem präferierten Radiosender ausreicht. Sie informiert sich verstärkt über das Fernsehen, zum einen, da sie das Lesen der Tageszeitung Mühe kostet. Zum anderen hat sie durch den neuen großen Flachbildschirm auch wieder Lust bekommen, Opern und Theateraufführungen anzuschauen. Zur kognitiven Anregung verfolgt sie zudem gerne Quizsendungen. Da sie ein offener Mensch ist, denkt sie über die Möglichkeit nach, sich einen Internetanschluss legen zu lassen, und manchmal auch darüber, sich vielleicht sogar ein Smartphone anzuschaffen. Immerhin hat sie über ihre Freundin mitbekommen, was man mit solch einem Gerät alles machen kann und wie erstaunlich gut die damit aufgenommenen Fotos werden. Insofern können auch neue Medien im Sinne des SOK-Modells genutzt werden: zur gesellschaftlichen Teilhabe, zur Kommunikation mit Freunden und Familienangehörigen, zur kreativen und kognitiven Stimulanz (▶ Kap. 6.6.1).

Darüber hinaus sind neue Medien Ausdruck eines kontinuierlichen Veränderungsprozesses medialer Umwelten. Computer, Internet und Smartphones bieten für Frau Schulz neue Möglichkeiten und Erweiterungen zur Information und Kommunikation, doch gleichzeitig üben diese Innovationen auf sie als unerfahrene Novizin einen psychischen und sozialen Umweltdruck aus – sie fühlt sich unsicher, obwohl ihre gleichaltrige Freundin diese Medien mittlerweile wie selbstverständlich nutzt. Doch offensichtlich gehört zu einem lebenslangen Lernen auch der Bereich der neuen Medien, denn in immer kürzeren Abständen werden neue mediale Innovationen im Alltag präsent werden. Dies soll der nun folgende Abschnitt, in dem ausführlich auf das Konzept der *Mediatisierung* eingegangen wird, aufzeigen.

6.2 Mediatisierung: Dynamisierung medialer Entwicklung und ihrer Nutzung

Die Entwicklung der Kommunikationsmedien lässt sich nach Krotz (2007) als Metaprozess der »Mediatisierung« beschreiben, innerhalb dessen die seit den 1980er Jahren stattfindende »Digitalisierung« einen weiteren epochalen Innovationsschub darstellt, wie zuvor die Verbreitung von Schrift, Buchdruck und elektronischen Medien (▶ Kap. 2.2). Es lassen sich zwei dynamische Entwicklungslinien ausmachen: 1) eine zunehmende Geschwindigkeit an medialen Innovationen und deren Modifizierungen sowie 2) eine zunehmende (globale) Verbreitungsgeschwindigkeit in der Adoption (Anschaffung) und Nutzung solcher Innovationen.

6.2.1 Produktbezogene Innovationsdynamik

Innerhalb der etwa eine Million Jahre andauernden Kulturgeschichte des Menschen kamen Informations- und Kommunikationsmedien erst spät hinzu. Vor etwa 30 000 Jahren wurden als erstes Schreibmedium Wände genutzt, Druckmedien entstanden im 15. Jahrhundert. Erst mit Beginn des elektronischen Zeitalters Mitte des 20. Jahrhundert nahm die Dynamik an medialen Innovationen stark zu. Durch die Digitalisierung hat sich seit den 1990er Jahren diese Dynamik weiter beschleunigt (▶ Abb. 6.1). Vergleicht man die Evolution der Kommunikation mit einem 24-Stunden-Tag, so kommt laut Schramm (1981) die Sprache um 21.33 Uhr auf, gefolgt von der Schrift um 23.52 Uhr und dem Buchdruck um 23.59 Uhr. Vier Sekunden vor Mitternacht entstehen das Fernsehen und eine Sekunde später der Computer.

6.2 Mediatisierung: Dynamisierung medialer Entwicklung

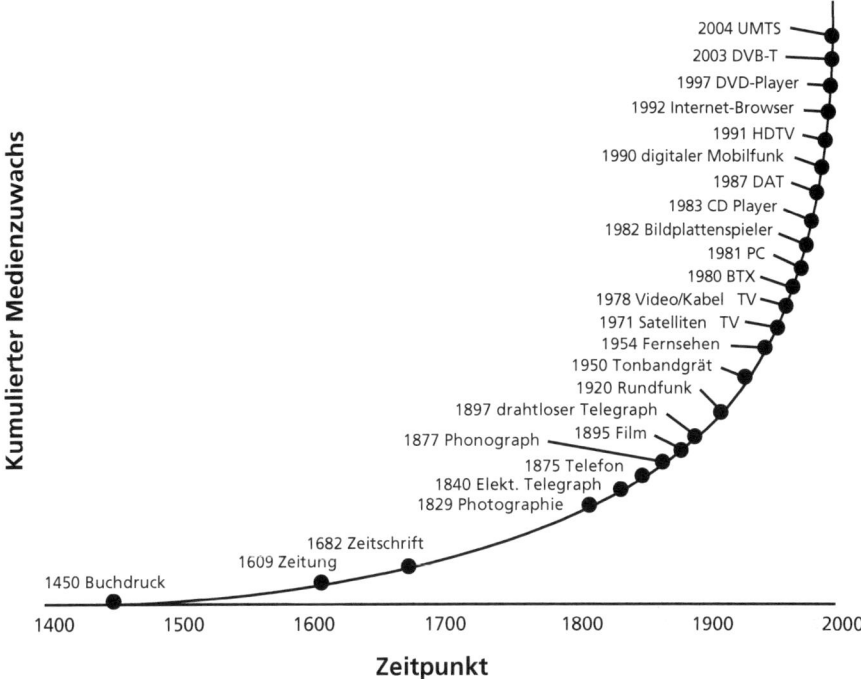

Abb. 6.1: Entwicklung von Medien seit 1450 (aus Jäckel, 2008, S. 29; mit freundlicher Genehmigung von Springer Science and Business Media)

Der Transformationsprozess von analogen zu digitalen Medienumwelten erstreckt sich mittlerweile auf alle Lebensbereiche. Durch Vernetzung, Multimedialität, Interaktivität und Mobilität entstehen neue mediale Umwelten, die das Verhältnis der Kommunikation in Raum und Zeit verändern. Zum Fernsehen als Schlüsselmedium des analogen Medienzeitalters tritt nun das digitale Schlüsselmedium Internet hinzu. Offen bleibt, inwiefern sich dadurch das Mediensystem verändern wird.

Es kommen aber nicht nur immer mehr Innovationen digitaler Medien hinzu und erweitern auf diese Weise das Medienrepertoire. Durch die rasante Weiterentwicklung der Mikroelektronik und Computertechnologie entstehen in immer kürzeren Abständen neue Generationen dieser medialen Produkte. Allein zwischen 1995 und 2010 entwickelte sich für Computer die Speicherkapazität von 16 Megabytes auf 16 Gigabytes um den Faktor 1 000, und die Prozessorleistung stieg von 100 MIPS auf 10 GIPS um den Faktor 100 – bei gleichzeitig sinkenden Kosten. Heutige gebräuchliche Computer hätten in den 1980er Jahren noch viele Millionen Euro gekostet. Experten gehen davon aus, dass diese Innovationsdynamik noch mindestens bis 2030 anhalten wird (Hörbst, 2003). Dies hat zur Folge, dass für Medien wie Computer, Internet und Mobilfunk innerhalb weniger Jahre neue Modell-Generationen, Updates und Applikationen entwickelt werden.

Erklärung
▶ Geradezu beschaulich wirkt die Entwicklung des Fernsehens in Deutschland seit den 1950er Jahren. 1952 begann das Schwarz-Weiß-Fernsehen mit der ARD als dem einzigen Sender, der täglich zwei Stunden Programm ab 20 Uhr sendete. 1963 kam mit dem ZDF ein zweiter Sender hinzu, ab 1964 die ersten Regionalsender. Das Farbfernsehen entstand 1967, die Fernbedienung für mehr Komfort gab es ab 1978. Im Jahre 1984 wurde durch die technische Innovation neuer Übertragungswege wie Kabel und Satellit das duale Rundfunksystem eingeführt. Das Senderangebot wuchs auf über 20 an und das Programmangebot erstreckte sich auf 24 Stunden. Durch die Digitalisierung Anfang dieses Jahrhunderts erweiterte sich zum einen das Angebot beträchtlich. Im Jahre 2011 konnten im Durchschnitt 78 Sender in einem deutschen Haushalt empfangen werden (Zubayr & Gerhard, 2012). Zum anderen veränderte sich durch Flachbildschirme, 3D-Fernsehen und Smart-TV (internettaugliches Fernsehgerät) die Fernseh-Rezeption.

Im Gegensatz dazu hat das Internet mit der weltweiten Zugänglichkeit des World Wide Web im Jahre 1991 eine rasante Entwicklung in Angebot und Nutzung genommen. Zunächst wurde es im Arbeitskontext zum Datenaustausch genutzt, bevor es sich Ende der 1990er Jahre auch auf privathäusliche Umwelten ausweitete und in den letzten Jahren zum mobilen Medium avancierte. Anfangs standen Anwendungen wie E-Mail und Suchmaschinen im Vordergrund, bevor Dienste wie Online-Commerce und Online-Banking hinzukamen. Soziale Medien als »Mitmachnetz«, in dem der Nutzer zum aktiven Produzenten von Texten, Bildern und Videos wird, ist ein relativ junges Massenphänomen der letzten zehn Jahre. Exemplarisch für die hohe Dynamik in Angebot und Nachfrage sei auf »Facebook« verwiesen. Dieses soziale Netzwerk entstand im Jahre 2004 und besitzt mittlerweile über eine Milliarde Mitglieder; über 22 Millionen davon stammen aus Deutschland (http://de.wikipedia.org/wiki/Facebook). Umgekehrt können Applikationen und Internetdienste auch innerhalb kürzester Zeit an Interesse verlieren. Mediatisierung nach Krotz (2007) beinhaltet eine Offenheit in der Entwicklung digitaler Medien, ihrer Angebote und Dienste. Die dynamische Entwickelung des Internets bleibt erhalten, z. B. werden durch das Aufzeichnen und Analysieren des individuellen Nutzungsverhaltens neue Vermarktungsmöglichkeiten entstehen (»Semantisches Web«). Auch könnte sich das Internet von einem offenen zu einem geschlossenen (und kostenpflichtigen) System entwickeln, wie es Wu (2010) prophezeit. ◀◀

6.2.2 Nutzungsbezogene Diffusionsdynamik

Wie das Beispiel »Facebook« zeigt, geht mit der Mediatisierung auch eine Dynamisierung in der Verbreitung und Nutzung digitaler Medien einher. So stieg die globale Nutzung des Internets seit 1995 stetig an: Die Anzahl der Onliner erhöhte sich von 16 Millionen auf eine Milliarde im Jahr 2005, auf zwei Milliarden im Jahr 2010 und auf 2,4 Milliarden im Jahr 2013 (Internet World Stats, 2013). Noch rasanter verläuft die Ausstattung mit Mobiltelefonen: 2001 gab es eine Milliarde Mobiltelefon-Verträge, 2005 bereits über zwei Milliarden und 2011 waren es knapp drei Milliarden (ITU, 2011). Im Vergleich dazu dauerte es Jahrzehnte bis das Fernsehen zu einem massenhaft genutzten Medium wurde.

Auch ältere Menschen nehmen an dieser Entwicklung aktiv teil, wie Diffusionsanalysen zu digitalen Medien offenlegen (▶ Kap. 6.5.1). Doch nimmt durch die Dynamisierung veränderter medialer und technisierter Umwelten der Umweltdruck zu. Lebenslanges Lernen wird folglich auch in Bezug auf veränderte Medienumwelten eine zentrale Komponente für ein erfolgreiches und gelingendes Altern. Um einer sozialen Exklusion entgegenzuwirken, reicht es nicht aus »drin zu sein«, man muss auch bestrebt bleiben »dran zu bleiben«. Doch bestehen für viele ältere Menschen weiterhin vielfältige umwelt- und personenbezogene Barrieren, die einem Zugang und einer kompetenten Nutzung neuer Medien entgegenstehen (▶ Kap. 6.6.3).

6.3 Begrifflichkeit und Klassifikation von Medien

Beschäftigt man sich mit dem Bereich Medien, stellt sich zunächst die Frage, was Medien, mediale Umwelten und mediale Welten überhaupt sind. Den Begriff »Medium« konzeptionell zu fassen, ist ein schwieriges Unterfangen (http://¬de.wikipedia.org/wiki/Medium_(Begriffskl%C3%A4rung). Aus dem Lateinischen stammend, bedeutet es »Mitte«, »Mittelpunkt« oder sinngemäß »Vermittelndes«. Je nach Disziplin kann darunter ganz Unterschiedliches verstanden werden. So sieht die Physik im Medium ein Material, in dem sich Wellen ausbreiten, die Chemie hingegen einen Stoff, der andere Stoffe aufnehmen kann (Dispersionsmedium). Aus pädagogisch-didaktischem Blickwinkel gelten Medien als Lern- und Lehrmittel. Unterscheiden kann man des Weiteren zwischen einem Medium als stofflichem Vermittler – wie Luft oder Wasser – und einem Medium als Informationsübermittler. Letztere Definition wird von der Medien- und Kommunikationswissenschaft verwendet im Sinne von technischen Informations- und Kommunikationsmitteln. Hierzu zählen Massenmedien wie Printmedien (z. B. Zeitung, Zeitschriften, Bücher, Plakate), elektronische Medien (z. B. Fernsehen und Hörfunk), digitale Medien im Sinne von Internetdiensten (z. B. WWW, E-Mail) sowie sogenannte Soziale Medien (z. B. soziale Netzwerke, Videoportale, Online-Enzyklopädien). Aber auch Festnetz- und Mobiltelefon, Computer sowie audiovisuelle Datenträger wie DVD-/Blu-ray-Player und -Recorder und akustische Datenträger wie CD-/MP3-Player, Schallplattenspieler oder Kassettenrekorder zählen zu den technischen Informations- und Kommunikationsmedien.

In diesem Zusammenhang ist auch die Klärung des Unterschieds zwischen »medialen Umwelten« tund »medialen Welten« von Bedeutung. Mediale Umwelten umfassen alle räumlich-dingliche Kontexte, in denen Medien vorkommen und genutzt werden. Sei es das Wohnzimmer mit Fernsehgerät, das Radiogerät in der Küche, der Computer mit Internetanschluss im Arbeitszimmer, das Autoradio im PKW, das E-Book unterwegs in der Straßenbahn und das Mobiltelefon präsent am Körper. Mediale Welten beziehen sich hingegen auf die medialen Inhalte und ihre Präsentations- und Kommunikationsformen. Es geht hierbei um virtuelle Welten wie das Fernsehen als »Tor zur Welt«, das 3-D-Kino als neue Form imaginärer Traumwelt oder das Internet mit seinen diversen Netzwelten (z. B. Online-Spiele mit virtuellen Figuren, sogenannte Avatare, oder soziale Netzwerke mit virtuellen Freundschaften).

Die kulturhistorische Entwicklung der Medien lässt sich in vier Phasen zunehmenden Technikeinsatzes einteilen (vgl. Faulstich, 2006). Von Beginn der Menschheit bis ins Mittelalter dominierten »Primärmedien« im Sinne von »Menschmedien«. Sie sind leibgebunden, wie bspw. Sprache, Mimik und Gestik, und bedürfen keiner technischen Geräte. Danach kamen als »Sekundärmedien« Schreib- und Druckmedien auf, wie Bilder, Zeitungen, Bücher oder Plakate, zu deren Produktion technisches Gerät benötigt wurde. Das 20. Jahrhundert wurde anschließend zum Zeitalter der »Tertiärmedien«, wie elektronischer Medien (Fernsehen, Telefon, Radio) und Speichermedien mit Ton- oder Bildträgern wie Film, Schallplatte, Musik-, Videokassette, CD, Blu-ray oder DVD. Kennzeichnend hierfür ist der technische Bedarf auf Seiten der Produzenten und Nutzer, auch als »Rezipienten« bezeichnet. »Quartärmedien« stehen für die digitalen Computer- und Netzmedien. Diese grenzen sich von den Tertiärmedien ab, als sie völlig neue Kommunikationsformen ermöglichen und dabei die Trennung von Individual- und Massenkommunikation aufheben.

Quartärmedien sind die heutigen »Neuen Medien«: »*Mit Neuen Medien sind Medien gemeint, deren technische Basis auf Digitalisierung, Vernetzung, Konvergenz, Datenkompression und Miniaturisierung beruht*« (Paschen, Wingert, Coenen & Banse, 2002, S. 43). Doch gilt es zu bedenken, dass »neu« ein zeitlich relativer Begriff ist, der sich in modernen Gesellschaften mit hoher Innovationsdynamik immer schneller abnutzt. So galten in den 1990er Jahren Kabelfernsehen, BTX oder auch die Videokamera als neue Medien. Dabei ist strenggenommen das Kabelfernsehen kein Medium, sondern lediglich eine neue Übertragungstechnik audiovisueller Signale – ähnlich wie heutzutage VDSL beim Internetzugang oder UMTS für Mobiltelefonie. Das Neue daran war die mit dieser Kabeltechnik einhergehende technische Erweiterung von Senderfrequenzen, was 1984 zur politischen Veränderung des Mediensystems führte: der erstmaligen Zulassung privatkommerzieller Rundfunkanbieter und der Aufhebung der Monopolstellung öffentlich-rechtlicher Anstalten.

Das Internet ist ebenfalls kein Medium, sondern eine computerbasierte Netzplattform, deren Onlineanwendungen und -dienste wie E-Mail, WWW, FTP und Soziale Medien neue Informations- und Kommunikationsformen darstellen. Internet steht sozusagen als Sammelbegriff für diese neuen Medien. Hierbei sei angemerkt, dass es sich in der Medienforschung etabliert hat, Internetnutzer als Onliner zu bezeichnen, Nichtnutzer als Offliner.

6.4 Zur Entwicklung »mediengerontologischer« Forschung

Erste medienbezogene Forschungsarbeiten zu älteren Menschen finden sich in den USA Anfang der 1960er Jahre. Es lässt sich eine Forschungstradition mit drei Schwerpunkten ausmachen: quantitative Basisdaten zum Mediengebrauch, medienpsychologische Arbeiten zu Funktionen und Genrepräferenzen sowie Inhaltsanalysen zum Altersbild in den Medien. Bislang stand das Fernsehen im Mittelpunkt mediengerontologischer Forschung.

In der deutschsprachigen Forschungslandschaft stellt das Themenfeld »Alter und Medien« bisher noch ein Nischenthema dar. Im Umfeld von Medien- und Kommunikationsforschung, Medienpädagogik, Literaturwissenschaft, Soziologie und Gerontologie finden sich vereinzelte Studien, Sekundäranalysen und Qualifikationsarbeiten, ohne dass sich eine kontinuierliche Forschungstradition mit interdisziplinären Theoriekonzepten oder Forschungsmethoden herausbilden konnte. Vielmehr lassen sich *»Zyklen altersbezogener Medienforschung und -praxis«*(Hartung, 2012, S. 7) nachzeichnen, die in einem Wechselverhältnis von gesellschaftlichen und medialen Wandlungsprozessen gesehen werden können. Die ersten mediengerontologischen Arbeiten in Deutschland entstanden in den 1970er Jahren im Rahmen von Analysen zu Freizeit- und Alltagsaktivitäten älterer Menschen (z.B. Bonner Längsschnittstudie BOLSA, Schmitz-Scherzer, 1975). Danach erfolgten Einzelstudien zur privathäuslichen und institutionalisierten Mediennutzung, zum Altersbild und zu Altensendungen im Fernsehen (z.B. Bosch, 1986; Neumann-Bechstein, 1982; Schade, 1983). Mitte der 1980er Jahre, als die »neuen Alten« entdeckt wurden und die Einführung des dualen Rundfunksystems das Mediensystem grundlegend veränderte, rückte das Alter in einen breiteren medienwissenschaftlichen Fokus. 1984 führte die ARD/ZDF-Medienkommission die bis heute umfangreichste Repräsentativstudie »Ältere Menschen und Medien« durch (Eckhardt & Horn, 1988). In der Studie wurde der Medienalltag im Kontext von umweltbezogenen Merkmalen wie Wohnsituation und personenbezogenen Merkmalen (z.B. Lebensziele, soziale Kontakte, Gesundheit) untersucht. Die Ergebnisse bestätigten das Konzept des »Contextual Age« von Rubin und Rubin (1982), wonach die heterogene Mediennutzung älterer Menschen weniger durch den Faktor Alter bestimmt wird als vielmehr durch soziodemografische Merkmale wie Bildung und Geschlecht sowie durch den Gesundheitsstatus.

Im Rahmen der Begleitforschung zum Kabelpilotprojekt Dortmund wurde 1987 eine Studie zur Fernseh- und Radionutzung im Alter durchgeführt, bei der u.a. ein Leitfaden zur aktivierenden Medienarbeit mit älteren Menschen erstellt wurde (Straka, Fabian & Will, 1989). Differenzierte Befunde zur Mediennutzung und Medienkompetenz älterer Menschen erbrachte im Jahr 1990 die sozialökologisch ausgerichtete Stadt-Land-Untersuchung aus Hamburg-Pinneberg, an der auch Hochaltrige teilnahmen (Kübler, Burkhardt & Graf, 1991). In der darauffolgenden Zeit kam das Forschungsinteresse zum Erliegen, was auch im Zusammenhang mit der zunehmenden Kommerzialisierung des Rundfunksystems gesehen werden kann und einer damit einhergehenden Fixierung der Altersgruppe der 14- bis 49-Jährigen als werberelevante Zielgruppe (vgl. Müller, 2008).

Mit dem Aufkommen digitaler Medien und dem wachsenden öffentlichen Bewusstwerden des demografischen Wandels mehren sich seit Ende der 1990er Jahre mediengerontologische Publikationen aus der Medienforschung. Neben qualitativen Qualifikationsarbeiten, beispielsweise zu biografischen und sozioökonomischen Aspekten der Mediennutzung (z. B. Hackl, 2001; Moll, 1997), finden sich verstärkt Sekundäranalysen repräsentativer Medienstudien (Media Analyse, [N]Onliner-Atlas, ARD/ZDF-Massenkommunikation [MK], ARD/ZDF-Online- und Offlinestudie), die Basisdaten zur Ausstattung, Nutzung und Bewertung von Medien liefern (z. B. Doh, 2011a, 2011b; Egger & van Eimeren, 2008). Zentrale Befunde flossen in mehrere Sammelbände ein (z. B. Rosenstock, Schubert & Beck, 2007; Schorb, Hartung & Reißmann, 2009). Seitens der Altersforschung rücken in den letzten Jahren besonders gerontechnologische Aspekte in den Vordergrund, wie z. B. Assistenztechnologien für selbstständiges Wohnen oder digitale Medien als Ressource im Alter (Charness & Schaie, 2003; Czaja & Lee, 2007). Darüber hinaus entstanden Impulse zur Förderung und Etablierung mediengerontologischer Forschung in Deutschland durch den 2010 gegründeten wissenschaftlichen Verein »Gesellschaft Altern Medien« (GAM) sowie durch die 2012 aufgelegte Zeitschrift »Medien und Altern« – beides auf Initiative der Leipziger Medienpädagogen Bernd Schorb und Anja Hartung.

Doch bestehen weiterhin Forschungsdefizite in Theorie, Methodik und Empirie. Es fehlen repräsentative und kontinuierliche Mediadaten in Verbindung mit gerontologischen Konstrukten wie Persönlichkeit, Gesundheitsstatus, Wohnsituation und sozialen Netzwerken. Zielgruppe sind überwiegend junge privatwohnende Ältere, während es kaum Befunde zu hochaltrigen und institutionalisierten Personen sowie älteren Personen mit Migrationshintergrund gibt. Darüber hinaus wären längsschnittliche Studien wünschenswert, die Entwicklungsprozesse der Mediennutzung im Alter nachzeichnen könnten.

6.5 Befunde zum Mediengebrauch im Alter

6.5.1 Medienausstattung

Fernseh- und Radiogeräte gehören schon seit den 1980er Jahren zur Grundausstattung in Haushalten älterer Menschen. Nach Analysen aus der Langzeitstudie »Massenkommunikation« von 2005 (MK2005) zählten zum Standardrepertoire in Haushalten von Personen ab 60 Jahren – mit Verbreitungsraten von über 50 % – Kassettenrekorder, Autoradio, CD-Player, Videorekorder, Handy und Plattenspieler (Doh, 2011b). Aktuellere Daten aus der MK2010 weisen zudem nach, dass mittlerweile auch DVD-Player und Computer fast schon zum Standard gehören (▶ Tab. 6.1).

6.5 Befunde zum Mediengebrauch im Alter

Tab. 6.1: Medienausstattung der Haushalte 2010

in Prozent	Alter						60–89 Jahre Geschlecht			60–89 Jahre Bildung[1]		
	60–89	14–49	50–59	60–69	70–79	80–89	M	W	N	M	H
	1290	2516	697	619	519	134	571	719	920	214	156
Fernseher	98	95	99	98	99	98	98	99	99	98	97
Flachbildschirm	46	50	44	48	45	39	52	41***	45	47	49
Radio	93	93	93	95	92	94	94	93	92	97*	95
Autoradio	76	86	85	87	71***	50	86	68***	74	78*	84
DVD-Player	49	82	72	59	42***	31	57	43***	46	56***	59
DVD-Recorder	31	28	33	41	24***	14	36	28**	29	37*	38
Blu-ray-Player/-Rekorder	5	13	7	7	3***	0	7	3***	5	3	6
Festplattenrekorder	9	18	16	13	7***	4	14	5***	7	12***	20
MP3-Player/iPod	16	69	35	22	10***	9	19	13**	14	15***	28
Smartphone	2	20	11	4	1**	0	3	2	2	2***	7
Stat. Spielkonsole	4	49	15	6	2***	0	6	2***	3	4	6
Computer (stat./mob.)	44	95	75	62	32***	10	51	37***	36	56***	71

Quelle: ARD/ZDF-Medienkommission, MK2010; n = 4 500; gewichtet. Unterschiedstestungen mittels chi-Quadrat-Test der Gruppen 60–69 J. bis 80–89 J., Geschlecht und Bildung: *** p ≤ .001; ** p ≤ .01; * p ≤ .05. 1) N = Niedrig: Volks-/Hauptschule; M = Mittel: Mittlere Reife; H = Hoch: Abitur.

Dabei lassen sich seit der MK2000 Veränderungen in der Medienausstattung nachzeichnen, die für den Transformationsprozess von analogen zu digitalen Medienumwelten stehen. So stieg zwischen 2000 und 2010 der Besitz eines Handys bei den Personen ab 60 Jahren von 21 % auf 72 % – 30 % besaßen mehrere Handys – und der eines Computers von 18 % auf 44 %. Die Verbreitungsrate des Internets stieg von 4 % auf 39 % an, umgerechnet sind das über acht Millionen Personen (van Eimeren & Frees, 2012, S. 363). Im Gegenzug ging die Ausstattungsrate an Kassettenrekordern und Plattenspielern zurück (Doh, 2011b).

Doch darf nicht verkannt werden, dass deutliche Unterschiede in der Medienausstattung zwischen Alt und Jung bestehen. Zu nahezu allen modernen Geräten finden sich signifikant höhere Verbreitungsraten in der Altersgruppe zwischen 14 bis 59 Jahren. Die Altersgruppe der 60 bis 89-Jährigen zeigt hingegen deutliche höhere Anteile für die beiden klassischen Massenmedien Fernseh- und Radiogerät auf. Die Unterschiede hinsichtlich der Modernität und Vielfalt an Medien nimmt unter den 60- bis 89-Jährigen weiter zu. Anhand von Tabelle 6.1 lässt sich dies eindrucksvoll am Beispiel der Haushaltsausstattung mit digitalen Trägermedien wie DVD-Player, DVD-, Blu-ray- und Festplattenrekorder demonstrieren. Noch deutlicher werden diese Altersunterschiede unter den älteren Menschen hinsichtlich der digitalen Schlüsselmedien Computer und Internet. Während sechs von zehn Personen zwischen 60 und 69 Jahren über einen Computer verfügen; ist es unter den Personen ab 80 Jahren nur jeder Zehnte.

Aber auch bezüglich klassischer Medien wie dem Leitmedium Fernsehen finden sich deutliche Unterschiede in der Modernität der Ausstattung. Lediglich 10 % der 80- bis 89-Jährigen besitzen einen elektronischen Programmguide gegenüber 23 % der 60- bis 69-Jährigen; bzgl. eines HDTV-fähigen Digitalreceivers beträgt das Verhältnis 11 % zu 31 %, bzgl. eines digital-terrestrischen Fernsehempfangs (DVB-T) 7 % zu 18 % und in Bezug auf das Bezahlfernsehen 3 % zu 9 %. Umgekehrt ist in der Altersgruppe ab 80 Jahren deutlich häufiger das Kabelfernsehen verbreitet (66 % zu 47 %). Bemerkenswert ist die relativ hohe Ausstattung mit Flachbildschirmen unter den Personen ab 60 Jahren. Selbst unter den Personen ab 80 Jahren besitzen 2010 vier von zehn Personen ein solches Fernsehgerät; in der besonders technikaffinen Altersgruppe der 14- bis 19-Jährigen liegt der Anteil mit 53 % nur leicht höher. Dies unterstreicht die prinzipielle Offenheit für mediale Innovationen auch im hohen Alter. Voraussetzung dafür ist die Erkennbarkeit eines Mehrwerts und persönlichen Nutzwerts, wie z. B. die Verbesserung der Rezeptionsqualität durch größere Bildschirme, bessere Bildqualität oder ein Mehrangebot interessanter digitaler Fernsehsender.

Mit dem Alter nimmt auch die außerhäusliche Mobilität ab, was sich entsprechend in der Verfügbarkeit mobiler Medien wie dem Autoradio ablesen lässt. Während unter den Personen zwischen 60 und 69 Jahren fast jeder per Auto mobil ist und über ein Autoradio verfügt (87 %), ist es unter den Personen ab 80 Jahren nur noch jeder Zweite.

Diese Altersunterschiede dürfen jedoch nicht mit Alternseffekten gleichgesetzt werden. Denn diese Unterschiede hängen mit weiteren soziodemografischen Merkmalen zusammen. So bestehen bspw. große Unterschiede nach Geschlecht, Bildung und Einkommen (▶ Tab. 6.1). Männer und Personen mit formal hoher

Bildung und hohen Einkommen verfügen über eine deutlich modernere Medienausstattung als Frauen und Personen mit formal niedriger Bildung. Da mit zunehmendem Alter der Anteil an Frauen und Personen mit niedrigem Bildungs- und Einkommensstatus zunimmt, verstärken sich diese Altersunterschiede. Darüber hinaus sind die Altersunterschiede auch mit kohortengebundenen Effekten verwoben. Das bedeutet, dass weniger das Alter als vielmehr das Geburtsjahr entscheidend für die Medienausstattung ist. Dies soll anhand der Entwicklung der Internetnutzung älterer Menschen illustriert werden.

Eigene Analysen aus dem (N)Onliner-Atlas belegen eine kontinuierliche Zunahme der Internetnutzung in allen Altersgruppen. Dennoch bestehen enorme Unterschiede zwischen Alt und Jung (▶ Abb. 6.2): Während im Jahre 2012 bei den Personen unter 50 Jahren mit 93 % eine Vollabdeckung in der Nutzung des Internets bestand, lagen die Anteile bei den 50- bis 59-Jährigen bei 77 % und bei den 60- bis 69-Jährigen bei 60 %. Bei den darauf folgenden Altersgruppen nimmt die Nutzungsrate stark ab: Bei den 70- bis 70-Jährigen sind es nur noch 33 %, bei den 80- bis 89-Jährigen 14 %. Diese Befunde bestätigen die bestehende »digitale Kluft«.

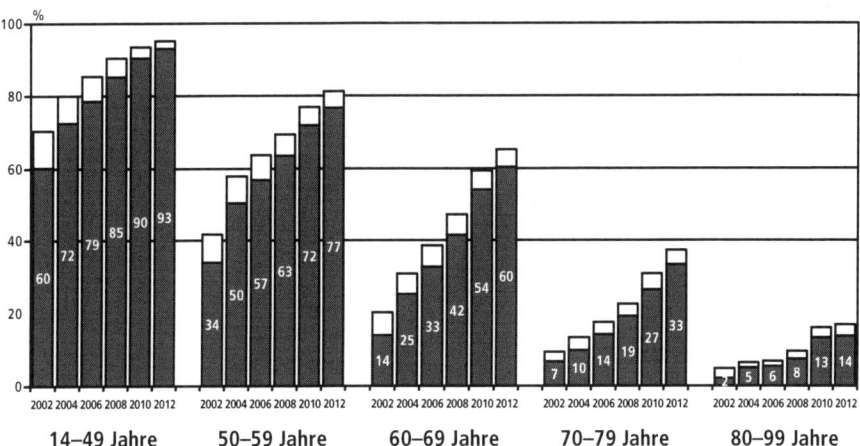

Abb. 6.2: Entwicklung der Internetnutzung nach Altersgruppen 2002–2012

Da in den Altersgruppen der unter 50-Jährigen eine Sättigungsgrenze erreicht ist und sich kaum noch neue Nutzungsplaner – also Personen, die vorhaben, innerhalb der nächsten 12 Monate online zu gehen – ausmachen lassen, fand zwischen 2002 und 2012 der stärkste Anstieg mit 46 Prozentpunkten bei den 60- bis 69-Jährigen statt. Bei den 70- bis 79-Jährigen stieg die Internetverbreitung moderat um 26 Prozentpunkte, bei den 80- bis 99-Jährigen lediglich um 12 Prozentpunkte.

Erklärung

▶ Eine Erklärung für diesen enormen Anstieg bei den 60- bis 69-Jährigen findet man bei der Betrachtung der Diffusionsraten nach Kohorten (▶ Abb. 6.3). Überdurchschnittliche Zuwachsraten lassen sich nur für die jüngeren Kohorten konstatieren: In der Kohorte 1950–1959 wuchs zwischen 2002 und 2012 der Anteil an Onlinern um 26 Prozentpunkte auf 72 % und in der Kohorte 1940–1949 um 25 Prozentpunkte auf 53 % an. Hingegen stiegen die Zuwächse in den Kohorten 1930–1939 nur um 16 Prozentpunkte auf 26 % und in der Kohorte 1920–1929 um sechs Prozentpunkte auf 11 %. Diese Ergebnisse belegen, dass die starken Zuwächse der Internetnutzung der letzten Jahre bei den Personen ab 60 Jahren in hohem Maße der demografischen Alterung geschuldet sind, wonach internetaffine jüngere Kohorten in die internetdistanten Alterssegmente ab 60 Jahre nachwuchsen. ◂◂

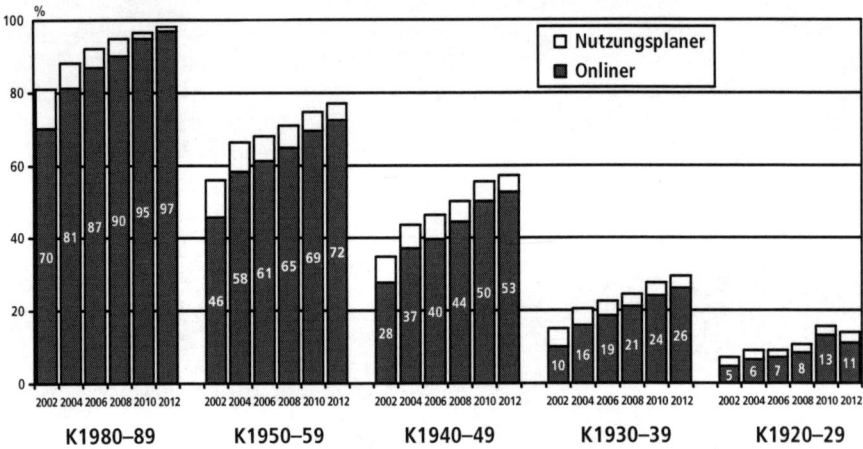

Abb. 6.3: Entwicklung der Internetnutzung nach Kohorten 2002–2012

6.5.2 Mediennutzung

Ältere Menschen gelten oftmals aufgrund ihrer frei verfügbaren Zeit pauschal als Vielnutzer der Medien. Das stimmt insofern, als Personen ab 60 Jahren im Durchschnitt etwa zehn Stunden täglich mit Medien zubringen (Fernsehen, Radio, Printmedien, Bild- und Tonträger und Internet) (▶ **Tab. 6.2**). Doch liegt das Gesamtbudget in der Altersgruppe zwischen 14 und 59 Jahren ebenfalls bei etwa zehn Stunden. Dabei hat sich durch die Mediatisierung das Gesamtbudget in den letzten 30 Jahren nahezu verdoppelt. Bemerkenswert ist auch, dass sich gestern wie heute in der Zusammensetzung des Medienportfolios ähnliche Altersunterschiede zeigen. Ältere Menschen nutzen deutlich mehr das Fernsehen und Tageszeitungen, jüngere Menschen präferieren stärker das Radio, Tonträger und Video. Hinzu kommt, dass heutzutage jüngere Menschen eher das Internet nutzen, während ältere Menschen noch mehr Bücher lesen als früher (Reitze & Ridder, 2011, S. 240 ff.).

Betrachtet man den Personenkreis der 60- bis 89-Jährigen differenzierter, so lassen sich zwei zentrale Befunde herausstellen. Erstens findet in der Altersgruppe ab 80 Jahren eine Reduzierung des Medienrepertoires statt. Die Nutzung von

6.5 Befunde zum Mediengebrauch im Alter

Tab. 6.2: Nutzungsdauer von Massenmedien 2010

in Minuten/Tag	Alter						60–89 Jahre Geschlecht		60–89 Jahre Bildung		
	60–89	14–49	50–59	60–69	70–79	80–89	M	W	N	M	H
	1290	2516	697	619	519	134	571	719	920	214	156
Gesamtbudget	594	593	601	617	573***	567	576	609*	602	579	572
Fernseher	285	185	256	282	287	286	274	294*	305	256***	205
Radio	195	182	205	204	188	177	172	212***	199	188	176
Tageszeitung	40	15	24	38	39	47	45	36***	38	41	46
Zeitschrift	11	4	6	11	11	13	11	11	11	10	15
Buch	28	22	17	29	28	30	22	33**	23	39***	47
CD/LP/MC/MP3	13	55	21	17	9	11	14	12	11	15*	23
Internet	21	122	70	34	10***	3	36	9***	13	26***	58
Video/DVD	2	9	2	2	1	1	2	2	1	3	1
Lesen	78	40	47	77	77	90	77	79	71	90***	107

Quelle: ARD/ZDF-Medienkommission, MK2005; n = 4 500; gewichtet. Mo–So, 00.00 Uhr–24.00 Uhr. Unterschiedstestung mittels einfaktorieller Varianztestung (Anova) der Gruppen 60–69 J. bis 80–89 J., Geschlecht und Bildung: *** $p \leq .001$; ** $p \leq .01$; * $p \leq .05$.

Radio, Internet, Tonträgern und Video geht zurück und der Anteil an Nichtnutzern steigt an: Zwei von zehn Personen lesen keine Bücher, vier von zehn Personen nutzen keine auditiven und sechs von zehn Personen keine audiovisuellen Speichermedien. Lediglich die für Fernsehen und Lesen verwendete Zeit bleibt auf einem sehr hohen Nutzungsniveau stabil. Zweitens geht damit das Gesamtbudget an Mediennutzung zurück und das Fernsehen gewinnt im Medienalltag an Zentralität. Bei den Personen ab 80 Jahren entfällt die Hälfte dieses Gesamtbudgets auf das Fernsehen. Zur Erklärung dieser Befunde können ökogerontologische und entwicklungspsychologische Konzepte herangezogen werden.

Erklärung

▶ So werden besonders im »Vierten Alter« (ab etwa 80 Jahren), wenn die Vulnerabilität an motorischen, sensorischen, kognitiven und auch sozialen Einbußen zunimmt, Anpassungsprozesse notwendig. Strategien wie Selektion, Optimierung und Kompensation werden dann auch für die Mediennutzung relevant. Bestimmte Medien werden oder können nicht mehr genutzt werden, während andere – wie das Fernsehen aufgrund seiner Bisensualität von Sehen und Hören und Multifunktionalität – an Bedeutung zunehmen können. Darüber hinaus geht in dieser Lebensphase die außerhäusliche Mobilität zurück und die Wohnung wird zum ökologischen Zentrum. Der Medienalltag wird sozusagen zum Wohnalltag (▶ Kap. 4). Dies lässt sich in besonderer Weise für das Radio aufzeigen. Während das Radiohören zwischen 20 und 49 Jahren (in der klassischen Berufsphase) überwiegend mobil geschieht, findet es ab 70 Jahren nahezu vollständig zu Hause statt (Gattringer & Klingler, 2012). Der Rückgang der Radionutzung im Alter beruht folglich auf umweltbezogenen Verlagerungen der Freizeitgestaltung. ◀◀

Bei der Betrachtung der Mediennutzung älterer Menschen ist ein weiterer Aspekt zentral: die Vielfalt des Alterns (»differenzielles Altern«), die sich auch in Mediennutzung widerspiegelt. In Abhängigkeit von sozioökonomischen Merkmalen bestehen deutliche Unterschiede (▶ Tab. 6.2): Frauen sehen mehr Fernsehen und lesen mehr Bücher, Männer lesen mehr Tageszeitung; Personen aus den neuen Bundesländern nutzen deutlich stärker das Fernsehen und weniger das Radio. Personen mit hohem Bildungsstatus lesen generell mehr, während Personen mit niedrigem Bildungs- und Einkommensniveau sowie alleinstehende Personen eine erhöhte Affinität zum Fernsehen aufweisen. Vor allem Personen mit geringen sozialen, psychischen und kognitiven Ressourcen tendieren zum Vielsehen und eskapistischen Nutzungsformen (Doh, 2011b).

Hinter den Mittelwerten einer Altersgruppe verbirgt sich allerdings eine weite Bandbreite der Mediennutzung, was sich besonders am stark genutzten Fernsehen aufzeigen lässt. Laut MK2010 betrug die durchschnittliche Sehdauer in der Altersgruppe ab 60 Jahren mehr als 4,5 Stunden. Davon sahen zehn Prozent mindestens 8,5 Stunden fern, ebenso zehn Prozent maximal 1,5 Stunden. International finden sich ähnliche Befunde, wonach im Alter eine hohe Variabilität in der Mediennutzung besteht. Entsprechend gilt es, vorsichtig mit Mittelwerten umzugehen: »*Averages may provide meaningful information about some age groups, but they are potentially misleading when describing older groups«* (Mares & Woodard, 2006, S. 611).

6.5.3 Mediennutzung im Tagesverlauf

Der Medienalltag ist bei Alt und Jung durch ein hohes Ausmaß an Strukturierung und Ritualisierung gekennzeichnet. Die Nutzung der drei tagesaktuellen Massenmedien Fernsehen, Radio und Tageszeitung zeigt seit Jahrzehnten – trotz enormer Veränderungen des Mediensystems – ein ähnliches Muster an Tagesverlaufskurven auf. Im Tagesverlauf besitzt jedes Medium spezifische Nutzungsspitzen mit geringen parallelen Überlappungen zu anderen Medien. Es findet sozusagen eine gesellschaftstypische, ritualisierte Orchestrierung der Mediennutzung statt, wobei das Fernsehen als Leitmedium fungiert.

Als 1964 die ersten Mediadaten aus der Langzeitstudie »Massenkommunikation« erfasst wurden, besaß erst jeder zweite Haushalt ein Fernsehgerät. Bereits damals zeigten sich in diesen Haushalten ähnliche Grundmuster der Fernsehnutzung wie heute: Die höchsten Reichweiten wurden am Abend zwischen 19.00 Uhr und 21.00 Uhr während der Ausstrahlung der Hauptnachrichten erzielt. Trotz leichter Schwankungen während des Umbruchs zum dualen Rundfunksystem (1985–1990) lagen die Reichweiten zum Nutzungsgipfel des Fernsehens konstant bei über 60 %. Dabei hat sich der Fernsehkonsum seit 1970 von 113 Minuten auf 225 Minuten im Jahr 2010 verdoppelt (Reitze & Ridder, 2006). Der Mehrkonsum ging mit einer Ausweitung des Fernsehens auf den frühen Nachmittag einher.

Das Radio war bis Ende der 1950er Jahre das Leitmedium in Deutschland und wurde insbesondere am Abend genutzt. Mit dem Aufkommen des Fernsehens entfiel in den 1960er Jahren dieser Nutzungsgipfel, sodass es hauptsächlich am Vormittag genutzt wurde. In den 1970er Jahren entwickelte sich das Radio zum mobilen Medium (Autoradio, tragbare Radiogeräte), über die Jahrzehnte hinweg zum Tagesbegleiter und Nebenbeimedium; der Nutzungsgipfel verblieb am Vormittag. Die Tageszeitung dient seit jeher als Morgenlektüre. Seit den 1980er Jahren ging die Nutzung der Tageszeitung zurück, was mit sich brachte, dass die zuvor feststellbaren kleineren Nutzungsspitzen zu den Essenzeiten am Mittag und am Abend verschwanden.

Unterschiede in der Mediennutzung nach Alter wie auch nach Geschlecht, Bildung oder Region machen sich vor allem in den jeweiligen Nutzungsspitzen eines Mediums bemerkbar. So fallen bei den Personen ab 60 Jahren die Reichweiten beim Fernsehen besonders zu den abendlichen Nachrichtensendungen hoch aus (▶ **Abb. 6.4**). Acht von zehn Personen in dieser Altersgruppe haben laut MK2010 zu dieser Zeit das Fernsehgerät eingeschaltet, in der Altersgruppe der 14- bis 59-Jährigen ist es nur jeder Zweite. Des Weiteren wird bei den über 60-Jährigen bereits am frühen Nachmittag das Fernsehen stärker genutzt als das Radio, in der Altersgruppe der 14- bis 59-Jährigen geschieht dieser Wechsel erst am frühen Abend. Damit hat sich das Fernsehen seit Mitte der 2000er in den Bevölkerungsgruppen mit hohem Fernsehkonsum zum Tagesbegleiter entwickelt

(Doh, 2011b). Hinsichtlich der Radionutzung gehen bei älteren Menschen die Nutzungsspitzen mit den klassischen Essenszeiten morgens, mittags und abends einher, wobei gegen 8.00 Uhr mit über 40 % Radiohörern der Spitzenwert erzielt wird. Die erhöhte Nutzung der Tageszeitung macht sich bei älteren Menschen wiederum besonders zum Nutzungsgipfel am frühen Vormittag (9.00 Uhr) bemerkbar. Hier steigt die Reichweite auf 14 %, bei den 14- bis 59-Jährigen sind es lediglich 4 %. Die dargestellten Unterschiede lassen sich mit altersspezifischen Lebenslagen in Verbindung bringen. Ältere Menschen verfügen in der nachberuflichen Phase über mehr freie Zeit und können diese flexibler einteilen als jüngere, im Berufsleben stehende Altersgruppen. Zudem findet, wie in Kapitel 6.5.2 beschrieben, die Mediennutzung verstärkt im häuslichen Bereich und stationär statt, während jüngere Altersgruppen Medien weit mehr mobil und das Radio bspw. tagesbegleitend am Arbeitsplatz nutzen.

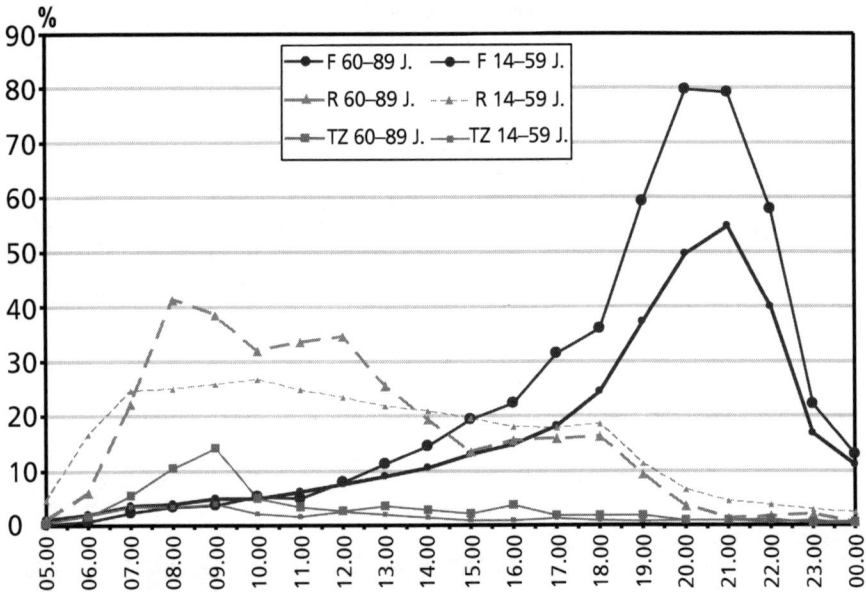

Abb. 6.4: Tagesverlauf der Nutzung von Fernsehen, Radio, Tageszeitung und Internet im Jahre 2010

Für das Internet fallen die Reichweiten in der Altersgruppe der über 60-Jährigen noch sehr gering aus. Es lassen sich Nutzungsplateaus am Vormittag (9.00–10.00 Uhr) und am späten Nachmittag (16.00–18.00) beschreiben. In der Altersgruppe der unter 60-Jährigen finden sich zu ähnlichen Uhrzeiten Nutzungsspitzen, jedoch auf deutlich höherem Niveau. Eine markante Abweichung lässt sich zwischen Alt und Jung konstatieren in dem Sinne, dass bei jüngeren Menschen das Internet ausgerechnet am »Fernsehabend« den höchsten Nutzungsschwerpunkt (20.00 Uhr) hat. Diese Konkurrenzentwicklung findet sich nicht in der Altersgruppe der über 60-Jährigen. Es bleibt abzuwarten, inwiefern das Hybridmedium Internet alters- und kohortenspezifisch die seit Jahrzehnten tradierten Tagesverläufe von Fernsehen, Radio und Tageszeitung verändert und vielleicht sogar die Rolle des Fernsehens als Leitmedium schwächt.

6.5.4 Funktionen der Medien

Wenn Fernsehen als bewegungsarmes, kognitiv wenig anregendes Unterhaltungsmedium (»lean back medium«) klassifiziert wird und Lesen hingegen als mental anspruchsvolle und somit höherwertige Tätigkeit, wird eine medienzentrierte Sichtweise angewandt. Bis heute finden sich Studien, die Fernsehen pauschal als Risikofaktor und Lesen als protektiven Faktor deklarieren für bspw. Berechnungen zum pathologischen Altern und dabei v. a. demenzieller Erkrankungen. Doch wie gültig sind diese Annahmen für eine Person, die vormittags Telegymnastik vor dem Fernsehgerät macht, abends drei Stunden eine Opernaufführung im Fernsehen genießt und anschließend eine Rezension ins Internet stellt? Und wie sieht es mit jemandem aus, der eine Stunde lediglich die Bildunterschriften eines Boulevardblatts liest und dabei Bier und Schokolade konsumiert? Die Beispiele verdeutlichen, dass es trügerisch sein kann, Rückschlüsse von der Mediennutzung oder Medieninhalten auf das Verhalten zu ziehen: Fernsehnachrichten können nicht nur als informativ, sondern ebenfalls als unterhaltsam empfunden werden, wohingegen Daily Soaps umgekehrt nicht nur als unterhaltsam, sondern auch als informativ angesehen werden können (Mangold, 2000). Schon in den 1960er sprachen Medienforscher vom widerspenstigen Publikum, das z. B. auf Wahlkampfsendungen nicht erwartungskonform reagierte. In der Folge rückte der Rezipient in den wissenschaftlichen Fokus und die Fragestellung wandelte sich grundlegend. Es ging nicht mehr primär darum, was die Medien mit den Menschen machen, sondern was der Mensch mit den Medien macht.

In den 1970er Jahren entstanden nutzungsorientierte Ansätze wie der bis heute relevante »Uses and Gratification Approach« (UGA) von Katz, Blumler und Gurevitch (1974). Dessen Kernaussage lautet: Individuen nutzen Medien aktiv und intentional und versuchen mit der Nutzung bestimmte Bedürfnisse zu befriedigen. Dabei lassen sich in Bezug auf die Rezeptionsforschung im Alter zwei Hauptergebnisse festhalten. Erstens stellt das Fernsehen im Alter aufgrund seiner subjektiven Bedeutung das Leitmedium dar (vgl. Doh, 2011b). Es verfügt wie kein anderes Medium über eine Multifunktionalität, die alle medienbezogenen Bedürfnisarten zu befriedigen vermag:

- kognitive Bedürfnisse, indem es als Informationsquelle (»Fenster zur Welt«), als Ratgeber und zur geistigen Anregung dient.
- affektive Bedürfnisse durch Unterhaltung, Entspannung und Ablenkung sowie durch Gewohnheit, Tagesstrukturierung und Ritualisierung.
- soziale Bedürfnisse, indem es gesellschaftliche Teilhabe, personale Anschlusskommunikation mit anderen Personen ermöglicht und Einsamkeit entgegenwirken kann.
- Bedürfnisse nach Identität durch Alltagsorientierung, sozialen Vergleich und Nacherleben der eigenen Vergangenheit.

Demgegenüber erfüllen andere Massenmedien im Alter einzelne Bedürfnisse mit Sonderfunktionen: Zeitungen liefern aktuelle Informationen, Bücher stellen Hintergrundinformationen bereit, das Radio dient der Unterhaltung und als Stimmungsmodulator. Das Internet bietet von seiner nutzungsbezogenen Beschaffenheit her ein ähnlich breites Spektrum an Gratifikationen (Befriedigung von Bedürfnissen) an wie das Fernsehen. Doch nutzen bislang ältere Onliner das Internet vorrangig für kognitive (Information) und soziale Bedürfnisse (Kommunikation) (▶ Kap. 6.6).

Zweitens ist im Alter in Bezug auf die Mediennutzung besonders das kognitive Bedürfnis nach Information ausgeprägt. Eigene Analysen zu den drei Erhebungswellen der MK von 2000, 2005 und 2010 verweisen auf eine mit dem Alter zunehmende Informationsorientierung für die drei Massenmedien Fernsehen, Radio und Tageszeitung (vgl. Doh, 2011b; Doh & Gonser, 2007). Neben dem allgemeinen Interesse an Information (Motiv: »weil ich mich informieren möchte«), nehmen auch sozial intendierte (Motiv: »damit ich mitreden kann«) und kognitiv anregende Bedürfnisse nach Information (Motiv: »damit ich Denkanstöße bekomme«) an Bedeutung zu (▶ Tab. 6.3).

Diese Befunde zum kognitiven Nutzungsmotiv korrespondieren mit zahlreichen Querschnittstudien zu Nutzungspräferenzen. Ältere Menschen schätzen im stärkeren Ausmaß als jüngere nationale und regionale Nachrichten wie auch Themen zu Politik, Gesellschaft und Heimat (Doh, 2011b; Mares & Sun, 2010). Blödorn und Gerhards (2005) konnten anhand telemetrisch erfasster Nutzungsdaten aufzeigen, dass in der Altersgruppe der 60- bis 69-Jährigen die Programmsparte »Information« die höchsten Nutzungsanteile aufweist vor den Sparten »Fiktion« und »Unterhaltung«. In den jüngeren Altersgruppen dominieren Fiktionssendungen. Ähnlich spielt für jüngere Menschen beim Radiohören die Musik eine deutlich größere Rolle, während im Alter der Informationsgewinn bedeutsamer ist. Diese besondere Bedeutung für medienbezogene Informationen im Alter ist seit den 1960er Jahren feststellbar. Dies legt entwicklungsbezogene Ursachen nahe, was durch eine deutsche Längsschnittstudie zur Fernsehnutzung bekräftigt wird (Karnowski, 2003). Offensichtlich steigt in der nachberuflichen Phase der Bedarf nach Information und Alltagsorientierung durch Medien. Fraglich bleibt, ob dies mit sozialen Umweltveränderungen zusammenhängt – im Sinne einer Kompensation von sozialen Verlusten. Oder ob vielleicht auch identitätsbezogene Entwicklungsaufgaben, wie die Frage nach Generativität und Ich-Integrität, eine Rolle spielen (van der Goot et al., 2006).

Abschließend sei angemerkt, dass medienbezogene Forschung zu älteren Menschen oftmals an der Oberfläche von Altersgruppenvergleichen stehen bleibt und dahinterliegende Unterschiede und Zusammenhänge unentdeckt bleiben. Doch ganz im Sinne der theoretischen Konzepte zum differenziellen Altern kann festgehalten werden, dass auch in Bezug auf das Alter die Mediennutzung sehr unterschiedlich ausfällt (▶ Kap. 6.5.2). Diese Unterschiedlichkeit spiegelt sich in den subjektiven Einstellungen und motivationalen Aspekten wider. In Personengruppen mit hoher Affinität zum Fernsehen, wie z. B. bei Frauen und bei Personen mit formal niedrigem Bildungsstatus, spielen neben den kognitiven auch affektive Bedürfnisse nach Unterhaltung, Entspannung und Ablenkung eine große Rolle (▶ Tab. 6.3).

Tab. 6.3: Nutzungsmotive des Fernsehens 2010

trifft voll und ganz/weitgehend zu, in % »Weshalb nutzen Sie Fernsehen?«	Alter							60-89 Jahre Geschlecht			60-89 Jahre Bildung		
	60-89	14-49	50-59	60-69	70-79	80-89		M	W	N	M		H
	4266	2333	680	607	516	131		561	710	913	208		149
… weil ich mich informieren möchte.	93	79	86	92	93	95		92	93	93	93		92
… weil es mir Spaß macht.	81	83	73	83	79	79		81	81	83	77*		75
… weil ich dabei entspannen kann.	71	81	73	72	68*	79		66	75***	71	73		66
… weil ich dort Dinge erfahre, die für meinen Alltag nützlich sind.	71	60	65	70	70	75		66	75***	73	70*		61
… weil ich mich ablenken möchte.	49	68	60	48	48	54		43	54***	51	47		41
… damit ich mitreden kann.	70	52	56	69	71	78		67	73*	74	68***		54
… weil es aus Gewohnheit dazugehört.	52	62	55	48	56*	55		50	55	57	45***		36
… weil ich Denkanstöße bekomme.	64	42	53	59	69***	69		61	67*	64	67		60
… weil ich mich dann nicht alleine fühle.	34	21	27	26	37***	58		24	42***	40	25***		15

Quelle: ARD/ZDF-Medienkommission, Massenkommunikation 2010. Basis: Personen, die mindestens mehrmals im Monat fernsehen, gewichtet. Unterschiedstestungen mittels chi-Quadrat-Test der Gruppen 60–69 J. bis 80–89 J., Geschlecht und Bildung: *** $p \leq .001$; ** $p \leq .01$; * $p \leq .05$.

Wie heterogen die Mediennutzung innerhalb einer eng definierten Kohorte (1930–1932 Geborene) ausfällt, konnte in einer eigenen Studie anhand einer Clusteranalyse der ILSE-Studie von 2005 demonstriert werden (Doh, 2011b). Es konnten fünf Typen zur Motivation in der Fernsehnutzung unterschieden werden. Die deutlichsten Kontraste fanden sich zwischen einer privilegierten Gruppe mit hohem Ausmaß an psychischen, körperlichen, kognitiven und sozialen Ressourcen und einer kleinen Gruppe mit geringen Ressourcen und hoher Morbidität. Die erste Gruppe (»distanzierte Informationsasketen«) zeichnet sich durch einen hohen Bildungs- und Einkommensstatus aus, ist gesund, aktiv und mobil und besitzt eine positive Lebenseinstellung. Personen dieser Gruppe nutzen das Fernsehen, aber auch Tageszeitung und Radio vorrangig als Informationsmedien. Generell stehen sie dem Fernsehen kritisch gegenüber und wertschätzen weit mehr die Tageszeitung. Die zweite Gruppe (»hoch involvierte Eskapisten«) weist von allen fünf Typen die geringste formale Bildung auf. Personen dieser Gruppe zeigen vermehrt Einschränkungen in der kognitiven Leistungsfähigkeit und sie sind gekennzeichnet durch eine emotionale Labilität und depressive Verstimmungen. Dieser Gruppe gehören vor allem Frauen an, die aus den neuen Bundesländern stammen und deren Lebenssituation sich in den letzten Jahren stark verschlechtert hat. Für sie stellt das Fernsehen einen lebensnotwendigen Tagesbegleiter dar, der neben kognitiven auch affektive, soziale und identitätsbezogene Bedürfnisse zu erfüllen verspricht. Besonders evasive Motive (»damit ich den Alltag vergessen kann«) kommen hier zum Tragen. Dieses Nutzungsmuster zeigt sich in ähnlicher Weise in der Nutzung von Radio und Tageszeitung, was für medienübergreifende Nutzungsmuster spricht (vgl. Schweiger, 2006).

Die dargestellten Ergebnisse veranschaulichen, wie unterschiedlich Medienausstattung, Mediennutzung und motivationale Aspekte bei der Mediennutzung im Alter variieren. Die Unterschiede beruhen zum Teil auf soziodemografischen Merkmalen, zum Teil auch auf medienbiografischen und ressourcenbezogenen Faktoren. Diese Heterogenität besteht auch hinsichtlich neuer digitaler Medien wie Computer, Internet oder Mobiltelefonen. Die digitale Kluft zwischen den älteren Menschen soll am Beispiel des Schlüsselmediums Internet aufgezeigt werden. Daran anschließend werden die (unausgeschöpften) Potenziale dieses Mediums für ältere Menschen vorgestellt und abschließend die (ausgeprägten) Barrieren, die zur Distanz, Ablehnung und Nichtnutzung führen können.

6.6 Potenziale und Barrieren digitaler Medien im Alter am Beispiel des Internets

Bei der Frage, wer denn im Alter neue Medien wie bspw. das Internet nutzt, finden sich in Deutschland wie international immerzu die gleichen Ergebnisse: Es sind vor allem die jüngeren Alten, Männer, Personen mit hohem Bildungsstatus, mit hohem Einkommensstatus, nicht alleinlebende Menschen und Personen aus Großstädten. Da diese Merkmale miteinander zusammenhängen, bestehen in den Bevölkerungsgruppen enorme Unterschiede im Verbreitungsgrad. Analysen aus dem (N)Onliner-Atlas von 2012 führen aus, dass der Anteil an Onlinern bei Männern ab 60 Jahren mit hohem Bildungsstatus (Abitur) und hohem Haushaltsnettoeinkommensstatus (über 2 000 €/Monat), die nicht alleinlebend sind und aus den alten Bundesländern stammen, bei 84 % liegt. Der Anteil an weiblichen Onlinern ab 60 Jahren mit niedrigem Bildungs- und Einkommensstatus, die alleinlebend sind und in den neuen Bundesländern leben, liegt bei lediglich 7 %. Wenngleich zunehmend auch Personen aus internetfernen Bevölkerungsgruppen das Internet für sich entdecken, hat sich an der Kluft unter den älteren Menschen in den letzten zehn Jahren wenig geändert. Des Weiteren zeigen Studien, die ältere Onliner mit älteren Offlinern vergleichen, dass Onliner als gesünder, aktiver und mobiler gelten, generell technikaffiner und -kompetenter sind, über ein größeres soziales Netzwerk und ein höheres Ausmaß an Selbstwirksamkeit, positivem Altersbild, Offenheit und Lebenszufriedenheit verfügen (Kim, 2008; Wagner, Hassanein & Head, 2010). Solche Befunde legen nahe, dass die Nutzung des Internets ein Prädiktor für ein erfolgreiches Altern sein könnte. Doch welche positiven Effekte das Internet tatsächlich für ältere Onliner mit sich bringt, ist empirisch noch nicht abschließend geklärt, zumal die Ergebnisse zum Teil widersprüchlich ausfallen und es an randomisierten Kontrollstudien und Längsschnittstudien mangelt (Dickinson & Gregor, 2006).

Ältere Onliner gelten zumeist als funktions- und nutzungsorientierte »Selektiv- und Randnutzer«; d. h., sie nutzen das Internet weniger zeitintensiv und vorrangig zur Informationssuche und zum Schreiben von E-Mails (Oehmichen & Schröter, 2008). Diese Befunde decken sich mit eigenen Analysen aus der MK2010, wonach für regelmäßige Onliner ab 60 Jahren bei der Internetnutzung informationsbezogene Motive wie sich informieren, Alltagsorientierung, Mitredenkönnen und Denkanstöße bekommen zentral sind; aber auch affektive Aspekte wie Spaß sind bedeutsam. Bei Onlinern unter 60 Jahren spielen neben den informationsbezogenen Nutzungsmotiven habituelle, affektive und evasive Motive eine Rolle. Dabei nimmt bei den älteren Onlinern mit der Nutzungserfahrung das Spektrum an Onlineanwendungen zu und damit auch die Chance, das Internet als bedeutsame Ressource für ein gutes und gelingendes Altern zu nutzen.

6.6.1 Potenziale des Internets im Alter

Das Internet besitzt aufgrund seiner spezifischen »Architektur der Kommunikation« wie Interaktivität, Vernetzung, Multimedialität und Mobilität vielfältige Potenziale, die insbesondere für ältere Menschen von Bedeutung sein können. Anhand von fünf Bereichen sollen diese skizziert werden.

Potenziale zur Information

Mit dem Alter nimmt das Interesse an medienvermittelter Information und Alltagsorientierung zu. Dazu nutzen ältere Kohorten vorrangig die linearen Massenmedien Fernsehen und Radio. Doch stellt auch das Internet diesbezüglich eine bedeutsame Ressource für ältere Menschen dar. Zum einen durch die enorme Informationsmenge – etwa alle zwei Jahre verdoppelt sich die globale Datenmenge. Zum anderen bietet es als nichtlineares Medium den Vorteil, Informationen zeitsouverän bereitzuhalten. Tatsächlich ist die Informationsfunktion ein Hauptmotiv für ältere Menschen, online zu gehen. Die Nutzung von Suchmaschinen ist für Alt und Jung die häufigste Onlineanwendung. 2012 gaben 74 % der Onliner zwischen 50 und 69 Jahren und 58 % der Onliner ab 70 Jahren an, diese mindestens einmal wöchentlich zu nutzen (van Eimeren & Frees, 2012). Neben Nachrichten sind es Serviceseiten (Straßenkarten, Wetter und Reiserouten), Ratgeber- und Gesundheitsinformationen, die vorwiegend abgerufen werden. Daneben gewinnen Online-Enzyklopädien an Resonanz. Derzeit nutzt jeder zweite Onliner ab 60 Jahren »Wikipedia« und jeder zehnte nutzt mindestens einmal wöchentlich Kartendienste (Busemann & Gscheidle, 2010; van Eimeren & Frees, 2012). Noch wenig Beachtung finden bei älteren Onlinern Video- und Audiobeiträge (»Podcasts«). Hier können bspw. die im Alter besonders frequentierten Hauptnachrichtensendungen der öffentlich-rechtlichen Anstalten jederzeit über Mediatheken abgerufen werden. Dabei bietet die Möglichkeit, die Rezeption selbst steuern zu können, in Anbetracht abnehmender Informationsverarbeitungsgeschwindigkeit im Alter einen Mehrwert gegenüber der linearen Rezeptionssituation über das Fernsehen.

Potenziale zur Kommunikation

Neben der Information ist die Kommunikation die zweite Hauptfunktion des Internets für ältere Menschen. Sieben von zehn Onlinern im Alter ab 70 Jahren mailen mindestens einmal wöchentlich (van Eimeren & Frees, 2012). Diese Kommunikationsform des elektronischen Briefverkehrs eröffnet – in besonderer Weise für immobile Personen – auf bequeme und unmittelbare Art neue Möglichkeiten der Kontaktpflege mit dem vertrauten sozialen Netzwerk wie Familie und Freunden. Zudem erleichtert es die Pflege von Distanz- und intergenerationellen Beziehungen (Doh, Wahl, & Schmitt, 2008). Gleiches gilt für die Online-Bildtelefonie. Gegenüber dem klassischen Telefonieren liegt der Vorteil in der Bisensualität von Bild und Ton, zudem können parallel Textnachrichten und Daten ausgetauscht oder Videokonferenzen abgehalten werden (bspw., indem sich die Enkelkinder aus verschiedenen Orten zusammenschalten und ihrer Großmutter ein Geburtstagsständchen singen) (Busemann & Gscheidle, 2010).

Eine neue Form der Vergemeinschaftung stellen soziale Netzwerke dar. Zwar ist es eine Domäne der Jugend, sich nahezu täglich auf solchen Plattformen auszutauschen, doch immerhin nutzt auch jeder zehnte Onliner ab 60 Jahren solche Angebote, Tendenz steigend. Von den älteren Onlinern mit einem eigenen Profil in einer privaten Community nutzen 15 % diese Plattform täglich, weitere 19 % wöchentlich (Busemann & Gscheidle, 2010). Beliebt sind altersgemischte Netzwerke wie »Stayfriends« oder »Facebook« sowie zunehmend auch Netzwerke speziell für Senioren wie »Feierabend«, »Platinnetz«, »Seniorentreff« oder »Herbstzeit«. Hier finden sich altersrelevante Angebote zu Gesundheit, Reisen,

Finanzen oder Unterhaltung. Oftmals lassen sich auf diesen Netzwerken regionale Interessens- und Hobbygemeinschaften gründen, denn ältere Onliner wünschen sich in stärkerem Ausmaß als jüngere, aus den rein virtuellen Beziehungen reale entstehen zu lassen. Neue Möglichkeiten, der Singularisierung im Alter entgegenzutreten, bieten Partnerschaftsbörsen für ältere Singles wie »Herbstliebe«, »Späte Liebe« oder »Reife Liebe«. Tatsächlich wird diese Option im höheren Alter stärker genutzt als im jungen Alter: 5 % der Onliner ab 70 Jahren besuchen mindestens einmal wöchentlich Kontakt-/Partnerbörsen, bei den 50- bis 69-jährigen Onlinern sind es 3 % (van Eimeren & Frees, 2012). Für Menschen mit Behinderungen oder (chronischen) Erkrankungen und ihren Angehörigen eröffnen onlinebasierte Selbsthilfegruppen Möglichkeiten zur Unterstützung und Vernetzung. Verbände wie z. B. die Deutsche Alzheimer-Gesellschaft bieten neben umfangreichen Informationen auch Serviceangebote wie Hotlines, Blogs oder Foren. Diese Formen virtueller Kommunikation stellen niedrigschwellige und informelle Zugangswege dar und können helfen, betroffene Zielgruppen besser zu erreichen.

Potenziale zur Partizipation und sozialen Teilhabe

Ein weiteres Potenzial bietet das Internet durch die aktive Partizipation als Produzent von Netzinhalten wie Videos, Bilder, Wissensinhalten oder anderen Textbeiträgen. Indem derartige Beiträge für alle bzw. für eine bestimmte Community ins Netz gestellt werden (»one-to-many-communication«), nimmt man aktiv teil an der virtuellen Gemeinschaft. Dabei kann der Produzent in der Regel von der Netzwelt bzw. Community Rückmeldungen in Form von Kommentaren oder Bewertungen erhalten (»many-to-one-communication«). Es kann eine sogenannte Anschlusskommunikation entstehen, die das Gefühl gesellschaftlicher Teilhabe verstärkt. Einen besonderen Reiz besitzen solche Partizipations- und Kommunikationsräume durch ihre offene und anonymisierte Zugangsform, wodurch altersgemischte bzw. altersunabhängige Dialoge entstehen können. Dies soll anhand dreier Beispiele illustriert werden.

Beispiel
► 1. Nahezu alle Zeitungsverlage und Rundfunkanbieter haben auf ihren Internetseiten Foren eingerichtet, in denen über Themen zum aktuellen Zeitgeschehen diskutiert werden kann. Das meistgenutzte deutschsprachige Diskussionsforum ist derzeitig »Spiegel-Online« mit über 200 000 Mitgliedern (Doh, 2011a). Im Gegensatz zum (analogen) Leserbrief stellen diese Foren eine offene und altersgemischte Form von bürgerschaftlichem Diskurs dar. Da ältere Menschen als besonders interessiert an Politik und gesellschaftlichen Themen gelten (Doh, 2011b), könnten sich hier neue Möglichkeiten zur sozialen Teilhabe und Partizipation ergeben.
2. Soziale Teilhabe verbunden mit der Förderung von Kreativität bieten Foto- und Videoportale, auf denen eigene Standbilder bzw. Bewegtbilder für die Netzwelt hochgeladen werden können. Dabei stellt das Videoportal »You-

Tube« mit monatlich über einer Milliarde Besuchern eine der global meistgenutzten Internetseiten dar (YouTube, 2013). Unter älteren Menschen wird das Videoportal relativ wenig genutzt, allerdings finden sich unter ihnen faszinierende »early adopters«, wie z. B. der 1927 geborene Engländer Peter Oakley. Er begann als vereinsamter Witwer 2006 eigene Filmbeiträge auf das Videoportal zu stellen. Mittlerweile hat er über 400 Videos gedreht, in denen er Lebensgeschichten erzählt, alltägliche Geschehnisse kommentiert oder Kochrezepte präsentiert. Mit seinem Videokanal (»The Internet Grandad«, www.youtube.com/user/geriatric1927), der über neun Millionen Besucher aufweist, gehört er national zu einem der populärsten Videoproduzenten. Dies belegt, wie man auch im hohen Alter digitale Welten als Ressource für soziale Teilhabe und intergenerationellen Dialog nutzen kann.

3. Ein besonderes Potenzial zur Partizipation nicht nur für ältere Menschen, sondern für die Gesellschaft, stellen Online-Enzyklopädien und Portale zur Zeitgeschichte dar. Hierbei verfügen ältere Menschen über ein Humankapital an (generationsspezifischen) Wissensbeständen, Expertisen und Lebensgeschichten. »Wikipedia« als größte Online-Enzyklopädie versucht durch spezielle Förderprogramme wie »Silberwissen« diese Ressource nutzbar zu machen (Schmidt, 2013). Dabei werden ältere Menschen gesucht und geschult, um z. B. Informationen zur Zeitgeschichte, Heimatkunde oder Sehenswürdigkeiten beizusteuern. ◄◄

Es bestehen insofern zahlreiche Möglichkeiten, sich im Alter aktiv und kreativ in der Netzwelt einzubringen und auf diese Weise an der modernen Gesellschaft teilzuhaben. Allerdings ist das Interesse an solchen Formen der aktiven Partizipation bei Alt und Jung nicht stark ausgeprägt: Etwa jeder siebte Onliner im Alter ab 60 Jahren zeigte sich 2012 interessiert, aktiv Beiträge ins Netz zu stellen, von den Onlinern ab 14 Jahren ist es jeder vierte (Busemann & Gscheidle, 2010). Ähnlich wie beim Versuch in den 1990er Jahren, interaktives Fernsehen einzuführen, nutzt die breite Masse das Internet eher als »lean-back-medium« denn als Mitmachnetz.

Potenziale zur kognitiven Stimulanz und Bildung

Das Erlernen und der Umgang mit einem neuen Medium wie Computer oder Internet bedeutet für ältere Generationen ein Neu- und Umlernen. Dies setzt Offenheit für neue Erfahrungen voraus und fördert kognitive Aktivität, beides bedeutsame protektive Faktoren für ein gesundes Altern.

Neben den oben angeführten Anwendungsfeldern zu Information, Kommunikation und Partizipation lassen sich auch spezielle Angebote zur kognitiven Stimulanz ausmachen. Beliebt unter älteren Menschen sind unterhaltsame Gedächtnisspiele wie Kreuzworträtsel oder Sudoku, die ebenso online angeboten werden wie eine Vielzahl weiterer Gedächtnisübungen. Zur Bildung und Weiterbildung gibt es e-Learning-Programme für Senioren wie z. B. »eLSe« (www.el-se.org/) vom Institut für Lern-Innovation der Universität Erlangen-Nürnberg.

Onlinegestützte Bildungsangebote bieten Seniorenuniversitäten und Weiterbildungseinrichtungen wie z. B. das Zentrum für Allgemeine Wissenschaftliche Weiterbildung (ZAWiW) in Ulm. Es fördert durch regionale und internationale Projekte »Forschendes Lernen« wie auch intergenerationelles Lernen (www.uni-ulm.de/uni/fak/zawiw/). Zum Konzept gehört es, dass nicht ausschließlich virtuell kommuniziert und gelernt wird, sondern reale Treffen initiiert werden.

Eine neue Form öffentlicher Bildungszugänge stellen sogenannte Moocs (»massive open online courses«) dar, die zumeist von Universitäten angeboten werden. Diese beinhalten Videovorlesungen, die zeit-, orts- und altersunabhängig von Bildungsinteressierten genutzt werden können.

Potenziale zur Selbstständigkeit und Gesundheit

Das Internet schafft neue Handlungs- und Gestaltungsmöglichkeiten im Alter. Durch e-Banking, e-Commerce, e-Government oder e-Learning lassen sich bequem von zu Hause oder mobil Alltagstätigkeiten organisieren. Dies erhöht Zeitsouveränität, Mobilität und Selbstständigkeit, alles Aspekte, die im »Vierten Alter« gefährdet sind, wenn die zunehmende Vulnerabilität körperliche, kognitive und soziale Kompetenzen einschränkt. Das Internet und seine Anwendungsfelder können hier unterstützend wirken und damit auch den Wunsch erfüllen, möglichst lange selbstständig zu Hause und in seiner vertrauten Umgebung leben zu können. Weitere Potenziale zur Aufrechterhaltung von Wohnautonomie und Selbstständigkeit bei Hilfs- und Pflegebedürftigkeit bieten assistive Technologiesysteme mit Netzmedien, Notrufsystemen, Sensor- und Videotechnologien (Stichwort »AAL«, ▶ Kap. 5.6).

Mit sogenannten »Serious Games« ergeben sich neue Anwendungsfelder zur Gesundheitsprävention und Rehabilitation. Auf spielerische Art sollen Aspekte wie Gesundheit, Ernährung, Sport und Bildung gefördert werden. Zu den bekanntesten Produkten gehört die Spielkonsole (z. B. Wii, X-Box), die mitunter auch in Altenheimen zum Einsatz kommt. Allerdings hat die Gaming-Industrie in Bezug auf »Silver Games« noch erhebliches Entwicklungspotenzial. Hingegen finden sich zahlreiche wissenschaftlich begleitete Modellprojekte wie z. B. das Verbundprojekt »Motivotion60+«, www.motivotion.org/). Im Projekt kommt ein Spiel namens »ErgoActive« zum Einsatz, bei dem Senioren mit einem Ergometer-Home-Trainer und der direkten Erfassung von Vitalparametern ein individuell abgestimmtes Kreislauf- und Ausdauertraining absolvieren können.

Abschließend sei erwähnt, dass selbst in der stationären Pflege das Internet als Ressource zur Aktivierung und Biografiearbeit eingesetzt werden kann. So können je nach individuellem Bedürfnis, Interesse und Kulturhintergrund auf Videoportalen passende Angebote zusammengestellt werden (z. B. alte Volkslieder und -tänze, Dialekte und Sprachen, Stars und historische Ereignisse), oder mittels Kartendiensten können vertraute Umwelten (Elternhaus, Heimatorte) virtuell besucht werden. Speziell in der Arbeit mit älteren Migranten eröffnet sich hier ein breites kreatives Betätigungsfeld.

Potenziale des Internets: Zusammenfassung und Folgen

Zusammenfassend demonstrieren die fünf vorgestellten Bereiche, welches Potenzial das Internet für ältere Menschen bereithält. Es kann zu einer wichtigen Ressource für ein gutes und gelingendes Altern werden (Melenhorst, Rogers & Fisk, 2007).Generell können im gelungenen Umgang mit neuen Medien wie Computer, Internet oder Mobiltelefon positive Auswirkungen auf Selbstwirksamkeit und eigenes Altersbild gesehen werden und somit kann Gefühlen der Rückständigkeit und Obsolenz entgegengewirkt werden. In retrospektiv angelegten Befragungen äußern ältere Onliner einen Zugewinn an Information, Kommunikation und Kontakten wie auch an Lebensqualität. Doch fehlen Längsschnittdaten, die nachhaltige positive Auswirkungen empirisch belegen können (Kim, 2008).

6.6.2 Barrieren des Internets im Alter

Trotz der beschriebenen vielfältigen Potenziale bestehen bei vielen älteren Menschen Vorbehalte und Ablehnung gegenüber dem Internet. Andere zeigen sich interessiert, tun sich aber schwer im Zugang zu und im Umgang mit diesem neuen Medium. Hierfür lassen sich im Wesentlichen vier personen- und umweltbezogene Barrieren anführen, die im Folgenden dargestellt werden.

Barriere Lebensphase »Alter«

Dass der ältere Mensch in der Gesellschaft keinen allzu hohen Stellenwert hat, zeigen mediale Schreckensbilder, die das Alter einseitig negativ darstellen wie Diskussionen um die »Rentnerschwemme« oder den »Krieg der Generationen«. Die Werbung deklariert – wohlwissend um den demografischen Wandel – weiterhin die jüngeren Personen unter 49 Jahren zur werberelevanten Zielgruppe. Aber auch hinsichtlich der sozialen Teilhabe und zivilgesellschaftlicher Aktivitäten finden sich strukturelle Defizite. Entsprechend schlussfolgert die Deutsche Bundesregierung in ihrem 5. Altenbericht, dass die Potenziale des Alters noch völlig unzureichend für das ältere Individuum selbst und die Gesellschaft genutzt werden. Es bestehen im Alter Versorgungslücken im Bereich des bürgerschaftlichen Engagements, an Bildungsangeboten und in der Zielgruppenansprache als Konsument und Medienrezipient. Kruse (2007) fordert eine »altersfreundliche Kultur«, Kade bemängelt eine »Vergesellschaftungslücke«: »*Für jedes Lebensalter hält die Gesellschaft typische Regularien, Sozialisationsformen und Institutionen bereit, nur nicht für das Alter*« (Kade, 2009, S. 109). So werden bis heute ältere Arbeitnehmer unzureichend mit neuen Technologien und Medien fortgebildet; und im Bildungssektor findet sich besonders im ländlichen Raum eine Unterversorgung an Zugangs- und Nutzungsangeboten für neue Medien im Alter. Erst sporadisch findet sich Werbung für ältere Menschen in Bezug auf Computer, Internet oder Mobilfunk. Weiterhin dominieren in der Werbesprache Anglizismen und technische Begrifflichkeiten sowie unübersichtliche Tarife. Bspw. bieten Pauschalangebote mehr Kosten-Transparenz, doch als »Flatrates« präsentiert, stellen sie eine unnötige Barriere für ältere Generationen dar.

Barriere Kohorte und Generation

Das spezifische Medienverhalten älterer Menschen wird nicht allein durch Veränderungen im Alternsprozess bestimmt, auch soziodemografische Merkmale, soziale Milieus sowie Kohorten- und Generationenzugehörigkeit spielen eine Rolle. Nahe beieinander liegende Jahrgänge verbinden kollektive Erfahrungen gesellschaftlicher Umwelten. Dies umfasst historische, kulturelle, soziale, politische, ökonomische wie auch technische und mediale Aspekte, die vor allem in der Jugendphase (»formative Phase«) prägend wirken (▶ Kap. 5.3.2). Analog zu den »konjunktiven Erfahrungsräumen« (Mannheim, 1980) und kollektiven Technikerfahrungen (Sackmann & Weymann, 1994) beschreibt Schäffer (2009) generationsspezifische »Medienpraxiskulturen«, die auf »fundamentalen Lern- und Aneignungsprozessen« im Umgang mit Medien beruhen und mit spezifischen Denkformen und Handlungsweisen einhergehen. So wuchsen bspw. Personen, die zwischen 1930 und 1939 geboren wurden, in einer Medienumwelt auf, die geprägt war von Zeitung, Kino, Radio und Grammophon (▶ Abb. 6.5).

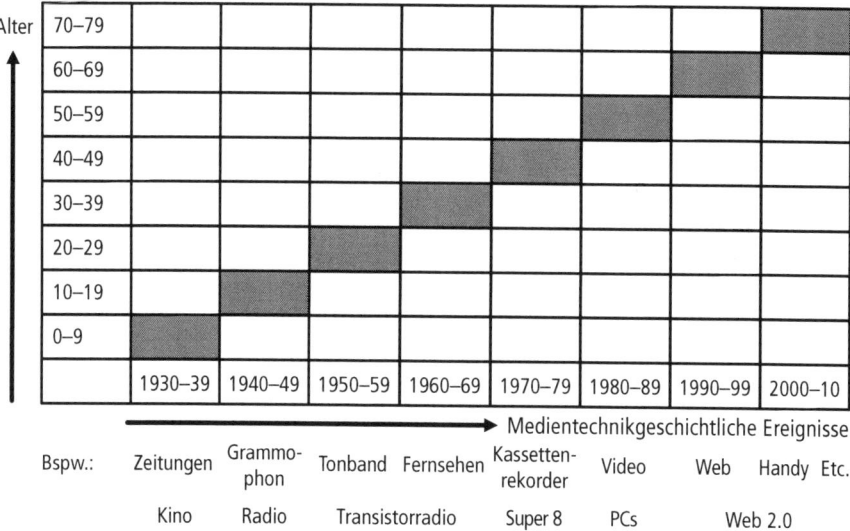

Abb. 6.5: Entwicklung der Mediengeschichte und Alterung der Kohorten (nach Schäffer, 2009, S. 34)

Die Anwendungsformen und Handlungsspielräume mit diesen Medien bestimmen nicht nur die Nutzung dieser Geräte; sie prägen auch Einstellung und Verhalten gegenüber neu im weiteren Lebenslauf hinzukommenden Medien. Schäffer (2009) konstatiert in seiner Studie, dass Personen, die vor 1950 geboren wurden, gegenüber dem Computer eine dominant funktionale Einstellung aufweisen, die er auf deren Mediensozialisation zurückführt. Jüngere Kohorten zeigen verstärkt spielerische Umgangsformen mit Medien. Damals gab es noch keine spielerischen, identitätsstiftenden Medien wie Kassettenrekorder, MP3-Player oder soziale Netzwerke. Hinzu kommt eine völlig andere Technikgrammatik bzw. Bedienungsweise: Während ältere Kohorten durch elektromagnetische und mechanische Bedienung von Medien- und Technikgeräten sozialisiert wurden, sind ihnen softwarebasierte Menüoberflächen fremd (Docampo Rama et al., 2001) (▶ Kap. 5.5.4). Die digitalisierte Medienumwelt stellt insofern für viele Personen aus älteren Kohorten bzw. Generationen eine Barriere dar. Darüber hinaus erfordern diese modernen Geräte aufgrund ihrer Komplexität einen höheren mentalen Aufwand, speziell an das Arbeitsgedächtnis und an visuell-räumliche Fähigkeiten. Speziell diese Funktionsbereiche können mit fortschreitendem Alter Probleme bereiten.

Alternsspezifische Barrieren

Gleichwohl ältere Menschen über eine generelle Lernfähigkeit und Lernbefähigung im Umgang mit neuen Medien verfügen, finden sich erhöhte Lernschwierigkeiten infolge von sensorischen, kognitiven und motorischen Alterseffekten (Charness & Schaie, 2003; Cutler, 2006). Zudem erfordert der Umgang mit digitalen Medien wie Computer, Internet oder Mobiltelefon für ältere Kohorten ein Um- und Neulernen, was weitere kognitive und motivationale Barrieren bedingen kann. Als psychologische Reaktionen können daraus Gefühle von Verunsicherung, Obsoleszenz, Kompetenz- und Kontrollverlust entstehen, die eine Distanz und Verweigerung gegenüber neuen Medien zur Folge haben.

Mit dem Altern lernt der Mensch nicht unweigerlich schlechter, aber anders. Ab dem dritten Lebensjahrzehnt lässt die Geschwindigkeit der Informationsverarbeitung nach und damit die Lerngeschwindigkeit, ab dem fünften Lebensjahrzehnt auch die Lernkapazität. Dies führt zu erhöhten Schwierigkeiten beim Erlernen neuer Technologien und Medien. Insofern wundert es nicht, dass ältere Menschen im Vergleich zu jüngeren bei Leistungstests schlechter abschneiden. Sie arbeiten mit einem Computer langsamer, fühlen sich unsicherer, haben größere Ängste, etwas falsch zu machen, und begehen auch mehr Anwendungsfehler (Czaja et al., 2006). Ähnlich zeigen sich Altersunterschiede bei Internetaufgaben wie dem Auffinden von Informationen im freien Netz oder in einer Online-Bibliothek. Hinzu kommen motorische und sensorische Barrieren, die sich besonders im Vierten Alter bemerkbar machen und wiederum das kognitive Leistungsvermögen einschränken können. Laut einer Schweizer Studie von 2009 klagt jeder vierte Offliner im Alter ab 65 Jahren über Gedächtnisschwierigkeiten sowie über Seh- oder Hörprobleme; jeder sechste über motorische Einschränkungen der Finger oder Hände. Unter den Onlinern fallen diese Einschränkungen deutlich geringer aus (Schelling & Seifert, 2010).

Aufgrund dieser altersgebundenen Barrieren gilt es bei Bildungsangeboten spezifische Lernmodalitäten zu berücksichtigen. Nach Kim (2008) lassen sich folgende Merkmale als lernförderliche Umwelten anführen: kleinere, altershomogene Klassen; wenn ältere Frauen über geringere Technikkompetenz und höhere Technikängste verfügen, mitunter auch geschlechtshomogene Gruppen. Altersähnliche Lehrer und Tutoren wirken vertrauter und können Lerninhalte näher an der Alltagswelt älterer Menschen vermitteln. Das Lerntempo sollte selbstgesteuert erfolgen und Lernziele an den individuellen Bedürfnissen, Interessen und Kompetenzen ausgerichtet sein. Printmedien als Lernmaterial sind hilfreich und sollten mit angepasster Schrifttype und -größe, einfachen Formulierungen und Anweisungen sowie mit Illustrationen zu den Textpassagen versehen sein. Unterstützend wirken arbeitsergonomische Aspekte wie individuell angepasste Sitzmöglichkeiten, ausreichende Lichtverhältnisse, ein Computer mit einem Trackball an der Maus oder ein Monitor, an dem sich der Kontrast und die Helligkeit per Tastendruck einstellen lassen. Auch sollte sich die Lernsoftware in Schrift, Farbe und Fenstergröße variieren lassen.

Medienbezogene Barrieren: Zugänglichkeit, Nützlichkeit und Datenqualität

Neben den personenbezogenen Barrieren sind es vor allem die Medien und Technikgeräte selbst, die für ältere Menschen oftmals unüberwindbare Barrieren aufweisen. Dabei können zwei Formen umweltbedingter Barrieren unterschieden werden.

Zum einen Barrieren hinsichtlich der technischen Zugänglichkeit (»Accessibility«). So sollten bspw. Inhalte im Internet auch für Personen mit motorischen und sensorischen Einschränkungen zugänglich sein, z. B. durch softwaregestützte Vorleseprogramme (»screenreader«) für sehbeeinträchtigte Personen. Zudem sollten Inhalte unabhängig vom Betriebssystem oder vom Display (Computer, Mobiltelefon, PDA) aufrufbar sein. Eine weitere Form der Ausgrenzung bieten geschützte Websites, die nur mit sogenannten Captchas (»Completely Automated Public Turing test to tell Computers and Humans Apart«) nutzbar sind. Solche Eingabefelder, bei der verschwommene Ziffern oder akustisch verzerrte Laute dechiffriert werden müssen, stellen nicht nur für beeinträchtigte Personen eine technische Barriere dar. Zum anderen bestehen vielfältige Barrieren hinsichtlich der Benutzbarkeit und Gebrauchstauglichkeit (»Usability«). Diese umfassen Aspekte der Hardware-Ergonomie, wonach technische Produkte wie Computergehäuse, Bildschirm, Maus und Keyboard im Design und Aufbau so gestaltet sein sollten, dass Menschen mit Einbußen im Bewegungs- und Wahrnehmungsapparat damit barrierefrei arbeiten können. Zudem sollten Bedienprogramme und Internetseiten intuitiv und leicht nutzbar sein und geringe Fehlerraten aufweisen. Als Maxime gilt ein »Design for All« oder »Universal Design«: Was für Personen mit motorischen, sensorischen oder kognitiven Einschränkungen gut und bedienungsfreundlich ist, ist es auch für alle anderen (▶ **Kap. 5.3.3**). Für das Internet bedeutet dies z. B. die Verwendung einer einfachen, verständlichen Sprache, flexibler Farben und Schriftgrößen sowie die Vermeidung zu breiter Seiten und zu langer Namen von Webseiten.

Als Reaktion auf solche internetspezifischen Barrieren entwickelte das US-amerikanische »World Wide Web Consortium« (W3C) im Jahre 1999 Richtlinien. Die »Web Content Accessibility Guidelines 1.0« (WCAG 1.0) enthalten 14 Richtlinien und technische Umsetzungshinweise für ein barrierefreies Web-Design (Seitengestaltung, Inhaltsarchitektur, Layout) wie z.B. Textbeschreibungen zu Bildern, Verwendung kontrastreicher Farben oder Ausschreiben von Abkürzungen. Zu jeder Richtlinie gibt es drei Prioritätsstufen, die vorgeben, was beim Web-Design beachtet werden muss (Stufe 1), beachtet werden soll (Stufe 2) und werden kann (Stufe 3). In Deutschland gelten Vorgaben der Stufe 1 seit 2006 auf Bundesebene für alle Einrichtungen des öffentlichen Rechts. Gesetzlich festgeschrieben sind diese Bestimmungen in der »Barrierefreien Informationstechnik-Verordnung« (BITV), einer Ergänzung des Behindertengleichstellungsgesetzes (BGG) aus dem Jahre 2002. Doch sind diese Vorgaben keineswegs auf Länderebene einheitlich umgesetzt, sodass besonders auf kommunaler Ebene noch Defizite für ein barrierefreies Internet bestehen.

Das Internet gilt als ein offenes System, das relativ ungefiltert und ungeschützt Inhalte darbietet. Die Kehrseite dieser offenen Kommunikationsarchitektur stellen Mängel in der Datensicherheit, dem Schutz persönlicher Daten und der Datenqualität dar. Dabei hinkt das kulturelle Bewusstsein den fortschreitenden Gefahrenquellen hinterher, was im Sinne von Riley, Kahn und Foner (1994) als »cultural lag« bezeichnet werden kann. Schlagworte wie Datenüberwachung, Datensicherheit, Viren, Spam, Phishing, Shitstorm und Internetpiraterie umreißen die Vielfalt an Risiken, verunsichern Onliner, distanzieren Offliner und belasten das Image des Mediums. Der öffentliche Diskurs um Liberalisierung oder Regulierung kann als gesellschaftlicher Adaptationsprozess an die neuen Informations- und Kommunikationsverhältnisse verstanden werden, wobei die Einstellungen und Haltungen einer generationsspezifischen Medienpraxiskultur zu entsprechen scheinen. Analog geprägte Generationen fordern weit mehr ordnungspolitische Lösungen, während die jungen, im digitalen Zeitalter sozialisierten Generationen weit mehr für die liberale Freiheit des Netzes stehen. Nach Bolz (1993, »Das Ende Gutenberg-Galaxis«) befindet sich die Menschheit im Übergang von der Schriftkultur zur telematischen, vernetzten Gesellschaft mit Hypermedien und neuen kulturellen Codes. Der sichere und kompetente Umgang mit dem Internet stellt insofern nicht nur für ältere Generationen eine Herausforderung dar, denn er erfordert *»eine höhere und eigenständigere Bewertungskompetenz«* (Sandbothe, 1998).

Barrieren des Internets: Zusammenfassung und Folgen

Die Zusammenschau der umwelt- und personenbezogenen Barrieren lässt deutlich werden, weshalb weiterhin viele ältere Menschen eine relativ große Distanz zum Internet aufweisen. Dies wird durch Befunde aus der ARD/ZDF-Offline-Studie 2009 zu Motiven und Einstellungen von Offlinern bestätigt: 93% der Befragten erkennen keinen Mehrwert zu den genutzten klassischen Massenmedien und 83% sehen keinen persönlichen Nutzwert (Gerhards & Mende, 2009). Jeder

Zweite bemängelt fehlende Transparenz von Tarifen, jeder Dritte fehlende Kompetenzen, jeder Vierte fehlende soziale Unterstützung zum Einstieg. Eine grundsätzliche Ablehnung des Internets nennt ein Drittel. Als Hauptsorgen werden von Offlinern eine Suchtgefahr (85 % Zustimmung) und die Verbreitung pornografischer und politisch extremer Inhalte (72 % Zustimmung) genannt. Dieses negative Image wird durch eine zunehmend kritische Haltung gegenüber einer mangelnden Datensicherheit und -qualität bekräftigt. Offliner ab 65 Jahren hält besonders der kognitive Kostenaufwand zum Erlernen dieser Technik von deren Nutzung ab. 71 % empfinden das Internet als zu kompliziert, 60 % empfinden den Lernaufwand als zu hoch (Schelling & Seifert, 2010). Bemerkenswert ist in der Schweizer Studie die subjektive Einschätzung älterer erfahrener Onliner zu ihren Anfangssorgen. Als Neuling empfanden 42 % das Internet als kompliziert, mit zunehmender Nutzungserfahrung reduzierte sich der Anteil auf 22 %. Ebenso verringerte sich die Sorge um einen zu hohen Lernaufwand von 33 % auf 16 % und die Angst vor technischen Problemen von 40 % auf 29 %. Diese Befunde unterstreichen zum einen die Bedeutung psychologischer Barrieren, zum anderen die hohe Plastizität, solche Barrieren durch positive Nutzungserfahrungen abbauen zu können.

6.7 Interventionsperspektiven

Wie gezeigt werden konnte, ist unter älteren Menschen die Mediennutzung sehr heterogen ausgeprägt – nicht nur in Bezug auf die traditionell stark genutzten Massenmedien Fernsehen, Radio und Tageszeitung, sondern auch im Umgang mit neuen Medien wie Computer, Internet oder Mobiltelefon. Es ist davon auszugehen, dass durch die Mediatisierung die Diversifizierung und Individualisierung der Mediennutzung im Alter zunehmen wird. Damit bleibt auch die Diskussion um digitale Ausgrenzung bestimmter Personengruppen präsent. Die Annahme, dass dieses Problem – durch Wegfall der ältesten Kohorten – von alleine »aussterben« wird, ist trügerisch. Es ist keineswegs ausgeschlossen, dass die digitale Kluft zwischen Alt und Jung wie auch zwischen den älteren Menschen durch die mit der Mediatisierung einhergehende Innovationsdynamik erhalten bleibt oder sich sogar vergrößern könnte.

Es geht folglich in Zukunft nicht nur darum, in die digitale Welt einzutreten, sondern auch in ihr zu verbleiben. Lebenslanges Lernen wird mehr denn je auch im Umgang mit (neuen) Medien zur Maxime für ein gutes und gelingendes Altern. Nicht nur um mit dem medialen Umweltdruck Schritt zu halten, sondern auch, um Medien als gewinnbringende Ressource für ein gutes Altern nutzen zu können.

Unter dem Schlagwort »Digitale Inklusion« werden seit einigen Jahren diverse regional, national und europaweit konzipierte Förderprojekte und Kampagnen aufgelegt, um distante Bevölkerungsgruppen an die digitale Welt heranzuführen, wie bspw. das von 2009 bis 2011 vom Bundesministerium für Wirtschaft und Technologie geförderte Verbundprojekt »Internet erfahren« (http://www.internet-erfahren.de/). Vorrangiges Ziel ist es, Individuen Zugänge und Lernmöglichkeiten im Umgang mit neuen Medien wie dem Internet zu verschaffen. Durch Ausprobieren und Kennenlernen sollen Barrieren minimiert und Potenziale für den eigenen Nutzen näher gebracht werden. Doch fehlt diesen – zumeist temporär angelegten – Initiativen mitunter die ökonomisch-strukturelle Basis für ein nachhaltiges Angebot und eine Weiterförderung. Zudem werden überwiegend interessierte und aufgeschlossene Offliner erreicht, die aus bildungsnahen Milieus kommen. Weit schwieriger ist es hingegen, bildungsferne und hochaltrige Personen wie auch ältere Personen mit Migrationshintergrund anzusprechen. Diese Personengruppen gilt es, durch informelle Angebote im direkten Wohnumfeld und über das soziale Umfeld wie Familie, Nachbarschaft oder Verein einzubinden. Stadtteilbezogene Initiativen von Seniorengruppen können dabei hilfreich sein, wie z. B. die Regensburger Initiative »Senioren@home« zeigt, bei der technikerfahrene Senioren aus der Nachbarschaft ehrenamtlich Hilfe und Beratung anbieten und Hausbesuche machen. Vielversprechend ist auch die Qualifizierung von älteren, technikaffinen Personen als Multiplikatoren und Wissensvermittlern für technikdistante Personengruppen, wie z. B. durch die vom Bundesministerium für Bildung und Forschung geförderte Initiative der »Senioren-Technik-Botschafter«. Gewinnbringend können intergenerationelle Projekte sein, in denen Alt und Jung voneinander profitieren, bspw. indem Schüler in »Sprechstunden« technisches Know-how im Umgang mit neuen Medien vermitteln und Senioren als historische Zeitzeugen am Geschichtsunterricht teilnehmen. Auf kommunaler Ebene könnten Infrastruktur und Serviceangebote verbessert werden, besonders in ländlichen Regionen. Homepages von Städten sollten barrierefrei aufbereitet sein und eine Plattform für seniorenspezifische Angebote, Dienste und Informationen bereitstellen. Denkbar wäre auch der Ausbau niedrigschwelliger Zugangsorte von Informations- und Serviceterminals (z. B. an Bahnhöfen, Sehenswürdigkeiten, Kliniken, Einkaufszentren).

Eine weitere wichtige Interventionsperspektive beinhaltet die Anpassung medialer Umwelten an die Bedürfnisse älterer Menschen. Dies umfasst zum einen medienbezogene Aspekte wie barrierefreies Internet, Schutz persönlicher Rechte, des geistigen Eigentums und des Gemeinwohls, Datensicherheit und Datenqualität. Eine positive Weiterentwicklung solcher medienpolitisch bedeutsamer Herausforderungen würde das Image des Internets verbessern helfen. Insbesondere ablehnende und distanzierte Offliner könnten dadurch an das Internet herangeführt werden (Schelling & Seifert, 2010). Zum anderen wird der ältere Mensch trotz seiner demografischen und ökonomischen Ressourcen keineswegs als entsprechender Konsument und Medienrezipient mit seinen Bedürfnissen ausreichend ernst- und wahrgenommen. Beim Fernsehen werden seit den 1980er Jahren Programmkonzepte und -angebote vorrangig auf die als werberelevant definierte Zielgruppe der 14- bis 49-Jährigen ausgerichtet. Dies ist nicht nur anachronistisch, es trägt auch Züge von Altersdiskriminierung. Besonders das Fernsehen, aber auch das Radio und die Printmedien werden für ältere Menschen in den nächsten Jahrzehnten bedeutsam bleiben – sowohl als Informations- und Kommunikationsquelle als auch zur Unterhaltung, Entspannung und gesellschaftlichen Teilhabe.

Fragen zur inhaltlichen Reflexion

Mit den nun folgenden Fragen, die das vorangegangene Kapitel zur Reflexion stellen, möchten wir Sie dazu einladen, sich etwas Zeit zu nehmen und sich noch einmal auf die gelesenen Inhalte einzulassen. Bitte notieren Sie eigene Überlegungen zu den folgenden Fragen.

1. Weshalb stellt Fernsehen das Leitmedium im Medienalltag älterer Menschen dar?
2. Was versteht man unter heterogener Mediennutzung im Alter? Geben Sie Beispiele.
3. Welche Potenziale bietet das Internet für ältere Menschen?
4. Was hindert ältere Menschen daran, neue Medien wie das Internet zu nutzen, und was bedeutet barrierefreies Internet?
5. Welche Möglichkeiten gibt es, ältere Menschen an die digitale Welt heranzuführen?

Weiterführende Literatur

Doh, M. (2011a). Der ältere Mensch auf dem Weg zur Informationsgesellschaft – Entwicklungslinien, Potenziale und Barrieren am Beispiel von Internet und Mobiltelefon. In M. Plechaty & H.Plischke (Eds.), *Ältere Menschen und die Nutzung neuer Medien. Regionale Symposien zum demographischen Wandel unserer Gesellschaft 2010* (S. 38–76). Bad Tölz: Peter-Schilffarth-Edition.

Doh, M. (2011b). *Heterogenität der Mediennutzung im Alter. Theoretische Konzepte und empirische Befunde.* Schriftenreihe Gesellschaft – Altern – Medien, Bd.2. München: kopaed.

Schorb, B., Hartung, A. & Reißmann, W. (Eds.). (2009). *Medien und höheres Lebensalter. Theorie – Forschung – Praxis.* Wiesbaden: VS-Verlag.

7 Umwelten älterer Menschen: Entwicklungschancen und -grenzen – ein Ausblick

So, wie wir das Buch mit einem Szenario begonnen haben, so möchten wir es nun auch abschließen. Im Folgenden möchten wir dabei zum einen das förderliche Potenzial von Umwelten skizzieren, indem wir Frau Jansen vorstellen, die innerhalb ihrer Umwelten gut zurechtzukommen scheint. Zum anderen möchten wir anhand des Beispiels von Herrn Huber aufzeigen, dass Umwelten durchaus auch Hemmnisse darstellen können. Dabei werden wir, wohlwissend um die enge Verwobenheit unserer Umwelten, den Versuch unternehmen, die Implikationen, die sich aus den beiden Szenarien jeweils ergeben, einzeln auf die Themenbereiche Wohnen, Mobilität sowie Technik und Medien anzuwenden. Wie wir gesehen haben, findet Altern in einem wechselseitigen Austausch von Personen mit ihren Umwelten statt. Die beiden Szenarien zeigen dabei auf, dass dieser Austausch unterschiedlich gut gelingen kann. Doch wovon hängt der Ausgang der Person-Umwelt-Beziehung oder – in unserem Falle – der Szenarien – ab? Der Beantwortung dieser Frage werden wir uns in den letzten Abschnitten widmen.

7.1 Förderliches Potenzial von Umwelten

7.1.1 Szenario A: Frau Jansen

Es ist Mittwochmorgen und Frau Jansen ist gerade durch ihren Radiowecker aufgewacht. Gestern feierte sie ihren 80sten Geburtstag. »Wie schnell die Zeit doch vergangen ist«, denkt sie sich. Es kommt ihr wie gestern vor, als sie ihren 50sten Geburtstag groß feierte. Ihre Gedanken werden unterbrochen durch das Geräusch der Kaffeemaschine in der Küche. Die ist so programmiert, dass sie bemerkt, wenn Frau Jansen sich in ihrem Bett aufsetzt und sich dann automatisch einschaltet. Eine gute Tasse Kaffee am Morgen war ihr schon immer wichtig. Sie wirft noch einen kurzen Blick auf ihren Wecker, der ihr auch die Wettervorhersage anzeigt und dementsprechende Kleidungsempfehlungen gibt. 20 Grad, Sonne, lange Hose und Bluse. Wunderbar! Und schlau ist nicht nur die Kaffeemaschine, sondern auch der Boden ihrer Wohnung; der würde nämlich bemerken, wenn Frau Jansen stürzen würde, um dann Hilfe zu verständigen. Weil sie dieser Technik nicht traute, hat Frau Jansen das einmal ausprobiert und tatsächlich – als sie sich regungslos auf den Boden gelegt hat, wurde sie umgehend vom Pflegedienst angerufen. Gut zu wissen, dass das also funktioniert; so kann sie sich ohne Angst in der Wohnung bewegen. Am Anfang war Frau Jansen sehr gekränkt und fassungslos, als ihre Tochter ihr den Umzug in eine altersgerechte Wohnung nahelegte. Als ob sie das schon nötig hätte? Und alte Bäume verpflanzt man schließlich nicht! Zu Beginn ging es Frau Jansen auch gar nicht gut mit dem neuen Umfeld. Zum Glück gab es nette Nachbarn, die sie viel mit zu Veranstaltungen nahmen und ihr diese schwere Zeit etwas erleichterten. Mittlerweile kann sie sich eingestehen, dass diese großen Flächen und die Schränke und Spiegel, die man in der Höhe anpassen kann, zum einen wirklich recht chic und zum anderen auch sehr praktisch sind. Nicht nur, um mit dem Rollator umherzulaufen, sondern z. B. auch für ihre Urenkelin, die bei ihr in der Wohnung gar keinen Hocker braucht, um sich im Spiegel anzusehen. Auf dem Weg in die Küche streichelt sie kurz Urmel, ihrer Roboterrobbe, über den Kopf. Diese schmiegt sich kurz an sie, fiepst und schließt dann wieder die Augen. Sie ist einem lebendigen Tier wirklich zum Verwechseln ähnlich – nur, dass sie glücklicherweise keine Arbeit macht, denkt Frau Jansen. Aber schade ist es trotzdem, dass sie keine eigene Katze mehr hat. Und dass die Robbe beim Streicheln ihren Puls und den Blutdruck misst und diesen an den Hausarzt überträgt, merkt man wirklich nicht. Fast schon ein wenig unheimlich. Nicht geheuer ist ihr auch der Kühlschrank der Nachbarin, der dem Supermarkt übermittelt, wenn etwas ausgeht, und es dann automatisch nachbestellt und liefert; da geht Frau Jansen doch lieber weiterhin zu Fuß auf den Markt in ihrem Stadtteil, da ihr sonst die Unterhaltungen mit den alten Bekannten dort sehr fehlen würden. »Und außerdem ist es bei all der Bequemlichkeit ja auch mal gut, rauszukommen«, denkt sie sich, und macht sich mit ihrem Rollator auf den Weg zur Bushaltestelle.

7.1.2 Implikationen des Szenarios A

Was den Bereich des Wohnens betrifft, bieten altersgerechte, also barrierearme Wohnungen eine Möglichkeit, (weiterhin) selbstständig wohnen zu können. Dabei stellen bauliche Maßnahmen, die den Alltag älterer Menschen erleichtern sollen, wie beispielsweise Aufzüge, höhenverstellbare Schränke oder größere Flächen zum bequemen Rangieren, oftmals auch Komfort für jüngere Menschen dar. Am Beispiel von Frau Jansen klang an, dass ein Umzug im Alter sehr schwer fallen kann und nicht nur das Verlassen der eigenen vier Wände, sondern auch das des gewohnten Quartiers mit sich bringt. Im Falle von Frau Jansen waren es insbesondere bedeutungsvolle Aktivitäten und Sozialkontakte vor Ort, die es ihr letztendlich ermöglicht haben, diese Umweltherausforderung zu meistern. Zukünftig werden Angebote dann attraktiver und erfolgreicher sein, wenn sie eine selbstverständlicher werdende angepasste Räumlichkeit im Wohnbereich (Barrierefreiheit), mit Möglichkeiten der technischen Ausstattung (Unterstützung, Anregung), der Beibehaltung des gewohnten sozialen Austauschs und kleinräumigen Angeboten in fußläufiger Nähe kombinieren können.

Der Kontakt zu Bekannten ist es auch, der Frau Jansen motiviert, weiterhin auf den Markt zu gehen. In diesem Falle stellt die außerhäusliche Mobilität also nicht nur ein Mittel dar, um körperlich aktiv zu bleiben, sondern ebenfalls eine Möglichkeit, um bspw. Sozialkontakte und Routinen aufrechterhalten zu können. Die Möglichkeiten zur außerhäuslichen Mobilität hängen dabei, insbesondere beim Vorliegen von Funktionseinbußen, von der gegebenen Infrastruktur ab (Gehwege, Ausbau des ÖPNV etc.). »Passt« die Infrastruktur zu den Einbußen der Person (wie bspw. das Vorhandensein eines Aufzugs, wenn man auf einen Rollstuhl angewiesen ist), kann sie dazu beitragen, gewohnte Umwelten auch weiterhin nutzen und bisher unbekannte Umwelten neu entdecken zu können.

Der Einsatz von Technik im häuslichen Bereich kann ein eigenständiges Leben zum einen komfortabler und einfacher machen, zum anderen zu mehr Sicherheit beitragen; sowohl was den innerhäuslichen als auch den gesundheitlichen Bereich betrifft. Insbesondere schon länger eingeführte Medien (z. B. Radio, Fernseher) sind oftmals zu einem integralen Bestandteil des Alltags geworden. Dabei ist es weder so, dass Ältere Technik gegenüber prinzipiell negativ eingestellt sind, noch nehmen sie den Technikeinsatz unkritisch hin. Frau Jansen, die in ihrer Wohnung über einige Technik verfügt, hinterfragt beispielsweise den »schlauen« Kühlschrank der Nachbarin und lehnt diesen für sich selbst ab. Am Beispiel der Roboterrobbe wurde deutlich, dass Technik auch Interaktionsmöglichkeiten bieten kann, wobei natürlich klare Grenzen der Kommunikationsmöglichkeiten erkennbar sind und der Einsatz von Technik zur Steigerung von Interaktion und Kommunikation stets ethisch diskutiert werden muss. Auf ethische Grenzen der Nutzung von Technik oder eigene Bedenken in diesem Zusammenhang (Überwachung, Kontrolle, Privatsphäre) muss ebenfalls eingegangen werden, auch wenn Frau Jansen hier eine große Offenheit gegenüber neuen Techniken signalisiert.

7.2 Hemmnisse von Umwelten

7.2.1 Szenario B: Herr Huber

Herr Huber hat heute einiges vor: er möchte sich einen neuen Mantel kaufen und sich anschließend in der Stadt noch mit einem alten Bekannten zum Kaffeetrinken treffen. Er wartet auf seinem Lieblings-Radiosender, der leider zunehmend mehr moderne Lieder spielt, noch die Nachrichten mit dem Wetterbericht ab und macht sich dann auf den Weg. Regnen soll es schon mal nicht, das macht die Sache leichter. Mal sehen, wie lange ich diese vielen Treppen vom dritten Stock in das Erdgeschoss noch schaffe, denkt er sich, während er beschwerlich eine Stufe nach der anderen nimmt. Da wäre so ein Aufzug doch was Gutes, aber das ist in diesem alten Haus ja leider nicht machbar. An der Haltestelle angekommen, kommt auch schon die Straßenbahn. Der

Einstieg ist immer eine größere Herausforderung, weil es an Herrn Hubers Haltestelle keine erhöhten Fahrsteige gibt und er, wenn die Knie besonders schmerzen, beim Einsteigen zumeist auf die Unterstützung anderer Fahrgäste angewiesen ist. Dabei fragt Herr Huber nur ungern nach Hilfe. Die Bahn ist voll und als Herr Huber sich überwunden hat, einen jungen Mann um dessen Platz zu bitten, reagiert dieser erst gar nicht, weil er so beschäftigt auf seinem Telefon herumtippt und dabei so laut Musik hört, dass selbst Herr Huber die Melodie hören kann. Herr Huber blickt in der Bahn umher: Keiner redet miteinander, alle starren auf ihre Telefone und sind ganz woanders. Ob diese ganze moderne Technik nicht eher ein Fluch als ein Segen ist, weiß ich auch nicht, denkt sich Herr Huber und steigt in der Stadtmitte aus. Nachdem er alle Einkäufe erledigt hat, macht er sich auf den Weg zum Café. Er nimmt gerne einen kleinen Umweg in Kauf, damit er sich nicht erneut durch die hektische Fußgängerzone lavieren muss, in der man von der vielen Leuchtreklame und den Geräuschen überfordert ist. Im Café angekommen richtet ihm die nette Bedienung aus, dass der Bekannte angerufen habe, weil er sich etwas verspäten würde. Hätte ich auch so ein Seniorenhandy wie mein Bekannter, hätte er mich direkt anrufen können und ich hätte mich nicht so beeilen müssen, denkt Herr Huber. Na ja, aber sicherlich könnte ich damit gar nicht umgehen. Und außerdem bin ich für so was schon zu alt. Er nimmt einen Schluck seines Kaffees und beginnt dann, sich die Wartezeit mit einem Blick in die Tageszeitung zu vertreiben.

7.2.2 Implikationen des Szenarios B

Das Wohnen in der eigenen Wohnung oder dem eigenen Haus kann zur Herausforderung und letztendlich zum Problem werden, wenn die Person nicht mehr über die entsprechenden Fähigkeiten verfügt, die die Wohnumwelt erfordert. Für Herrn Huber stellen beispielsweise die vielen Treppenstufen von seiner Wohnung bis ins Erdgeschoss eine Barriere dar, die er möglicherweise, wenn seine Knieprobleme sich verschlechtern sollten, nicht mehr ohne weiteres überwinden könnte, insbesondere wenn er auch noch einen Regenschirm in der einen Hand hätte. Nicht immer sind Wohnraumanpassungen möglich; sei es aus architektonischen, finanziellen oder anderen Gründen. In diesem Falle muss langfristig über einen Umzug in eine passendere (Wohn-)Umwelt nachgedacht werden.

So, wie die Selbstständigkeit in den eigenen vier Wänden durch eine unpassende oder nicht mehr passende Wohnumwelt beeinflusst werden kann, so kann auch die außerhäusliche Mobilität erschwert werden durch eine nicht (mehr) den Bedürfnissen der Person entsprechenden Gestaltung der Umwelt (z. B. zu niedrige Bahnsteige, alte Straßenbahnen, bei denen Treppen vorhanden sind). Die Anforderungen der Umwelt können dabei insbesondere bei alterskorrelierten nachlassenden sensorischen, kognitiven und bewegungsbezogenen Fähigkeiten eine erhebliche Anforderung an das Individuum stellen. In Herrn Hubers Fall sind dies beispielsweise die auf die Person einströmende Reklame oder die überfüllte Fußgängerzone mit ihrer großen Menge an zu verarbeitender Information.

Nicht nur die (alternde) Person, sondern auch Medien und die damit verbundenen Inhalte (z. B. Radio- und Fernsehsendungen) verändern sich über die Zeit. Diese Veränderungen bedeuten jedoch nicht, dass sich die Medieninhalte parallel mit den Bedürfnissen und Wünschen älterer Nutzerinnen und Nutzer fortentwickeln; vielmehr ist es oftmals so, dass die aktuellen Medienangebote die Interessen der Älteren weitgehend unberücksichtigt lassen zugunsten der Wünsche Jüngerer. Auch der mit den Medien eng verwobene Bereich der Technik unterliegt einer stetigen Dynamik und Weiterentwicklung. Die fortwährend neu auf dem Markt erscheinenden Geräte können bei (insbesondere ungeübten und ängstlichen) Älteren bei Bedienungsproblemen Überforderungserleben und infolgedessen Gefühle von Inkompetenz hervorrufen. Zudem kann die Beobachtung anderer (jüngerer) Personen im Umgang mit Technik das Gefühl, nicht mehr an der Gesellschaft teilzuhaben und veraltet zu sein, fördern. Im Falle von Herrn Huber klingt zudem ein Unverständnis für die Technikaffinität jüngerer Generationen an sowie das Risiko, dass durch die Techniknutzung Sozialkontakte erschwert bzw. verhindert werden können.

7.3 Umwelten sind gestaltbar

Wie wir anhand der beiden Szenarien gesehen haben, können Umwelten zum einen förderlich sein, zum anderen können Umwelten auch Hemmnisse für die (alternde) Person darstellen. Doch wovon hängt der Ausgang des Szenarios ab? Es wäre sicherlich zu kurz gefasst, wenn man die gesamte Verantwortung auf Seiten der Person verorten würde. Im Folgenden werden deshalb neben den Anforderungen an die Person auch die Anforderungen an Politik und Forschung zur Mitgestaltung dargestellt.

7.3.1 Anforderungen an die älter werdende Person zur Mitgestaltung

Eine Anforderung, die primär auf Seiten der Person zu sehen ist, ist sicherlich eine frühzeitige Auseinandersetzung mit den längerfristig benötigten Erfordernissen seitens der Umwelt. Darunter ist beispielsweise die Informationssuche über altersgerechte Wohnformen, Möglichkeiten der Wohnraumanpassung, technische Unterstützungsmöglichkeiten oder die Schaffung finanzieller Rücklagen zu zählen. Teilweise erfordert das bewusste Nachdenken über eventuelle im weiteren Lebensverlauf auftretende Schwierigkeiten sicherlich auch Mut und das Abwägen und In-Betracht-Ziehen möglicher – vielleicht ungewohnter und neuer – Lösungsmöglichkeiten ein Stückweit Offenheit Neuem gegenüber. Hilfreich ist dabei sicherlich, neben einer lebenslangen Neugierde, die Unterstützung bzw. der Einbezug bedeutungsvoller Anderer wie bspw. Angehöriger oder Freunde.

7.3.2 Anforderungen an die Politik zur Mitgestaltung

Eine Aufgabe der Politik besteht darin, dem demografischen Wandel und damit verbunden den besonderen Bedürfnisse und Belangen Älterer vermehrt Aufmerksamkeit zu schenken. Es reicht dabei nicht aus, die sich vollziehenden Veränderungen zu benennen und zu beschreiben, sondern es geht darum, konkrete Lösungsmöglichkeiten zu erarbeiten, aufzuzeigen und sie letztendlich dem (älteren) Menschen anzubieten bzw. ihn in ihrer Umsetzung (informell und finanziell) zu unterstützen. Unabdingbare Grundlage ist dabei eine breite Aufklärung der Öffentlichkeit über die Möglichkeiten von Umweltveränderungen und -gestaltungen im Alter; eine besondere Rolle könnte dabei Seniorenbüros zukommen. Auch sollten bereits jüngere Personen in diesen Prozess eingebunden werden (Förderung des intergenerationellen Austauschs, Informationsvermittlung als Bestandteil des Ausbildungscurriculums bei Altenpflegeausbildung etc.). Von großer Relevanz ist zudem die Klärung von Möglichkeiten der Kostenübernahme oder -bezuschussung durch bestimmte Kostenträger (z. B. Kranken- oder Rentenkassen).

7.3.3 Anforderungen an die Forschung zur Mitgestaltung

Von Seiten der Forschung ist eine fortdauernde und weiterführende Analyse der wechselseitigen Wirkweisen bestimmter Person-Umwelt-Konstellationen vonnöten. Ein Fokus sollte dabei auf der genauen Betrachtung der Wünsche und Bedürfnisse Älterer hinsichtlich verschiedener Umwelten (Mobilitätsbedürfnisse, Technikakzeptanz) liegen und daraus resultierender Bedarfsanalysen. Dabei sollte, wie in diesem Buch verdeutlicht wurde, ein besonderes Augenmerk auf der Verwobenheit und Untrennbarkeit der unterschiedlichen Umweltbereiche liegen. Letztlich sollte die Forschung dazu dienen, genauere Aussagen über die Passung spezifischer Personencharakteristika und spezifischer Umweltaspekte treffen zu können, wie beispielsweise der, welche Wohnraumanpassungen sich insbesondere für Personen mit einer beginnenden Demenz eignen. Von großer Bedeutung ist dabei die Betrachtung der zeitlichen Adäquatheit bestimmter Umweltveränderungen. Eine weitere Aufgabe der Forschung ist in (langfristigen) Kostenanalysen und daraus resultierend in der Erarbeitung möglicher finanzieller Umsetzungspläne zu sehen.

Wollte man die verschiedenen Perspektiven zusammenbringen und im Hinblick auf gute Umwelten für das höhere Alter fokussieren, so wären für die Zukunft Anforderungen wie die folgenden zu formulieren:

- Verknüpfung räumlich-dinglicher Qualitäten von Umwelten (Angebot, Zugänglichkeit, Barrierefreiheit, Nutzbarkeit) mit sozialen Qualitäten (Kontakt, Austausch, Hilfeleistung);
- Bessere Verknüpfung von Umweltfunktionen wie jener der Unterstützung im Alltag, der Anregung zu Neuem und der Gewährleistung von Kontinuität gewohnter Lebensvollzügen (Beibehaltung) (sensu M. Powell Lawton);
- Verknüpfung physisch-materieller Umweltangebote (Hardware: Robotik, Computer, Telefon, Hilfsmittel, Wohnung, Transportmittel, Einrichtungen,

Quartier etc.) mit virtuellen, individuell angepassten und sinnstiftenden Angeboten (Software: Ästhetik, Bedienfunktion, Grundriss, Vernetzung, Angebot, virtuelle Nachbarschaft, Stadtteilplan, Wegenetz, Fahrplan etc.);
- Beachtung der großen Variabilität von Aktivitätsprofilen und Nutzungsgeschwindigkeiten (»Entschleunigung«, Luxus der »Abschaltung«, »Nicht-Erreichbarkeit« und Ruhe in allen Lebensaltern) sowie von Perspektiven der Innen- und Außenorientierung beim Erleben von Umwelt drinnen/draußen;
- Motivierung älterer Kohorten zur Nutzung (auch neuer) Umwelten, ohne dabei einen neuen normativen Druck zur Nutzung auszuüben (z.B. Fahrkartenautomat);
- Bessere Vernetzung der in den verschiedenen Umwelten agierenden verantwortlichen Personen (Technik- und Automobilhersteller, Raumplaner, Wissenschaftler, Personen in der Altenarbeit etc.) und Förderung der Kommunikation mit den älteren Menschen sowie frühestmöglicher Einbezug der Älteren als Endnutzer;
- Schaffung von Möglichkeiten, (neue) Umwelten unverbindlich »ausprobieren« zu können (z.B. in Form von Serviceleistungen von Seiten der Industrie wie der Bereitstellung von technischen Geräten oder Medien, Probefahrten mit dem Auto, Besichtigung von Modell-Wohnungen).

7.4 Umwelten älterer Menschen – ein Ausblick

Dieses Buch ist grundlegend von einem stark kontextuellen Verständnis alternder Menschen geprägt. »Sage mir, in welchem Umwelten Du lebst, und ich sage Dir, wie Dein Altern verlaufen wird« – so könnte man etwas überspitzt die grundlegende »Take Home Message« des Buches zusammenfassen. Natürlich möchten wir nicht behaupten, dass Umwelten den gesamten Alternsprozess bestimmen. Unsere zentrale Überlegung war vielmehr, dass bis heute vielfach Altern zu stark »de-kontextualisiert« wird – und dies vor allem im Hinblick auf räumliche (inner-, außerhäuslich), technische und mediale Umweltaspekte. Diese Umwelteigenschaften werden im Unterschied zu sozialen Umwelten (siehe Tesch-Römer, 2010) bislang in der Alternsforschung vernachlässigt. Hier lag unser Ansatzpunkt. Hier wollten wir zeigen, dass diesbezüglich ein reichhaltiger Korpus an theoretischen Überlegungen, vor allem aber auch an empirischen Befunden (und methodisch spannenden Herausforderungen) vorliegt – diesen »Schatz« wollten wir heben, sichten und kommunizieren. Dabei orientierten wir uns über das gesamte Buch hinweg an den grundlegenden Ideen von M. Powell Lawton, dem wir dieses Buch ja auch gewidmet haben. Umwelten sind in Wechselwirkung mit Personmerkmalen das Salz in der Suppe von Lebensqualität im höheren Lebensalter. Oder (noch einmal) in den Worten von Lawton:

> »Quality of life is the multidimensional evaluation, by both intrapersonal and social-normative criteria, of *the person-environment system* of an individual in time past, current, and anticipated.« (Lawton, 1991, S. 6; Hervorhebung durch die Autoren)

So war es uns ein durchgängiges Anliegen, in den unterschiedlichsten Variationen von Umwelten des Alterns zu zeigen, dass Entwicklungsprozesse und »Wachstum« im höheren Lebensalter vielfach erst durch gute bzw. »passende« Umwelten ermöglicht werden, ja, sogar in den Person-Umwelt-Wechselwirkungen selbst Entwicklungsprozesse spät im Leben nicht zuletzt auch ihren Ausdruck finden können. Eine ältere Dame ist stolz darauf, ihr Wohnen noch einmal verändert und sich damit neue, vielleicht sogar unerwartet stimulierende Erfahrungsmöglichkeiten erschlossen zu haben. Ein älterer Herr ist begeistert von seinen neuen Kompetenzen im Umgang mit dem Internet – und dies strahlt positiv auf sein gesamtes Leben über. Ältere Menschen erfahren heute durch ihre außerhäusliche Mobilität den Umgang mit anderen Kulturen in einer Weise, wie dies historisch noch nie der Fall war. Möglicherweise erleben wir hier grundlegende Einstellungsveränderungen älterer Menschen gegenüber dem »Fremden« – die sie auch an jüngere Generationen weitergeben können. Hier liegen gerade für Deutschland ja auch gesellschaftlich bedeutsame Themenfelder, etwa wenn es um Zuwanderungsprozesse in der Zukunft geht, die nicht zuletzt aufgrund der demografischen Wandlungsprozesse (Schrumpfung der Population) notwendig sind bzw. bleiben. Ältere Menschen können also auch an dieser Stelle durchaus eine gestaltende und vermittelnde Rolle spielen!

Unser Ziel war es auch, eine relativ umfassende Behandlung der im Alter bedeutsamen Umwelten vorzunehmen und dabei jeweils auch neuere bzw. neueste und zukunftsweisende Entwicklungen zu berücksichtigen: Wohnen im Alter wird beispielsweise in Zukunft deutlich anders aussehen (z. B. sehr viel stärker mit technologischen Neuerungen/Smart Living Elementen versehen sein), wir werden – da sind wir als Autoren völlig sicher – neue Formen des sozial-emotionalen Miteinanders älterer Menschen mit Robotern sehen und ältere Menschen werden, ähnlich wie heute schon Jugendliche, Weiterentwicklungen des Internets vor allem auch für ihre »Identitätsarbeit« nutzen. Insofern argumentieren wir, dass sich nicht zuletzt in Person-Umwelt-Veränderungen auch bedeutsame Wandlungen des Älterwerdens in unserer Gesellschaft (Kohorteneffekte) abbilden. Deshalb gehört es auch zu einer hochwertigen Alternsforschung und Altenarbeit, sich stets auch mit den Umwelten des Alterns auseinandersetzen.

Literatur

Antonides, G. & Raaij, W. F. v. (1998). *Consumer behaviour: A European perspective.* New York: John Wiley.

Baltes, P. B. & Baltes, M. M. (1989). Optimierung durch Selektion und Kompensation. Ein psychologisches Modell erfolgreichen Alterns. *Zeitschrift für Pädagogik, 35,* 85–105.

Baltes, P. B. & Baltes, M. M. (1990). Psychological perspectives on successful aging: The model of selective optimization with compensation. In P. B. Baltes & M. M. Baltes (Eds.), *Successful aging. Perspectives from the behavioral sciences* (S. 1–34). Cambridge: Cambridge University Press.

Baruch, J., Downs, M., Baldwin, C. & Bruce, E. (2004). A case study in the use of technology to reassure and support a person with dementia. *Dementia: The International Journal of Social Research and Practice, 3*(3), 372–377.

Basner, M., Buess, H., Luks, N., Maas, N., Mawet, L., Müller, E. W. et al. (2001). *Nachtfluglärmwirkungen – eine Teilauswertung von 64 Versuchspersonen in 832 Schlaflabornächten. DLR-Forschungsbericht 26.* Köln: Institut für Luft- und Raumfahrtmedizin.

Becker, S., Kaspar, R. & Kruse, A. (2011). *Heidelberger Instrument zur Erfassung der Lebensqualität demenzkranker Menschen H.I.L.DE.* Bern: Verlag Hans Huber.

Birck, S. (2011). Profile von Senioren mit Autounfällen – Ergebnisse des Projektes PROSA. In G. Rudinger & K. Kocherscheid (Eds.), *Ältere Verkehrsteilnehmer – gefährdet oder gefährlich?* (Vol. 5, S. 85–114). Göttingen: V & R unipress.

Blaschke, C. M., Freddolino, P. P. & Mullen, E. E. (2009). Ageing and technology: A review of the research literature. *British Journal of Social Work, 39*(4), 641–656. doi: 10.1093/bjsw/bcp025

Blödorn, S. & Gerhards, M. (2005). Veränderungen der Medienzuwendung mit dem Älterwerden. *Media Perspektiven, 6,* 271–283.

Boenke, D. (2010). *Neue Methoden zur Sicherung der Mobilität älterer Menschen im Straßenverkehr; Dissertationsschrift an der Bergischen Universität Wuppertal, Fachbereich D – Abteilung Bauingenieurwesen.* Köln.

Boenke, D., & Gerlach, J. (2011). Gestaltung nutzbarer Straßenräume für uns älter werdende Menschen. In G. Rudinger & K. Kocherscheid (Eds.), *Ältere Verkehrsteilnehmer – gefährdet oder gefährlich?* (Vol. 5, S. 20–235). Göttingen: V & R unipress.

Böhme, C. & Franke, T. (2010). Soziale Stadt älterer Menschen. *Zeitschrift für Gerontologie & Geriatrie, 43,* 86–90.

Bolz, N. (1993). *Am Ende der Gutenberg-Galaxis. Die neuen Kommunikationsverhältnisse.* München: Fink.

Bonillo, M., Heidenblut, S., Philipp-Metzen, E. H., Saxl, S., Schacke, C., Steinhusen, C. et al. (2013). *Gewalt in der familialen Pflege. Prävention, Früherkennung, Intervention – ein Manual für die ambulante Pflege.* Stuttgart: Kohlhammer.

Born, A. (2002). *Regulation persönlicher Identität im Rahmen gesellschaftlicher Transformationsbewältigung.* Münster: Wasmann.

Bosch, E. M. (1986). *Ältere Menschen im Fernsehen. Eine Analyse der Konstruktion von Altersdarstellungen in unterhaltenden Programmen und ihrer Rezeption durch ältere Menschen.* Frankfurt am Main: Lang.

Breker, S., Henriksson, P., Eeckhout, G., Falkmer, T., Siren, A., Hakamies-Blomqvist, L. et al. (2003). Problems of elderly in relation to the driving task and relevant critical scenarios. *AGILE Deliverable 1.1* Retrieved 20.06.2006, from http://www.agile.iao.fraunhofer.de/downloads/agile_d1_1.pdf

Bundesamt für Bauwesen und Raumordnung. (2010). *Wohnen im Alter, Marktprozesse und wohnungspolitischer Handlungsbedarf*. Berlin: Eigenverlag.

Bundesministerium für Verkehr Bau und Stadtentwicklung (BMVBS). (2010). *Stadtquartiere für Jung und Alt – eine Zukunftsaufgabe; Werkstatt: Praxis Heft 71*. Berlin: Eigenverlag.

Busemann, K. & Gscheidle, C. (2010). Web2.0: Nutzung steigt – Interesse an aktiver Teilhabe sinkt. Ergebnisse der ARD/ZDF-Onlinestudie 2010. *Media Perspektiven, 7–8*, 359–368.

Caine, K. E., Fisk, A. D. & Rogers, W. A. (2006). *Benefits and privacy concerns of a home equipped with a visual sensing system: a perspective from older adults*. Paper presented at the Human Factors and Ergonomics Society, 50th Annual Meeting.

Carp, F. M. (1987). Environment and aging. In D. Stokols & I. Altman (Eds.), *Handbook of environmental psychology* (Vol. 1, S. 330–360). New York: Wiley.

Carp, F. M. & Carp, A. (1980). Person-environment congruence and sociability. *Research on Aging, 2*, 395–415.

Carp, F. M. & Carp, A. (1984). A Complementary/Congruence Model of Well-Being or Mental Health for the Community Elderly. In I. Altman, M. P. Lawton & J. F. Wohlwill (Eds.), *Human behavior and environment, Vol. 7: Elderly people and the environment* (S. 279–336). New York, London: Plenum Press.

Carré, N., Ermanel, C., Isnard, H. & Ledrans, M. (2003). Décès par coup de chaleur dans les établissements de santé de France: 8-19 août. 2003. *Bull Epidemiologique Hebdomadaire, 45–46*, 226–227.

Charness, N. C., Bosman, E. A., Birren, J. E. & Schaie, K. W. (1990). Human factors and design for older adults *Handbook of the psychology of aging (3rd ed.)* (S. 446–463). San Diego, CA, US: Academic Press.

Charness, N. C. & Schaie, K. W. (2003). *Impact of technology on succesful aging*. New York: Springer Publishing.

Claßen, K. (2012). Technik im Alltag. In H.-W. Wahl, C. Tesch-Römer & J. Ziegelmann (Eds.), *Angewandte Gerontologie: Interventionen für ein gutes Altern in 100 Schlüsselbegriffen* (S. 499–506). Stuttgart: Kohlhammer.

Claßen, K., Oswald, F. & Wahl, H.-W. (2010). Neue Technologien erfolgreich integrieren. *Das Altenheim*, 40–41.

Claßen, K., Oswald, F. & Wahl, H.-W. (2012a). Cohort effects in technology acceptance. *Gerontechnology, 11*(2), 107–108. doi: 10.4017/gt.2012.11.02.294.00

Claßen, K., Oswald, F. & Wahl, H.-W. (2012b). Technikeinstellung und -bewertungen im mittleren und höheren Erwachsenenalter: Die Rolle von Psychologie und Technikgenerationen VDE; AAL; BMBF (Ed.) *Ambient Assisted Living 2012*

Claßen, K., Oswald, F., Wahl, H.-W., Heusel, C. & Antfang, P. (2010). Bewertung neuerer Technologien durch Bewohner und Pflegemitarbeiter im institutionellen Kontext: Befunde des Projekts BETAGT. *Zeitschrift für Gerontologie und Geriatrie*, 210–218. doi: 10.1007/s00391-010-0126-5

Courtney, K. L. (2008). Privacy and senior willingness to adopt smart home information technology in residential care facilities. *Methods of Information in Medicine*.

Courtney, K. L., Demiris, G. & Hensel, B. K. (2007). Obtrusiveness of information-based assistive technologies as perceived by older adults in residential care facilities: A secondary analysis. *Medical Informatics and the Internet in Medicine, 32*(3), 241–249. doi: 10.1080/14639230701447735

Cutler, S. J. (2006). Technological change and aging. In R. H. Binstock & L. K. George (Eds.), *Handbook of aging and the social sciences* (Vol. 6, S. 258–276). San Diego, CA: Academic Press.

Czaja, S. J., Charness, N. C., Fisk, A. D., Hertzog, C., Nair, S. N., Rogers, W. A. & Sharit, J. (2006). Factors predicting the use of technology: Findings from the Center for Research and Education on Aging and Technology Enhancement (CREATE). *Psychology and Aging, 21*(2), 333–352. doi: 10.1037/0882-7974.21.2.333

Czaja, S. J., Fisk, A. D. & Rogers, W. A. (1997). Using technologies to aid the performance of home tasks *Handbook of human factors and the older adult*. (S. 311–334). San Diego, CA, US: Academic Press.

Czaja, S. J. & Lee, C. C. (2007). The potential influence of the internet on the transition to older adulthood. In H.-W. Wahl, C. Tesch-Römer & A. Hof (Eds.), *New dynamics in old age – individual, environmental, and societal perspectives* (S. 239–252). Amityville: Baywood Publishing Comp.

Davis, A. (Ed.). (2002). *A physically active life through everyday transport with a special focus on children and older people and examples and approaches from Europe*. Kopenhagen: WHO Europe.

Davis, F. D. (1989). Perceived usefulness, perceived ease of use, and user acceptance of information technology. *MIS Quarterly, 13*(3), 319–340.

Davis, F. D. (1993). User acceptance of information technology: System characteristics, user perceptions and behavioral impacts. *International Journal of Man-Machine Studies, 38*(3), 475–487. doi: 10.1006/imms.1993.1022

Davis, F. D. & Venkatesh, V. (1996). A critical assessment of potential measurement biases in the technology acceptance model: Three experiments. *International Journal of Human-Computer Studies, 45*(1), 19–45. doi: 10.1006/ijhc.1996.0040

Day, H. Y., Jutai, J., Woolrich, W. & Strong, G. (2001). The stability of impact of assistive devices. *Disabilty and Rehabilitation, 23*(9), 400–404. doi: 10.1080/09638280010008906

Demiris, G., Hensel, B. K., Skubic, M. & Rantz, M. (2008). Senior residents' perceived need of and preference for »smart home« sensor technologies. *International Journal of Technology Assessment in Health Care, 24*(1), 120–124.

Denton, M., Ploeg, J., Tindale, J., Hutchison, B., Brazil, K., Akhtar-Danesh, N. et al. (2010). Would older adults turn to community support services for help to maintain their independence? *Journal of Applied Gerontology, 29*, 554–578. doi: 10.1177/0733464809345495

Dickinson, A. & Gregor, P. (2006). Computer use has no demonstrated impact on the well-being of older adults. *International Journal of Human-Computer Studies, 64*, 744–753.

Diehl, M. & Willis, S. (2004). Everyday competence and everyday problem solving in aging adults: The role of physical and social context. In H.-W. Wahl, R. J. Scheidt & P. G. Windley (Eds.), *Aging in context: Socio-physical environments (Annual Review of Gerontology and Geriatrics, 2003)* (S. 130–166). New York: Springer Publishing.

Diener, E. (1984). Subjective well-being. *Psychological Bulletin, 95*, 542–575.

Docampo Rama, M., de Ridder, H. & Bouma, H. (2001). Technology generation and age in using layered interfaces. *Gerontechnology, 1*, 25–40. doi: 10.4017/gt.2001.01.01.003.00

Doh, M. (2011a). Der ältere Mensch auf dem Weg zur Informationsgesellschaft – Entwicklungslinien, Potenziale und Barrieren am Beispiel von Internet und Mobiltelefon. In M. Plechaty & H. Plischke (Eds.), *Ältere Menschen und die Nutzung neuer Medien. Regionale Symposien zum demographischen Wandel unserer Gesellschaft 2010* (S. 38–76). Bad Tölz: Peter-Schilffarth-Edition.

Doh, M. (2011b). *Heterogenität der Mediennutzung im Alter. Theoretische Konzepte und empirische Befunde. Schriftenreihe Gesellschaft – Altern – Medien, Bd. 2*. München: kopaed.

Doh, M. & Gonser, N. (2007). Das Medienverhalten älterer Menschen – Eine Sekundäranalyse anhand der Studie »Massenkommunikation 2000«. In R. Rosenstock, C. Schubert & K. Beck (Eds.), *Medien im Lebenslauf. Demographischer Wandel und Mediennutzung* (S. 39–64). München: kopaed.

Doh, M., Wahl, H.-W. & Schmitt, M. (2008). Medienverhalten der 1930/32-Geborenen unter besonderer Berücksichtigung der Internetnutzung: Befunde der Interdisziplinären Längsschnittstudie des Erwachsenenalters. *SPIEL: Siegener Periodicum zur Internationalen Empirischen Literaturwissenschaft, 1*, 35–66.

Döring, J. & Thielmann, T. (Eds.). (2009). *Spatial Turn. Das Raumparadigma in den Kultur- und Sozialwissenschaften*. Bielefeld: transcript Verlag.

Eckhardt, J. & Horn, I. (1988). *Ältere Menschen und Medien. Eine Studie der ARD/ZDF-Medienkommission*. Frankfurt am Main: Metzner.

Egger, A. & van Eimeren, B. (2008). Die Generation 60plus und die Medien. Zwischen traditionellen Nutzungsmustern und Teilhabe an der digitalen (R)evolution. *Media Perspektiven, 11*, 577–588.

Engin, T. (2011). Assessments als Instrument der Verkehrssicherheitsarbeit – Entwicklung eines Screening-Tests zur Erfassung der Fahrkompetenz älterer Kraftfahrer. In G. Rudinger & K. Kocherscheid (Eds.), *Ältere Verkehrsteilnehmer – gefährdet oder gefährlich?* (Vol. 5, S. 165–180). Göttingen: V & R unipress.

Engin, T., Kocherscheid, K., Feldmann, M. & Rudinger, G. (im Druck). *Entwicklung und Evaluation eines Screening-Tests zur Erfassung der Fahrkompetenz älterer Kraftfahrer.*

Engström, M., Ljunggren, B., Lindqvist, R. & Carlsson, M. (2005). Staff perceptions of job satisfaction and life situation before and 6 and 12 months after increased information technology support in dementia care. *Journal of telemedicine and telecare, 11*(6), 304–309. doi: 10.1258/1357633054893292

Falkenstein, M., Poschadel, S., Wild-Wall, N. & Hahn, M. (2011). Kognitive Veränderungen im Alter und ihr Einfluss auf die Verkehrssicherheit älterer Verkehrsteilnehmer: Defizite, Kompensationsmechanismen und Präventionsmöglichkeiten. In G. Rudinger & K. Kocherscheid (Eds.), *Ältere Verkehrsteilnehmer – gefährdet oder gefährlich?* (Vol. 5, S. 43–59). Göttingen: V & R unipress.

Fänge, A. & Iwarsson, S. (2003). Accessibility and usability in housing. Construct validity and implications for research and practice. *Disability and Rehabilitation, 25*, 316–325.

Färber, B. (2000). Neue Fahrzeugtechnologien zur Unterstützung der Mobilität Älterer. *Z Gerontol Geriat, 33*, 178–185.

Fastenmeier, K., Gstalter, H., Eggerdinger, C. & Galsterer, H. (2005). Der ältere Patient als Autofahrer. *Münchner Medizinische Wochenschrift, 40*, 40–43.

Faulstich, W. (2006). *Mediengeschichte von 1700 bis ins 3. Jahrtausend*. Göttingen: Vandenhoeck & Ruprecht.

Finkel, S. I., Czaja, S. J., Schulz, R., Martinovich, Z., Harris, C. & Pezzuto, D. (2007). E-care: A telecommunications technology intervention for family caregivers of dementia patients. *American Journal of Geriatric Psychiatry, 15*(5), 443–448. doi: 10.1097/JGP.0b013e3180437d87

Folstein, M. F., Folstein, S. E. & McHugh, P. R. (1975). »Mini Mental State«: A practical method of grading the cognitive state of patients for the clinician. *Journal of Psychiatric Research, 12*, 189–198.

Fozard, J. L. (2001). Gerontechnology and perceptual-motor function: New opportunities for prevention, compensation, and enhancement. *Gerontechnology, 1*(1), 5–24. doi: 10.4017/gt.2001.01.01.002.00

Fozard, J. L. (2002). Gerontechnology – Beyond ergonomics and universal design. *Gerontechnology, 1*(3), 137–139.

Fozard, J. L. & Wahl, H.-W. (2012). Age and cohort effects in gerontechnology: A reconsideration. *Gerontechnology, 11*(1), 10–21. doi: 10.4017/gt.2012.11.01.000.00

Freund, A. M. & Baltes, P. B. (2002). Life-management strategies of selection, optimization and compensation: Measurement by self-report and construct validity. *Journal of Personality and Social Psychology, 82*(4), 642–662. doi: 10.1037/0022-3514.82.4.642

Friedrich, K. (2008). Binnenwanderungen älterer Menschen – Chancen für Regionen im demographischen Wandel? In Bundesamt für Bauwesen und Raumordnung (Ed.), *Informationen zur Raumentwicklung* (S. 185–192). Bonn: Eigenverlag.

Fuhrer, U. & Josephs, I. E. (1998). The cultivated mind: From mental mediation to cultivation. *Developmental Review, 18*(3), 279–312. doi: 10.1006/drev.1997.0453

Fuhrer, U. & Laser, S. (1997). Wie Jugendliche sich über ihre soziale und materielle Umwelt definieren: Eine Analyse von Selbst-Fotografien. *Zeitschrift für Entwicklungspsychologie und Pädagogische Psychologie, 29*(3), 183–196.

Gattringer, K. & Klingler, W. (2012). Radionutzung in Deutschland steigt erneut an. Ergebnisse, Trends und Methodik der ma 2012 Radio II. *Media Perspektiven, 9*, 410–442.

Gehlen, A. (1986). *Anthropologische und sozialpsychologische Untersuchungen* (Vol. 424). Reinbek bei Hamburg: Rowohlt Taschenbuch-Verl.

Gerhards, M. & Mende, A. (2009). Offliner: Ab 60-jährige Frauen bilden die Kerngruppe. Ergebnisse der ARD/ZDF-Offlinestudie 2009. *Media Perspektiven, 7*, 365–376.

Gerlach, J. & Boenke, D. (2006). *Mobilitätssicherung älterer Menschen im Straßenverkehr.* Paper presented at the SAS-Symposium, Wuppertal.

Gill, T. M., Robinson, J. T., Williams, C. S. & Tinetti, M. E. (1999). Mismatches between the home environment and physical capabilities among community-living older persons. *Journal of the American Geriatric Society, 47*, 88–92.

Gitlin, L. N., Corcoran, M., Winter, L., Boyce, A. & Marcus, S. (2001). A randomized controlled trial of a home environmental intervention: Effect on efficacy and upset in caregivers and on daily function of persons with dementia. *The Gerontologist, 41*(1), 4–22.

Golant, S. M. (2004). Aging in place: Are we romancing the home? *CSA Journal, 23*, 11–15.

Golant, S. M. (2011). The quest for residential normalcy by older adults: Relocation but one pathway. *Journal of Aging Studies, 25*(3), 193–205. doi: 10.1016/j.jaging.2011.03.003

Goor, A.-G. v. d. & Becker, H. A. (2000). *Technology generations in the Netherlands: A sociological analysis.* Maastricht: Shaker Pub.

Greenfield, E. A. (2011). Using Ecological Frameworks to Advance a Field of Research, Practice, and Policy on Aging-in-Place Initiatives. *The Gerontologist, 52*, 1–12. doi: 10.1093/geront/gnr108

Gronemeyer, R. (2008). *Sterben in Deutschland. Wie wir dem Tod wieder einen Platz in unserem Leben einräumen können.* Frankfurt am Main: S. Fischer Verlag.

Gutzmann, H. & Zank, S. (2005). *Demenzielle Erkrankungen. Medizinische und psychosoziale Interventionen.* Stuttgart: Kohlhammer.

Habermas, T. (1999). *Geliebte Objekte: Symbole und Instrumente der Identitätsbildung.* Frankfurt: Suhrkamp.

Hackl, C. (2001). *Fernsehen im Lebenslauf. Eine medienbiographische Studie.* Konstanz: UVK.

Hampel, J. (1994). Die Erhaltung und Unterstützung einer selbständigen Lebensführung im Alter. In Bundesministerium für Familie und Senioren (Ed.), *Technik, Alter, Lebensqualität. Band 23 der Schriftenreihe des Bundesministeriums für Familie und Senioren* (S. 103–193). Stuttgart: Kohlhammer.

Hanson, E., Magnusson, L., Arvidsson, H., Claesson, A., Keady, J. & Nolan, M. (2007). Working together with persons with early stage dementia and their family members to design a user-friendly technology-based support service. *Dementia: The International Journal of Social Research and Practice, 6*(3), 411–434. doi: 10.1177/1471301207081572

Hartmann, M. & Hepp, A. (Eds.). (2010). *Die Mediatisierung der Alltagswelt.* Wiesbaden: VS.

Hartung, A. (2012). Alter(n) als Gegenstand medienbezogener Forschung und Praxis in Deutschland. *Medien & Altern, 1*, 6–21.

Havighurst, R. J. (1948). *Developmental tasks and education* (3. ed.). New York: Longman.

Heeg, S., Heusel, C., Kühnel, E., Külz, S., Von Lützau-Hohlbein, H., Mollenkopf, H. et al. (Eds.). (2007). *Technische Unterstützung bei Demenz* (Gemeinsam für ein besseres Leben mit Demenz ed.). Bern: Verlag Hans Huber.

Heidegger, M. (1954). Bauen Wohnen Denken. In M. Heidegger (Ed.), *Vorträge und Aufsätze* (S. 139–156). Pfullingen: Neske.

Heidegger, M. (1990). Bauen Wohnen Denken. In M. Heidegger (Ed.), *Vorträge und Aufsätze* (S. 139–156). Pfullingen: Neske.

Helson, H. (1964). *Adaption Level Theory.* New York: Harper & Row.

Heudorf, U. & Meyer, C. (2005). Gesundheitliche Auswirkungen extremer Hitze – am Beispiel der Hitzewelle und der Mortalität in Frankfurt am Main im August 2003. *Gesundheitswesen, 67*, 369–374. doi: 10.1055/s-2004-813924

Hieber, A., Mollenkopf, H., Kloé, U. & Wahl, H.-W. (2006). *Kontinuität und Veränderung in der alltäglichen Mobilität älterer Menschen.* Köln: TÜV-Verlag.

Hieber, A., Mollenkopf, H., Wahl, H.-W. & Oswald, F. (2005). *Gemeinschaftliches Wohnen im Alter: Von der Idee bis zum Einzug. (Forschungsbericht Nr. 20)*. Heidelberg: DZFA.
Holte, H. (2011). Alters- und krankheitsbedingtes Unfallrisiko. In G. Rudinger & K. Kocherscheid (Eds.), *Ältere Verkehrsteilnehmer – gefährdet oder gefährlich?* (Vol. 5, S. 61–84). Göttingen: V & R unipress.
Holte, H. & Albrecht, M. (2004). *Verkehrsteilnahme und -erleben im Straßenverkehr bei Krankheit und Medikamenteneinnahme* (Vol. Heft M 162). Bremerhaven: Wirtschaftsverlag NW.
Hörbst, E. (2003). Der Blick in die Zukunft. Informationsbeschaffung in 30 Jahren. In G. Roters, O. Turecek & W. Klinger (Eds.), *Digitale Spaltung. Informationsgesellschaft im neuen Jahrtausend – Trends und Entwicklungen. Schriftenreihe Baden-Badener Sommerakademie, Bd. 3* (S. 53–59). Berlin: Vistas.
Hormuth, S. E. (1990). *The ecology of the self. Relocation and self-concept change.* Cambridge: Cambridge University Press.
Hörning, K. H. (1988). Technik im Alltag und die Widersprüche des Alltäglichen. In B. Joerges (Ed.), *Technik im Alltag* (S. 51–94). Frankfurt am Main: Suhrkamp.
Institut für Demoskopie Allensbach (Ed.). (2012). *Generali Altersstudie 2013: Wie ältere Menschen leben, denken und sich engagieren.* Frankfurt am Main: S. Fischer Verlag.
Internet World Stats. (2013). Internet usage statistics – The Internet big picture. Retrieved 01.03.2013 http://www.internetworldstats.com/stats.htm
ITU. (2011). World Telecommunication/ICT Indicators Database. Retrieved 10.02.2011 http://www.itu.int/ITU-D/ict/statistics/
Iwarsson, S., Horstmann, V., Carlsson, G., Oswald, F. & Wahl, H.-W. (2009). Person-environment fit predicts falls in older adults better than the consideration of environmental hazards only. *Clinical Rehabilitation, 23*(6), 558–567.
Iwarsson, S., Nygren, C., Oswald, F. & Wahl, H.-W. (2006). Environmental barriers and housing accessibility problems over a one-year period in later life in three European countries. *Journal of Housing for the Elderly, 20*(3), 23–43.
Iwarsson, S., Nygren, C. & Slaug, B. (2005). Cross-national and multi-professional interrater reliability of the Housing Enabler. *Scandinavian Journal of Occupational Therapy, 12*(1), 29–39.
Iwarsson, S. & Slaug, B. (2001). *Housing Enabler. An instrument for assessing and analyzing accessibility problems in housing.* Lund (Schweden): Studentlitteratur.
Iwarsson, S. & Slaug, B. (2010). *The revised version of the Housing Enabler: An instrument for assessing and analysing accessibility problems in housing.* Nävlinge och Staffanstorp: Veten & Skapen HB & Slaug Data Management.
Jäckel, M. (2008). *Medienwirkungen. Ein Studienbuch zur Einführung.* Wiesbaden: VS-Verlag.
Jakobs, E.-M., Lehnen, K. & Ziefle, M. (2008). *Alter und Technik. Eine Studie zur altersbezogenen Wahrnehmung und Gestaltung von Technik.* Aachen: Aprimus.
Jakobs, E.-M. & Ziefle, M. (2011). Mobilität für Ältere: Fahrerassistenzsysteme für ältere Fahrer. In G. Rudinger & K. Kocherscheid (Eds.), *Ältere Verkehrsteilnehmer – gefährdet oder gefährlich?* (Vol. 5, S. 181–205). Göttingen: V & R unipress.
Jansen, E. (2001). *Mobilität und Sicherheit älterer Menschen. Standortbestimmung und Perspektiven.* Bonn u. Berlin: PACE GmbH.
Johnson, L. J., Davenport, R., & Mann, W. C. (2007). Consumer feedback on smart home applications. *Topics in geriatric rehabilitation, 23*(1), 60–72.
Kade, S. (2009). *Altern und Bildung: Eine Einführung* (2 ed.). Bielefeld: Bertelsmann.
Kahana, E. (1975). A congruence model of person-environment interaction. In P. G. Windley & G. Ernst (Eds.), *Theory development in environment and aging.* Washington, DC: Gerontological Society.
Kahana, E., Lovegreen, L., Kahana, B. & Kahana, M. (2003). Person, environment, and person-environment fit as influences on residential satisfaction of elders. *Environment and Behavior, 35*(3), 434–453. doi: 10.1177/0013916503035003007
Kaiser, H.-J. (2012). Automobilität. In H.-W. Wahl, C. Tesch-Römer & J. Ziegelmann (Eds.), *Angewandte Gerontologie: Interventionen für ein gutes Altern in 100 Schlüsselbegriffen* (S. 513–520). Stuttgart: Kohlhammer.

Kaiser, H. J. (2011). Sicheres Autofahren im Alter – vom Umgang mit Problemen der Fahreignung im Rahmen einer Mobilitätsberatung. In G. Rudinger & K. Kocherscheid (Eds.), *Ältere Verkehrsteilnehmer – gefährdet oder gefährlich?* (Vol. 5, S. 131–149). Göttingen: V & R unipress.

Kaiser, H. J. & Oswald, F. (2000). Autofahren im Alter – eine Literaturanalyse. *Zeitschrift für Gerontopsychologie & -psychiatrie, 13*(3), 131–170.

Karl, F. (2009). *Einführung in die Generationen- und Altenarbeit*. Stuttgart: Verlag Barbara Budrich.

Karnowski, V. (2003). *Von den Simpsons zur Rundschau. Wie sich Fernsehnutzung im Laufe des Lebens verändert.* München: R. Fischer.

Karnowski, V. (2011). *Diffusionstheorien*. Baden-Baden: Nomos.

Käser, U. (2011). Ältere Menschen als Fußgänger und Radfahrer: Potentiale und Risiken von Smart Modes. In G. Rudinger & K. Kocherscheid (Eds.), *Ältere Verkehrsteilnehmer – gefährdet oder gefährlich?* (Vol. 5, S. 115–125). Göttingen: V & R unipress.

Kaspar, R. (2003). *Die Bedeutung der Technik für das Erleben von Einsamkeit im höheren Lebensalter*. Heidelberg: Unveröffentlichte Diplomarbeit.

Kaspar, R., Oswald, F., Wahl, H.-W., Voss, E. & Wettstein, M. (2012). Daily mood and out-of-home mobility in older adults: Does cognitive impairment matter? *Journal of Applied Gerontology*. doi: 10.1177/0733464812466290

Katz, E., Blumler, J. G. & Gurevitch, M. (1974). Utilization of Mass Communication by the Individual. In J. G. Blumler & E. Katz (Eds.), *The Uses of Mass Communications. Current Perspectives on Gratifications Research* (S. 19–32). Beverly Hills, London: Sage.

Kearns, W. D. & Fozard, J. L. (2007). High-speed networking and embedded gerontechnologies. *Gerontechnology, 6*(3), 135–146. doi: 10.4017/gt.2007.06.03.003.00

Kim, Y. S. (2008). Reviewing and critiquing computer learning and usage among older adults. *Educational Gerontology, 34*, 709–735.

Kocherscheid, K. (2009). *Konzeption und Evaluation einer ärztlichen Fortbildung zur Mobilitätsberatung älterer Kraftfahrer*. Saarbrücken: Südwestdeutscher Verlag für Hochschulschriften.

Kocherscheid, K. (2011). Konzeption und Evaluation einer ärztlichen Fortbildung zur Mobilitätsberatung älterer Kraftfahrer. In G. Rudinger & K. Kocherscheid (Eds.), *Ältere Verkehrsteilnehmer – gefährdet oder gefährlich?* (Vol. 5, S. 151–164). Göttingen: V & R unipress.

Korpela, K. M. (1989). Place-identity as a product of environmental selfregulation. *Journal of Environmental Psychology, 9*, 241–256.

Kramer, C. & Pfaffenbach, C. (2011). Junge Alte als neu »Urbaniten«? Mobilitätstrends der Generation 50plus. *Raumforschung und Raumordnung, 26*, 79–90.

Kremer-Preiß, U. (2012). Aktuelle und zukunftsträchtige Wohnformen für das Alter. In H.-W. Wahl, C. Tesch-Römer & J. Ziegelmann (Eds.), *Angewandte Gerontologie: Interventionen für ein gutes Altern in 100 Schlüsselbegriffen* (S. 554–561). Stuttgart: Kohlhammer.

Krotz, F. (2007). *Mediatisierung: Fallstudien zum Wandel der Kommunikation*. Wiesbaden: VS.

Krout, J. A. & Wethington, E. (Eds.). (2003). *Residential choices and experiences of older adults. Pathways to life quality*. New York: Springer.

Kruse, A. (2007). Ältere Menschen im »öffentlichen« Raum: Perspektiven altersfreundlicher Kultur. In H.-W. Wahl & H. Mollenkopf (Eds.), *Alternsforschung am Beginn des 21. Jahrhunderts* (S. 320–339). Wiesbaden: Akademische Verlagsgesellschaft.

Kruse, A. & Wahl, H.-W. (1999). II. Persönlichkeitsentwicklung im Alter. *Zeitschrift für Gerontologie und Geriatrie, 32*, 179–193.

Kruse, A. & Wahl, H.-W. (Eds.). (1994). *Altern und Wohnen im Heim. Endstation oder Lebensort?* Bern: Huber.

Kübler, H.-D., Burkhardt, W. & Graf, A. (1991). *Ältere Menschen und neue Medien. Eine Rezeptionsstudie zum Medienverhalten und zur Medienkompetenz älterer Menschen in Hamburg und Umgebung. Schriftenreihe der Hamburgischen Anstalt für neue Medien, Bd. 4*. Berlin: Vistas.

Küster, C. (1998). Zeitverwendung und Wohnen im Alter. In D. Z.f. Altersfragen (Ed.), *Wohnbedürfnisse, Zeitverwendung und soziale Netzwerke älterer Menschen. Expertisenband 1 zum Zweiten Altenbericht der Bundesregierung* (S. 51–175). Frankfurt/Main; New York: Campus.
Lalli, M. (1992). Urban-related identity: Theory, measurement, and empirical findings. *Journal of Environmental Psychology, 12*, 285–303.
Lawton, M. P. (1977). The impact of the environment on aging and behavior. In J. E. Birren & K. W. Schaie (Eds.), *Handbook of the psychology of aging* (S. 276–301). New York: Van Nostrand.
Lawton, M. P. (1982). Competence, environmental press, and the adaption of older people. In M. P. Lawton, P. G. Windley & T. O. Byerts (Eds.), *Aging and the environment* (S. 33–59). New York: Springer.
Lawton, M. P. (1983). Environment and other determinants of well-being in older people. *The Gerontologist, 23*(4), 349–357.
Lawton, M. P. (1985). Activities and leisure. In C. Eisdorfer, M. P. Lawton & G. L. Maddox (Eds.), *Annual review of gerontology and geriatrics* (S. 127–165). New York: Springer.
Lawton, M. P. (1989). Behavior-relevant ecological factors. In K. W. Schaie & C. Schooler (Eds.), *Social structure and aging: Psychological processes* (S. 57–78). Hillsdale, NJ: Erlbaum.
Lawton, M. P. (1991). A multidimensional view of quality of life in frail elders. In J. E. Birren, J. E. Lubben, J. C. Rowe & D. E. Deutchman (Eds.), *The concept and measurement of quality of life in the frail elderly* (S. 3–27). San Diego: Academic Press.
Lawton, M. P. & Nahemow, L. (1973). Ecology and the aging process. In C. Eisdorfer & M. P. Lawton (Eds.), *The psychology of adult development and aging* (S. 619–674). Washington, DC: American Psychological Association.
Lawton, M. P. & Simon, B. B. (1968). The ecology of social relationships in housing for the elderly. *The Gerontologist, 8*, 108–115.
Lehr, U. (2006). *Psychologie des Alterns* (11 ed.). Wiebelsheim: Quelle & Meyer.
LeRoy, A. A. & Morse, M. L. (2008). *Multiple Medications and Vehicle Crashes: Analysis of Databases* (Vol. Report No. DOT HS 810 858). Washington, D.C.: U.S. Department of Transportation National Highway Traffic Safety Administration.
Lesnoff-Caravaglia, G. (Ed.). (1988). *Aging in a Technological Society*. New York: Human Sciences Press.
Lindenberger, U., Lövdén, M., Schellenbach, M., Li, S.-C. & Krüger, A. (2008). Psychological principles of successful aging technologies: A mini-review. *Gerontology, 54*(1), 59–68. doi: 10.1159/000116114
Lindsley, O. R. (1964). Geriatric behavioral prothetics. In R. Kastenbaum (Ed.), *New thoughts on old age* (S. 41–60). New York: Springer Publ.
Longino, C. F., Bradley, D. E., Stoller, E. P. & Haas, W. H. (2008). Predictors of non-local moves among older adults: a prospective study. *Journal of Gerontology B Social Sciences, 63*(1), 7–14.
Lubecki, U. (2004). Freizeitbegriff und Freizeit älterer Menschen. In G. Rudinger, C. Holz-Rau & R. Grotz (Eds.), *Freizeitmobilität älterer Menschen* (S. 104–121). Dortmund: IRPUD.
Lundby, K. (2009). *Mediatization: Concept, Changes, Conflicts*. New York: Lang.
Mangold, R. (2000). Der abendliche Horror. Unterhaltung und Emotionen bei Fernsehnachrichten. In G. Roters, W. Klingler & M. Gerhards (Eds.), *Unterhaltung und Unterhaltungsrezeption* (S. 119–140). Baden-Baden: Nomos.
Mann, W. C., Goodall, S., Justiss, M. D. & Tomita, M. (2002). Dissatisfaction and non-use of assistive devices among frail elders. *Assistive Technology, 14*(2), 130–139.
Mann, W. C., Llanes, C., Justiss, M. D. & Tomita, M. (2004). Frail older adults' self-report of their most important assistive device. *Occupation, Participation and Health, 24*(1), 4–12.
Mannheim, K. (1980). *Strukturen des Denkens*. Frankfurt am Main: Luchterhand.
Mares, M.-L. & Sun, Y. (2010). The multiple meanings of age for television content preferences. *Human Communication Research, 3*, 372–396.

Mares, M.-L. & Woodard, E. H. (2006). In search of the older audience: Adult age differences in television viewing. *Journal of Broadcasting & Electronic Media, 50*(4), 595–614.

Marshall, M. (1996). Dementia and technology: Some ethical considerations. In H. Mollenkopf (Ed.), *Elderly people in industrialised societies. Social integration in old age by or despite technology?* (S. 207–215). Berlin: edition sigma.

Marx, M. S., Cohen-Mansfield, J., Renaudat, K., Libin, A. & Thein, K. (2005). Technology-Mediated versus Face-to-Face Intergenerational Programming. *Journal of Intergenerational Relationships, 3*(3), 101–118.

McClure, J. & Kumcum, E. (2008). Promotions and product pricing: Parsimony versus Veblenesque demand. *Journal of Economic Behavior & Organization, 65*(1), 105–117. doi: 10.1016/j.jebo.2004.01.007

McLuhan, M. (1968). *Die magischen Kanäle. Understanding Media.* Düsseldorf, Wien: Econ.

Melenhorst, A.-S. & Bouwhuis, D. G. (2004). When do older adults consider the internet? An exploratory study of benefit perception. *Gerontechnology, 3*(2), 89–101. doi: 10.4017/gt.2004.03.02.004.00

Melenhorst, A.-S., Fisk, A. D., Mynatt, E. D. & Rogers, W. A. (2004). Potential intrusiveness of aware home technology: Perceptions of older adults. *Human Factors and Ergonomics Society Annual Meeting Proceedings, 48*, 266–270.

Melenhorst, A.-S., Rogers, W. A. & Bouwhuis, D. G. (2006). Older adults' motivated choice for technological innovation: evidence for benefit-driven selectivity. *Psychology and Aging, 21*(1), 190–195. doi: 10.1037/0882-7974.21.1.190

Melenhorst, A.-S., Rogers, W. A. & Fisk, A. D. (2007). When will technology in the home improve the quality of life for older adults. In H.-W. Wahl, C. Tesch-Römer & A. Hof (Eds.), *New dynamics in old age – individual, environmental, and societal perspectives* (S. 252–270). Amityville: Baywood Publishing Comp.

Meyrowitz, J. (1987). *Die Fernsehgesellschaft. Wirklichkeit und Identität im Medienzeitalter.* Weinheim, Basel: Beltz.

Michon, J. A. (1989). Explanatory pitfalls and rule-based driver model. *Accident Analysis & Prevention, 21*, 341–353.

Mitzner, T. L., Boron, J. B., Fausset, C. B., Adams, A. E., Charness, N. C., Czaja, S. J. et al. (2010). Older adults talk technology: Technology usage and attitudes. *Computers in Human Behavior, 26*(6), 1710–1721. doi: 10.1016/j.chb.2010.06.020

Moll, H. (1997). *Alte Menschen und Medien: eine qualitative Studie zu Funktionen von Medien für alte Menschen.* Schwäbisch Gmünd: Pädagogische Hochschule.

Mollenkopf, H. (2000). Technik und Design. In H.-W. Wahl & C. Tesch-Römer (Eds.), *Angewandte Gerontologie in Schlüsselbegriffen* (S. 224–232). Stuttgart: Kohlhammer.

Mollenkopf, H., Baas, S., Marcellini, F., Oswald, F., Ruoppila, I., Széman, Z. et al. (2005). A new concept of out-of-home mobility. In H. Mollenkopf, F. Marcellini, I. Ruoppila, Z. Széman & M. Tacken (Eds.), *Enhancing mobility in later life. Personal coping, environmental resources and technical support. The out-of-home mobility of older adults in urban and rural regions of five European countries* (S. 257–278). Amsterdam, The Netherlands: IOS Press.

Mollenkopf, H. & Flaschenträger, P. (1997). Mobilität im Alter. In H. Reents (Ed.), *Handbuch der Gerontotechnik* (Vol. 12). Landsberg: ecomed.

Mollenkopf, H. & Flaschenträger, P. (2001). *Erhaltung von Mobilität im Alter.* Stuttgart: Kohlhammer.

Mollenkopf, H., Hieber, A. & Wahl, H.-W. (2011). Continuity and change in older adults' perception of out-of-home mobility over ten years: a qualitative-quantitative approach. *Ageing and Society, 31*, 782–802.

Mollenkopf, H. & Kaspar, R. (2004). Technisierte Umwelten als Handlungs- und Erlebnisräume älterer Menschen. In G. M. Backes, W. Clemens & H. Kühnemund (Eds.), *Lebensformen und Lebensführung im Alter* (S. 193–221). Wiesbaden: VS Verlag für Sozialwissenschaften.

Mollenkopf, H. & Kloé, U. (2011). Bedeutung und Voraussetzungen für Mobilität im Alter. In G. Rudinger & K. Kocherscheid (Eds.), *Ältere Verkehrsteilnehmer – gefährdet oder gefährlich?* (Vol. 5, S. 241–251). Göttingen: V & R unipress.

Mollenkopf, H., Marcellini, F., Ruoppila, I., Széman, Z., Tacken, M., Kaspar, R. & Wahl, H.-W. (2002). The role of driving in maintaining mobility in later life: A European view. *Gerontechnology, 1*, 231–250.

Mollenkopf, H., Marcellini, F., Ruoppila, I., Széman, Z., Tacken, M. & Wahl, H.-W. (2004). Social and behavioural science perspectives on out-of-home mobility in later life: findings from the European project MOBILATE. *European Journal of Ageing, 1*, 45–53.

Mollenkopf, H., Meyer, S., Schulze, E., Wurm, S. & Friesdorf, W. (2000). Technik im Haushalt zur Unterstützung einer selbstbestimmten Lebensführung im Alter. Das Forschungsprojekt »sentha« und erste Ergebnisse des sozialwissenschaftlichen Teilprojekts. *Zeitschrift für Gerontologie und Geriatrie, 33*(3), 155–168.

Mollenkopf, H., Oswald, F., Wahl, H.-W. & Zimber, A. (2004). Räumlich-soziale Umwelten älterer Menschen: Die ökogerontologische Perspektive. In A. Kruse & M. Martin (Eds.), *Enzyklopädie der Gerontologie* (S. 343–361). Bern: Huber.

Mollenkopf, H. & Wahl, H.-W. (2002). Ältere Menschen in der mobilen Freizeitgesellschaft – Konsequenzen für die Verkehrspolitik. *Politische Studien, 53 (Sonderheft 2)*, 155–175.

Motel-Klingebiel, A., Wurm, S. & Tesch-Römer, C. (Eds.). (2010). *Altern im Wandel. Befunde des Deutschen Alterssurveys (DEAS)*. Stuttgart: Kohlhammer.

Mühlbauer, H. (2008). *Betreutes Wohnen für ältere Menschen*. Berlin: Beuth.

Müller, D. K. (2008). Kaufkraft kennt keine Altersgrenze. Ein kritischer Beitrag zur Werberelevanz von Alterszielgruppen. *Media Perspektiven, 6*, 291–298.

Myers, D. G., Wojcicki, S. B. & Aardema, B. S. (1977). Attitude comparison: Is there ever a bandwagon effect? *Journal of Applied Social Psychology, 7*(4), 341–347. doi: 10.1111/j.1559-1816.1977.tb00758.x

Mynatt, E. D., Essa, I. & Rogers, W. A. (2000). *Increasing the opportunities for aging in place*. Paper presented at the Proceedings on the 2000 conference on Universal Usability, Arlington, Virginia, United States.

Mynatt, E. D. & Rogers, W. A. (2001). Developing technology to support the functional indpendence of older adults. *Ageing International, 27*(1), 24–41.

Naegele, G. (2010). Kommunen im demographischen Wandel. *Zeitschrift für Gerontologie & Geriatrie, 43*, 98–102.

Naegele, G., Heinze, R. G., & Schneiders, K. (2011). *Wirtschaftliche Potentiale des Alters*. Stuttgart: Kohlhammer.

Narten, R. (2005). Wohnungsanpassung und quartiersnahe Alltagshilfen. In Wüstenrot Stiftung (Ed.), *Wohnen im Alter* (S. 68–91). Stuttgart: Karl Krämer.

Naumann, D. (2005). *Gesellschaftliche Integration und Mitwirkung im Kontext des hohen Alters. Unveröffentlichte Doktorarbeit*. Ruprecht-Karls-Universität Heidelberg.

Neisser, U. (1988). Five kinds of self-knowledge. *Philosophical Psychology, 1*, 35–59.

Neumann-Bechstein, W. (1982). *Altensendungen im Fernsehen als Lebenshilfe. Eine Inhaltsanalyse der Altensendungen Mosaik und Schaukelstuhl, mit einem Exkurs zu den Serien »Unternehmen Rentnerkommune« und »Un-Ruhestand«*. München: Minerva.

Niemelä-Nyrhinen, J. (2007). Baby boom consumers and technology: Shooting down stereotypes. *Journal of Consumer Marketing, 24*(5), 305–312. doi: 10.1108/07363760710773120

Norris-Baker, C. & Scheidt, R. J. (1996). Aging survivors: The mental health of older residents in declining rural communities. In N. Perrin (Ed.), *Aging in the heartland: Mental health and aging* (S. 15–33). Dubuque, IA: Kendall/Hunt Publishing Co.

Nygren, C., Oswald, F., Iwarsson, S., Fänge, A., Sixsmith, J., Schilling, O. et al. (2007). Relationships between objective and perceived housing in very old age. *The Gerontologist, 47*(1), 85–95.

Ochsmann, R., Slangen, K., Feith, G., Klein, T. & Seibert, A. (1997). *Sterbeorte in Rheinland-Pfalz: Zur Demographie des Todes. Beiträge zur Thanatologie Heft 8*. Johannes-Gutenberg-Universität Mainz, Interdisziplinärer Arbeitskreis Thanatologie: Eigenverlag.

Oehmichen, E. & Schröter, C. (2008). Medienübergreifende Nutzungsmuster: Struktur- und Funktionsveränderungen. Eine Analyse auf Basis der ARD/ZDF-Onlinestudien 2008 und 2003. *Media Perspektiven, 8*, 394–409.

Orpwood, R., Bjorneby, S., Hagen, I., Maki, O., Faulkner, R. & Topo, P. (2004). User involvement in dementia product development. *Dementia: The International Journal of Social Research and Practice, 3*(3), 263–279.

Oswald, F. (1996). *Hier bin ich zu Hause. Zur Bedeutung des Wohnens: Eine empirische Studie mit gesunden und gehbeeinträchtigten Älteren.* Regensburg: S. Roderer Verlag.

Oswald, F., Hieber, A., Wahl, H.-W. & Mollenkopf, H. (2005). Ageing and person-environment fit in different urban neighbourhoods. *European Journal of Ageing, 2*(2), 88–97.

Oswald, F., Jopp, D., Rott, C. & Wahl, H.-W. (2011). Is aging in place a resource for or risk to life satisfaction? *The Gerontologist, 51*(2), 238–250. doi: 10.1093/geront/gnq096

Oswald, F. & Kaspar, R. (2012). On the quantitative assessment of perceived housing in later life. *Journal of Housing for the Elderly, 26,* 72–93. doi: 10.1080/02763893.2012.673391

Oswald, F., Kaspar, R., Frenzel-Erkert, U. & Konopik, N. (2013). *»Hier will ich wohnen bleiben!« Ergebnisse eines Frankfurter Forschungsprojekts zur Bedeutung des Wohnens in der Nachbarschaft für gesundes Altern.* Goethe-Universität Frankfurt am Main und BHF-BANK-Stiftung: Eigenverlag.

Oswald, F., Marx, I. & Wahl, H.-W. (2006). Gerontoökologie – Barrierefreie Umwelten. In J. Kornhuber, U. M. Lehr, W. D. Oswald & C. Sieber (Eds.), *Gerontologie, Medizinische, psychologische und sozialwissenschaftliche Grundbegriffe* (S. 194–198). Stuttgart: Kohlhammer.

Oswald, F. & Rowles, G. D. (2006). Beyond the relocation trauma in old age: New trends in today's elders' residential decisions. In H.-W. Wahl, C. Tesch-Römer & A. Hoff (Eds.), *New Dynamics in Old Age: Environmental and Societal Perspectives* (S. 127–152). Amityville, New York: Baywood Publ.

Oswald, F., Schilling, O., Wahl, H.-W., Fänge, A., Sixsmith, J. & Iwarsson, S. (2006). Homeward bound: Introducing a four-domain model of perceived housing in very old age. *Journal of Environmental Psychology, 26*(3), 187–201. doi: 10.1016/j.jenvp.2006.07.002

Oswald, F., Schilling, O., Wahl, H.-W. & Gäng, K. (2002). Trouble in paradise? Reasons to relocate and objective environmental changes among well-off older adults. *Journal of Environmental Psychology, 22*(3), 273–288.

Oswald, F. & Wahl, H.-W. (2003). Place attachment across the life span. In J. R. Miller, R. M. Lerner, L. B. Schiamberg & P. M. Anderson (Eds.), *Human ecology: An encyclopedia of children, families, communities, and environments* (S. 568–572). Santa Barbara, CA: ABC-Clio Press.

Oswald, F. & Wahl, H.-W. (2004). Housing and health in later life. *Reviews of Environmental Health, 19*(3-4), 223–252.

Oswald, F. & Wahl, H.-W. (2005). Dimensions of the meaning of home. In G. D. Rowles & H. Chaudhury (Eds.), *Home and Identity in Late Life: International Perspectives* (S. 21–45). New York: Springer.

Oswald, F., Wahl, H.-W., Antfang, P., Heusel, Ch., Maurer, A. & Schmidt, H. (in Druck). *Lebensqualität in der stationären Altenpflege mit INSEL – Konzeption, praxisnahe Erfassung, Befunde und sozialpolitische Implikationen.* Berlin: LIT-Verlag.

Oswald, F., Wahl, H.-W., Naumann, D., Mollenkopf, H. & Hieber, A. (2006). The Role of the home environment in middle and late adulthood. In H.-W. Wahl, H. Brenner, H. Mollenkopf, D. Rothenbacher & C. Rott (Eds.), *The many faces of health, competence and well-being in old age: Integrating epidemiological, psychological and social perspectives* (S. 7–24). Heidelberg: Springer.

Oswald, F., Wahl, H.-W., Schilling, O., Nygren, C., Fänge, A., Sixsmith, A. et al. (2007) Relationships between housing and healthy aging in very old age. *The Gerontologist, 47*(1), 96–107.

Otto, U., Stumpp, G., Beck, S., Hedtke-Becker, A. & Hoevels, R. (2012). Im spät gewählten Zuhause wohnen bleiben können bis zuletzt? – Befunde aus dem Generationenwohnen mit GWA. In S. Pohlmann (Ed.), *Altern mit Zukunft* (S. 177–197). Wiesbaden: VS.

Paschen, H., Wingert, B., Coenen, C. & Banse, G. (2002). *Kultur – Medien – Märkte. Medienentwicklung und kultureller Wandel.* Berlin: edition sigma.

Peräaho, M. & Keskinen, E. (2004). *Fatal road traffic accidents of older car drivers in Finland*. Paper presented at the 3rd International Conference on Traffic & Transport Psychology, Nottingham.
Pinquart, M. & Burmedi, D. (2003). Correlates of residential satisfaction in adulthood and old age: A meta-analysis. In H.-W. Wahl, R. J. Scheidt & P. G. Windley (Eds.), *Aging in context: Socio-physical environments (Annual Review of Gerontology and Geriatrics, 2003)* (S. 195–222). New York: Springer.
Pottgießer, S., Kleinemas, U., Dohmes, K., Spiegel, L., Schädlich, M. & Rudinger, G. (2012). Profile von Senioren mit Autounfällen. In B. f. S. e. (BASt) (Ed.), *Berichte der Bundesanstalt für Straßenwesen: Mensch und Sicherheit, Heft M228*.
Prensky, M. (2009). H. sapiens digital: From digital immigrants and digital natives to digital wisdom. *Innovate, 5*(3).
Proshansky, H. M. (1978). The city and self-identity. *Environment and Behavior, 10*, 147–169.
Proshansky, H. M., Fabian, A. K. & Kaminoff, R. (1983). Place-identity. *Journal of Environmental Psychology, 3*, 57–83.
Reitze, H. & Ridder, C.-M. (2006). *Massenkommunikation VII: Eine Langzeitstudie zur Mediennutzung und Medienbewertung 1964–2005*. Baden-Baden: Nomos.
Reitze, H. & Ridder, C.-M. (2011). *Massenkommunikation VIII: Eine Langzeitstudie zur Mediennutzung und Medienbewertung 1964–2010*. Baden-Baden: Nomos.
Riikonen, M., Mäkelä, K. & Perälä, S. (2010). Safety and monitoring technologies for the homes of people with dementia. *Gerontechnology, 9*(1), 32–45. doi: 10.4017/gt.2010.09.01.003.00
Riley, M. W., Kahn, R. L. & Foner, A. (Eds.). (1994). *Age and structural lag. Society's failure to provide meaningful opportunities in work, family, and leisure*. New York: Wiley.
Rogers, E. M. (1995). *Diffusion of innovations* (4th ed.). New York: Free Press.
Rogers, E. M. (2003). *Diffusion of innovations* (5th ed.). New York: Free Press.
Rogers, W. A. & Fisk, A. D. (2006). Cognitive support for elders through technology. *Generations: Journal of the American Society on Aging, 30*(2), 38–43.
Rogers, W. A. & Fisk, A. D. (2010). Toward a psychological science of advanced technology design for older adults. *The Journals of Gerontology Series B: Psychological Sciences and Social Sciences, 65B*(6), 645–653. doi: 10.1093/geronb/gbq065
Rosenstock, R., Schubert, C. & Beck, K. (Eds.). (2007). *Medien im Lebenslauf. Demographischer Wandel und Mediennutzung*. München: kopaed.
Rowles, G. D. (1983). Geographical dimensions of social support in rural Appalachia. In G. D. Rowles & R. J. Ohta (Eds.), *Aging and milieu. Environmental perspectives on growing old* (S. 111–130). New York: Academic Press.
Rowles, G. D. (2008). Place in occupational Science: A life course perspective on the role of environmental context in the quest of meaning. *Journal of Occupational Science, 15*(127–135).
Rowles, G. D., Oswald, F. & Hunter, E. G. (2004). Interior living environments in old age. In H.-W. Wahl, R. Scheidt & P. G. Windley (Eds.), *Aging in context: Socio-physical environments (Annual Review of Gerontology and Geriatrics, 2003)* (S. 167–193). New York: Springer.
Rowles, G. D. & Watkins, J. F. (2003). History, habit, heart and hearth: On making spaces into places. In K. W. Schaie, H.-W. Wahl, H. Mollenkopf & F. Oswald (Eds.), *Aging independently: Living arrangements and mobility* (S. 77–96). New York: Springer.
Rubin, A. M. & Rubin, R. B. (1982). Contextual age and television news. *Human Communication Research* (228–244).
Rubinstein, R. L. (1989). The home environments of older people: A description of the psychosocial processes linking person to place. *Journal of Gerontology: Social Sciences, 44*(2), 45–53.
Rubinstein, R. L. & de Medeiros, K. (2004). Ecology and the aging self. In H.-W. Wahl, R. Scheidt & P. G. Windley (Eds.), *Aging in context: Socio-physical environments (Annual Review of Gerontology and Geriatrics, 2003)* (S. 59–84). New York: Springer.

Rudinger, G. & Haverkamp, N. (2011). *MOBIL 2030 – Mobilitätskultur in einer alternden Gesellschaft: Szenarien für das Jahr 2030*. Paper presented at the Gerontologie in 25 Jahren – Wissenschaftliches Symposium der Volkswagen-Stiftung, Nürnberg.

Rudinger, G., Holz-Rau, C. & Grotz, R. (Eds.). (2006). *Freizeitmobilität älterer Menschen (FRAME)*. Dortmund: IRPUD.

Rudinger, G. & Jansen, E. (2003). Freizeitverkehr älterer Menschen im Kontext sozialer Motive - die Studien AEMEIS und FRAME. In I. f. M. IFMO (Ed.), *Motive und Handlungsansätze im Freizeitverkehr* (S. 67–82). Berlin: Springer.

Rudinger, G. & Käser, U. (2007). Smart Modes: Senioren als Fußgänger und Radfahrer im Kontext alterstypischer Aktivitätsmuster. *Zeitschrift für Verkehrssicherheit, 53*, 141–145.

Rudinger, G. & Kocherscheid, K. (2011). Künftige Handlungsfelder – Implikationen für die Praxis. In G. Rudinger & K. Kocherscheid (Eds.), *Ältere Verkehrsteilnehmer – Gefährdet oder gefährlich?* (Vol. 5, S. 253–258). Göttingen: V & R unipress.

Rudinger, G. & Kocherscheid, K. (2012). Infrastruktur und Verkehr. In H.-W. Wahl, C. Tesch-Römer & J. Ziegelmann (Eds.), *Angewandte Gerontologie: Interventionen für ein gutes Altern in 100 Schlüsselbegriffen* (S. 576–581). Stuttgart: Kohlhammer.

Ryff, C. D. (1989). Beyond Ponce de Leon and life satisfaction: New directions in quest of successful ageing. *International Journal of Behavioral Development, 12*(1), 35–55. doi: 10.1177/016502548901200102

Sackmann, A. & Weymann, A. (1994). *Die Technisierung des Alltags. Generationen und technische Innovationen*. Frankfurt: Campus.

Sandbothe, M. (1998). Das Internet als Massenmedium. Neue Anforderungen an Medienethik und Medienkompetenz. http://www.sandbothe.net/42.html

Saup, W. (1993). *Alter und Umwelt. Eine Einführung in die Ökologische Gerontologie*. Stuttgart: Kohlhammer.

Saup, W. (2001). *Ältere Menschen im Betreuten Wohnen. Ergebnisse der Augsburger Längsschnittstudie (Band 1)*. Augsburg: Verlag für Gerontologie.

Schacke, C. & Zank, S. (2009). *Das Berliner Inventar zur Angehörigenbelastung – Demenz (BIZA-D). Manual für die Praxisversionen (BIZA-D-PV). Schriftenreihe des Zentrums für Planung und Evaluation Sozialer Dienste der Universität, Nr. 23*. Siegen: Universität Siegen.

Schade, I. (1983). *Das Massenmedium Fernsehen und seine Funktion in der Gerontologie. Fakten und Einstellungen. Mit einer Pilotstudie zur Einstellung der über 60jährigen Menschen zum Fernsehen allgemein und zu Seniorensendungen im speziellen*. Frankfurt am Main.

Schader-Stiftung (Ed.). (1999). *Umzugsmanagement als Instrument der Kundenanbindung in der Wohnungswirtschaft. Werkstattbericht zur Fachtagung*. Darmstadt: Schader-Stiftung.

Schader-Stiftung & Stiftung trias (Eds.). (2008). *Raus aus der Nische – rein in den Markt! Ein Plädoyer für das Produkt »gemeinschaftliches Wohnen«*. Darmstadt: Eigenverlag.

Schäffer, B. (2009). Mediengenerationen, Medienkohorten und generationsspezifische Medienpraxiskulturen: Zum Generationenansatz in der Medienforschung. In B. Schorb, A. Hartung & W. Reißmann (Eds.), *Medien und höheres Lebensalter* (S. 31–50). Wiesbaden: VS-Verlag.

Schaie, K. W. (2003). Mobility for What? In K. W. Schaie, H.-W. Wahl, H. Mollenkopf & F. Oswald (Eds.), *Aging Independently: Living Arrangements and Mobility* (S. 18–27). New York: Springer.

Schaie, K. W., Wahl, H.-W., Mollenkopf, H. & Oswald, F. (Eds.). (2003). *Aging independently: Living arrangements and mobility*. New York: Springer.

Scharf, T., Phillipson, C. & Smith, A. E. (2005). Social exclusion of older people in deprived urban communities of England. *European Journal of Ageing, 2*(2), 76–87. doi: 10.1007/s10433-005-0025-6

Scheiner, J. (2004). Verkehrsmittelentscheidung und Verkehrsmittelnutzung. In G. Rudinger, C. Holz-Rau & R. Grotz (Eds.), *Freizeitmobilität älterer Menschen* (S. 89–99). Dortmund: IRPUD.

Schelling, H. R. & Seifert, A. (2010). Internet-Nutzung im Alter. Gründe der (Nicht-)Nutzung von Informations- und Kommunikationstechnologien (IKT) durch Menschen ab 65 Jahren in der Schweiz. http://www.zfg.uzh.ch/projekt/alt/ikt-alter.html

Scherer, M. J. (2002). The change in emphasis from people to person: introduction to the special issue on Assistive Technology. *Disability & Rehabilitation, 24*(1–3), 1–4.

Schlag, B. (2008). *Leistungsfähigkeit und Mobilität im Alter*. Köln: TÜV Media GmbH.

Schlenk, M. H. (2010). *Vertraglicher Regelungsbedarf bei Wohn- und Hausgemeinschaften von Senioren*. Unveröffentlichte Dissertation der Goethe-Universität Frankfurt am Main. Frankfurt am Main.

Schmidt, E. (2013). Ältere Menschen teilen ihr Wissen in der Wikipedia. In C. Bengesser & T. Tekster (Hrsg.), *Senioren im Web 2.0. Beiträge zu Nutzung und Nutzen von Social Media im Alter* (S. 97–106). München: kopaed.

Schmitz-Scherzer, R. (1975). *Alter und Freizeit*. Stuttgart: Kohlhammer.

Schneekloth, U. & Wahl, H.-W. (2006). *Selbständigkeit und Hilfebedarf bei älteren Menschen in Privathaushalten. Pflegearrangements, Demenz, Versorgungsangebote*. Stuttgart: Kohlhammer.

Schneekloth, U. & Wahl, H.-W. (2009). *Möglichkeiten und Grenzen selbständiger Lebensführung in Einrichtungen. Demenz, Angehörige und Freiwillige, Versorgungssituation, Good Practice*. Stuttgart: Kohlhammer.

Schorb, B., Hartung, A. & Reißmann, W. (Eds.). (2009). *Medien und höheres Lebensalter. Theorie – Forschung – Praxis*. Wiesbaden: VS-Verlag.

Schramm, W. (1981). What is a long time? In G. C. Wilhoit & J. H. d. Bock (Eds.), *Mass communication review yearbook* (S. 202–206). Beverly Hills, London: Sage.

Schulz-Nieswandt, F., Köstler, U., Langenhorst, F. & Marks, H. (2012). *Neue Wohnformen im Alter. Wohngemeinschaften und Mehrgenerationenhäuser*. Stuttgart: Kohlhammer.

Schulz, R. (Ed.). (2013). *Quality of Life Technology Handbook*. Boca Raton, Florida: Taylor & Francis Group.

Schweiger, W. (2006). Transmedialer Nutzungsstil und Rezipientenpersönlichkeit. Theoretische Überlegungen und empirische Hinweise. *Publizistik, 3*, 290–312.

Semenza, J. C., Rubin, H. C., Falter, K. H., Selanikio, J. D., Flanders, D. W. & Wilhelm, J. L. (1996). Risk factors for heat-related mortality during the July 1995 heat wave in Chicago. *New England Journal of Medicine, 335*(2), 84–90.

Shell. (2009). Pkw-Szenarien 2030. Fakten, Trends und Handlungsoptionen für nachhaltige Auto-Mobilität (Publication no. http://www.static-shell.com).

Shibata, T., Wada, K., Saito, T. & Tanie, K. (2008). Psychological and social effects to elderly people by robot-assisted activity. In L. Cañamero & R. Aylett (Eds.), *Animating expressive characters for social interaction* (S. 177–193). Amsterdam Netherlands: John Benjamins Publishing Company.

Shoval, N., Wahl, H.-W., Auslander, G., Isaacson, M., Oswald, F., Edry, T. et al. (2011). Use of the global positioning system to measure the out-of-home mobility of older adults with different cognitive functioning. *Ageing and Society, 31*, 849–869.

Sixsmith, A. J., Gibson, G., Orpwood, R. D. & Torrington, J. M. (2007). Developing a technology 'wish list' to enhance the quality of life of people with dementia. *Gerontechnology, 6*(1), 2–19. doi: 10.4017/gt.2007.06.01.002.00

Smith, A. E. (2009). *Ageing in urban neighbourhoods. Place attachment and social exclusion*. Bristol, UK: Policy press.

Statistisches Bundesamt. (2007a). Unfallgeschehen im Straßenverkehr 2006. *Wirtschaft und Statistik, 7*. doi: http://www.destatis.de/jetspeed/portal/cms/Sites/destis/Internet/DE/¬Content/Publikationen/Querschnittsveroeffentlichungen/WirtschaftStatistik/Verkehr/¬Unfallgeschehenstrassenverkehr2006,property=file.pdf

Statistisches Bundesamt. (2007b). Verkehr: Unfälle von Senioren im Straßenverkehr 2007. Retrieved from doi: http://www2.dvr.de/download/us_seniorenunfaelle_2007.pdf

Statistisches Bundesamt (StBA). (2011). *Im Blickpunkt: Ältere Menschen in Deutschland und der EU*. Wiesbaden: Eigenverlag.

Statistisches Bundesamt (StBA). (2012). *Fachserie 12, Reihe 6.2.1*. Wiesbaden: Eigenverlag.

Statistisches Bundesamt (StBA) (Ed.). (2008). *Wirtschaftsrechnungen (Fachserie 15 Heft 1)*. Wiesbaden.
Staudinger, U. M. (2000). Viele Gründe sprechen dagegen, und trotzdem geht es vielen Menschen gut: Das Paradox des subjektiven Wohlbefindens. *Psychologische Rundschau, 51*(4), 185–197.
Staudinger, U. M., Freund, A. M., Linden, M. & Maas, I. (1996). Selbst, Persönlichkeit und Lebensgestaltung im Alter: Psychologische Widerstandsfähigkeit und Vulnerabilität. In K. U. Maier & P. B. Baltes (Eds.), *Die Berliner Altersstudie* (S. 321–350). Berlin: Akademie-Verlag.
Steinfeld, E., Schroeder, S., Duncan, J., Paste, R., Chollet, D., Bishop, M. et al. (1979). *Access to the built environment: A review of the literature.* Washington, DC: Government Printing Office.
Stickel, M. S., Ryan, S., Rigby, P. J. & Jutai, J. W. (2002). Toward a comprehensive evaluation of the impact of electronic aids to daily living: evaluation of consumer satisfaction. *Disability & Rehabilitation, 24*(1–3), 115–125. doi: 10.1080/09638280110066794
Straka, G. A., Fabian, T. & Will, J. (1989). *Medien im Alltag älterer Menschen. Begleitforschung des Landes Nordrhein-Westfalen zum Kabelpilotprojekt Dortmund, Bd. 18.* Düsseldorf: Presse- und Informationsamt der Landesregierung Nordrhein-Westfalen.
Tesch-Römer, C. (2005). Sterben und Tod im mittleren und höheren Erwachsenenalter. In S.-H. Filipp & U. Staudinger (Eds.), *Entwicklungspsychologie des mittleren und höheren Erwachsenenalters* (S. 833–834). Göttingen: Hogrefe.
Tesch-Römer, C. (2010). *Soziale Beziehungen alter Menschen.* Stuttgart: Kohlhammer.
Topo, P. (2009). Technology studies to meet the needs of people with dementia and their caregivers: A literature review. *Journal of Applied Gerontology, 28*(1), 5–37. doi: 10.1177/0733464808324019
Topo, P., Maki, O., Saarikalle, K., Clarke, N., Begley, E., Cahill, S. et al. (2004). Assessment of a music-based multimedia program for people with dementia. *Dementia: The International Journal of Social Research and Practice, 3*(3), 331–350.
Vaa, T. (2003). Impairments, diseases, age and their relative risks of accident involvement: Results from a meta analysis. *Deliverable R1.1.* Retrieved from doi:www.immortal.or.at.
van Bronswijk, J. E. M. H., Bouma, H. & Fozard, J. L. (2002). Technology for quality of life: An enriched taxonomy. *Gerontechnology, 2*(2), 169–172. doi: 10.4017/gt.2002.02.02.001.00
van der Goot, M., Beentjes, J. W. & van Selm, M. (2006). Older adults' television viewing from a lifespan perspective: Past, research and future challenges. In C. Beck (Ed.), *Communication Yearbook, 30* (S. 431–469). Mahwah, NJ: Lawrence Erlbaum.
van Eimeren, B. & Frees, B. (2012). 76 Prozent der Deutschen online – neue Nutzungssituationen durch mobile Endgeräte? Ergebnisse der ARD/ZDF-Onlinestudie 2012. *Media Perspektiven, 7–8*, 362–379.
Veenhoven, R. (1996). Developments in satisfaction-research. *Social Indicators Research, 37*, 1–46.
Venkatesh, V. & Bala, H. (2008). Technology acceptance model 3 and a research agenda on interventions. *Decision Sciences, 39*(2), 273–315. doi: 10.1111/j.1540-5915.2008.00192.x
Venkatesh, V. & Davis, F. D. (2000). A theoretical extension of the Technology Acceptance Model: Four longitudinal field studies. *Management Science, 46*(2), 186–204.
Virilio, P. (1999). *Fluchtgeschwindigkeit.* Frankfurt: Fischer.
Wada, K. & Shibata, T. (2008). Social and physiological influences of robot therapy in a care house. *Interaction Studies: Social Behaviour and Communication in Biological and Artificial Systems, 9*(2), 258-276. doi: 10.1075/is.9.2.06wad
Wagner, N., Hassanein, K. & Head, M. (2010). Computer use by older adults: A multi-disciplinary review. *Computers in Human Behavior, 26*, 870–882.
Wahl, H.-W. (1997). *Ältere Menschen mit Sehbeeinträchtigung: Eine empirische Untersuchung zur Person-Umwelt-Transaktion.* Frankfurt: Peter Lang.
Wahl, H.-W. (2008). Neues Altern in sich verändernden Umwelten – Natürliche Entwicklungen und Gestaltungsaufgaben. In H. Meyer-Hentschel & G. Meyer-Hentschel

(Eds.), *Jahrbuch Senioren-Marketing 2008/2009. Management in Forschung und Praxis* (S. 119–137). Frankfurt a. M.: Deutscher Fachverlag.
Wahl, H.-W., Brenner, H., Mollenkopf, H., Rothenbacher, D. & Rott, C. (2006). *The many faces of health, competence and well-being in old age: Integrating epidemiological, psychological and social perspectives.* Dordrecht, The Netherlands: Springer.
Wahl, H.-W., Claßen, K. & Oswald, F. (2010). Technik als zunehmend bedeutsame Umwelt für Ältere: Ein Überblick zu Konzepten, Befunden und Herausforderungen. In U. Fachinger & K.-D. Henke (Eds.), *Der private Haushalt als Gesundheitsstandort. Theoretische und empirische Analysen* (S. 15–32). Baden-Baden: Nomos.
Wahl, H.-W., Fänge, A., Oswald, F., Gitlin, L. N. & Iwarsson, S. (2009). The home environment and disability-related outcomes in aging individuals: What is the empirical evidence? *The Gerontologist, 49*(3), 355–367. doi: 10.1093/geront/gnp056
Wahl, H.-W., Iwarsson, S. & Oswald, F. (2012). Aging well and the environment: Toward an integrative model and research agenda for the future. *The Gerontologist, 52*(3), 306–316. doi: 10.1093/geront/gnr154
Wahl, H.-W. & Lang, F. R. (2004). Aging in context across the adult life: Integrating physical and social research perspectives. In H.-W. Wahl, R. Scheidt & P. G. Windley (Eds.), *Aging in context: Socio-physical environments (Annual Review of Gerontology and Geriatrics, 2003)* (S. 1–35). New York: Springer.
Wahl, H.-W., Mollenkopf, H. & Oswald, F. (1999). Alte Menschen in ihren räumlich-dinglichen Umwelten: Herausforderungen einer Ökologischen Gerontologie. In G. Naegele & R. M. Schütz (Eds.), *Soziale Gerontologie und Sozialpolitik für ältere Menschen: Gedenkschrift für Margret Dieck* (S. 62–84). Opladen: Westdeutscher Verlag.
Wahl, H.-W. & Oswald, F. (2005). Sozial-ökologische Aspekte des Alterns In S.-H. Filipp & U. M. Staudinger (Eds.), *Entwicklungspsychologie des mittleren und höheren Erwachsenenalters. Enzyklopädie der Psychologie Bd. 6* (S. 209–250). Göttingen: Hogrefe.
Wahl, H.-W. & Oswald, F. (2008). Ökologische Bedingungen der Gesundheitserhaltung älterer Menschen. In A. Kuhlmey & D. Schaeffer (Eds.), *Alter, Gesundheit und Krankheit* (S. 207–224). Bern: Huber.
Wahl, H.-W. & Oswald, F. (2010a). Environmental perspectives on aging. In D. Dannefer & C. Phillipson (Eds.), *International Handbook of Social Gerontology* (S. 111–124). London: Sage.
Wahl, H.-W. & Oswald, F. (2010b). Umwelten für ältere Menschen. In E.-D. Lantermann & V. Linneweber (Eds.), *Enzyklopädie Umweltpsychologie. Band 2: Spezifische Umwelten und umweltbezogenes Handeln* (S. 235–264)). Göttingen: Hogrefe.
Wahl, H.-W. & Oswald, F. (2012). Wohnen, Wohnraumanpassung und Gesundheit. In H.-W. Wahl, C. Tesch-Römer & J. Ziegelmann (Eds.), *Angewandte Gerontologie: Interventionen für ein gutes Altern in 100 Schlüsselbegriffen* (S. 492–498). Stuttgart: Kohlhammer.
Wahl, H.-W., Oswald, F., Claßen, K., Voss, E. & Igl, G. (2010). Technik und kognitive Beeinträchtigung im Alter. In A. Kruse (Ed.), *Lebensqualität bei Demenz? Zum gesellschaftlichen und individuellen Umgang mit einer Grenzsituation im Alter* (S. 99–115). Heidelberg: Akademische Verlagsgesellschaft.
Walter, U. & Altgeld, T. (Eds.). (2000). *Altern im ländlichen Raum. Ansätze für eine vorausschauende Alten- und Gesundheitspolitik.* Frankfurt a. M: Campus.
Watson, D., Clark, L. A. & Tellegen, A. (1988). Development and Validation of Brief Measures of Positive and Negative Affect: The PANAS Scales. *Journal of Personality and Social Psychology, 54*(6), 1063–1070.
Webber, S., Porter, M. & Menec, V. (2010). Mobility in older adults: A comprehensive framework. *The Gerontologist, 50, No. 4,* 443–450.
Weideman, S. & Anderson, J. R. (1985). A conceptual framework for residential satisfaction. In I. Altman & C. M. Werner (Eds.), *Human behavior and environment, Vol. 8: Home environments* (S. 153–182). New York: Plenum Press.
Wengg, S. & Tews, H. P. (2012). Der »Bayerische Weg«. Seniorenpolitische Gesamtkonzepte und ihre Folgen. *Kuratorium Deutsche Altershilfe, ProAlter, 01,* 34–37.
Werner, B. (2012). *Sterben in Deutschland. Vortrag im Rahmen des Fachtags Palliative Care am 19. April 2012, Evangelische Diakonissenanstalt, Stuttgart.*

Wilkening, K. & Kunz, R. (2003). *Sterben im Pflegeheim – Perspektiven und Praxis einer neuen Abschiedskultur*. Göttingen: Vandenhoeck & Ruprecht.

Winkler, R., Ziefle, M. & Kraus, T. (2010). *Altersbedingte Unterschiede bei der Handhabung komplexer Fahrinformationssysteme. Tagungsband der 50. Jahrestagung der Deutschen Gesellschaft für Arbeits- und Umweltmedizin*. Dortmund: DGAUM.

Word Health Organisation (WHO). (2011). *Environmental burden of disease associated with inadequate housing*: WHO Regional Office for Europe.

Wu, T. (2010). *The master switch. The rise and fall of information empires*. New York: Alfred. A. Knopf.

Yesavage, J. A., Brink, T. L., Rose, T. L., Lum, O., Huang, V., Adey, M. & Leirer, V. O. (1983). Development and validation of a geriatric depression screening scale: A preliminary report. *Journal of Psychiatric Research, 17*(1), 37–49.

YouTube (Producer). (2013, 01.03.2013). Statistics. Retrieved from http://www.youtube.¬com/yt/press/statistics.html

Zank, S., Peters, M. & Wilz, G. (2010). *Klinische Psychologie und Psychotherapie des Alters. Grundriss Gerontologie, Band 19*. Stuttgart: Kohlhammer.

Zapf, W., Mollenkopf, H. & Hampel, J. (Eds.). (1994). *Technik, Alter, Lebensqualität* (Vol. 23). Stuttgart: Kohlhammer.

Zubayr, C. & Gerhard, H. (2012). Tendenzen im Zuschauerverhalten. Fernsehgewohnheiten und Fernsehreichweiten im Jahr 2011. *Media Perspektiven, 3*, 118–132.

Stichwortverzeichnis

A

Adaptation 13
Aktionsraum 12, 47, 59
Aktivität 40
Altern 13
Altersbild 15
Ambient Assisted Living 85, 108
Assistive Technology Devices 135
Aufklärung 149
Ausstattung
– Ausstattungsgrad 90
– technische 90
Autofahren 60, 70, 73, 78
Autonomie 23

B

Barriere 41, 45, 54, 146
– Barrierefreiheit 53
Beeinträchtigung 43
– kognitive 103, 105, 107
Beschleunigung 89
Bildung 134

C

Complementary/Congruence Model 32
Computer 26, 118, 138

D

Demenz 55, 94, 96, 103, 105–106
Depressivität 99
Design 98, 100, 101, 108
– universelles 90
Dienstleistungsnorm 53
Diffusion 89, 91
– Prozess 91
Digital Natives 89
Digitalisierung 26
Diskriminierung 100
Dynamisierung 27, 112

E

Einbußen 73, 77
Enable-Age 39, 41, 43–45
Entwicklung
– Entwicklungsaufgabe 16
– Entwicklungschancen 144
– Entwicklungsgrenzen 144

F

Fahrerassistenz 74, 78
Fernsehen 113, 120, 124–126

G

Gerontologie 85
– ökologische 13, 15, 85
Gesundheit 47, 134
Globalisierung 25
GPS 14, 40, 60, 65–66, 101

H

Handhabbarkeit 101
Hardware 88
Heim 37, 54
Hilfsmittel 85, 88, 95, 98, 100
Hospiz 55
Human-Factors-Forschung 85

I

Identität 23, 34
– Ortsidentität 34
– Umweltidentität 34
– urbane 47
ILSE 42
Individualisierung 26
Information 127, 131
Innovation
– Innovationsfreudigkeit 92
– Innovativeness-Needs-Paradox 92
Intention 98

Internet 12, 26, 114, 116, 121, 126, 130
- Accessibility 138
- Barrieren 139
- Potenziale 131
- Usability 135
Intrusiveness 100

K

Kluft
- cultural lag 139
- digitale 121
- individual lag 90
- KAP-Gap 92
- structural lag 95
- technological gap 76
Kognition 88, 137
- kognitive Bedürfnisse 127
Kohorte 86
Kommunikation 31, 94, 103, 132
- Kommunikationsform 26
Kompensation 24
- Kompensationsstrategie 74
Kompetenz 87, 140
Komplexität 87
Konflikt
- Zielkonflikt 76
Kontrolle 41
Kosten 102

L

Lawton 14
Lebensqualität 15, 41, 48, 55, 94, 103, 105–106
Lebensstil 59, 68, 72
Lernen 137, 141

M

Markteinführung 90
Massenkommunikationsstudie 118, 125
Mediatisierung 16, 21, 25, 31, 83, 112,
Medien 26, 82, 110, 115, 124, 146
- Ausstattung 118, 120
- Funktionen 126
- Inhalt 148
- Mediengerontologie 116
- Mediennutzung 124, 129
- Medienrepertoire 122
- Nutzung 121–122
- soziale 115
Miniaturisierung 88
MOBILATE 62

Mobilität 12
- außerhäusliche 59–61, 64, 66, 146–147
- Freizeit- 68
- Mobilitätsbedürfnis 59–60, 68, 76, 149
- Mobilitätsverhalten 61, 63, 68, 71–72, 74, 77
- Wohnmobilität 50
Mobiltelefon 26
Mortalität 55
Motiv
- Grundmotiv 50
- Wachstumsmotiv 50
Multifunktionalität 83
Multimorbidität 54, 74

N

Nachbarschaft 49
Navigationssystem 12, 78, 88
(N)Onliner-Atlas 118, 121, 130
Nutzen 102

O

Obsoleszenz 99
Optimierung 24

P

Paro 97
Passung 32
- Fehlpassung 33
Periode, formative 89
Person-Environment Congruence Model 32
Person-Umwelt
- Austausch 21–22, 29, 44, 82
- Bedeutung 17
- Passung 41, 43
- Schnittstelle 87
- transaktionales Modell 86
- Verbundenheit 17
- Wirksamkeit 17
Pflege 107
Potenzial
- Risikopotenzial 59, 72
Privatheit 95
Privatsphäre 102, 105
PROSA 72–73

Q

Quartier 48, 145

R

Radio 124, 125
Relokationstrauma 54
Roboter 97, 105

S

Selbstständigkeit 32, 35, 46, 51, 93, 134
- Alltagsselbstständigkeit 46
Selektion 24
- elektive 24
- verlustbetonte 24
Selektive Optimierung mit Kompensation 21, 24, 30, 61, 84
Seniorenbüro 149
SenTra 65–66
Sicherheit 96
Slow Modes 59, 68
Smart Home 12, 84, 95–96, 108
Software 88
Sterben 56
Sterblichkeit 39
Stigmatisierung 85, 100

T

Tageszeitung 124
Technik 82, 146
- Affinität 92, 148
- Akzeptanz 98, 107
- Anwendungsbereiche 88
- assistive 108
- Assistive Technology Devices 87
- Biografie 83
- Generation 27, 83, 86, 89, 99, 102, 136
- Gerontechnology 85, 88, 93
- Leichtigkeit der Nutzung 99
- Nützlichkeit 99
- Nutzung 98–99
- Potenzial 93
- Technology Acceptance Model 17, 98, 103
Technisierung 12
Teilhabe, soziale 133
Training 108

U

Umwelt 11, 13
- Barrieren 40
- Bedeutung 34
- Druck 33
- Erleben 43
- Gestaltbarkeit 148
- Hemmnisse 146
- Identität 22
- mediale 113, 115, 118, 142
- Potenzial 144
- räumlich-dinglich 14
- Stress 22
- technische 86–87
- Theorie der Umweltkompetenz 87
- Umweltanforderungs-Kompetenz-Modell 32–33
- Umweltfügsamkeits-Hypothese 32
- Verbundenheit 22, 34
- Verkehrsumwelt 59, 61, 74–76, 79
- Wohnumwelt 29–30, 32, 41, 59
- Zufriedenheit 22, 33, 42, 46
Umweltverbundenheit
- außerhäuslich 43
- innerhäuslich 42, 47
Umzug 50, 145, 147
Unfallexposition 59, 72
Unfallrisiko 73–74
Unobtrusiveness 100
Uses and Gratification Approach 127

V

Verbleibenserwartung 48
Verkehr
- Verkehrsmittel 61, 64, 69
- Verkehrsmittel, öffentlich 23–24, 70–71
- Verkehrsraum 60, 68, 70, 79
- Verkehrssicherheit 75–76
- Verkehrsumwelt 60

W

Wandel
- demografischer 13
Wohlbefinden 24, 46
Wohnen 29
- Barrieren 39
- Betreutes 38, 52
- Gemeinschaftliches 52
- Privatwohnen 38
- Umweltbedingungen 38
- Wohnaspekt 29
- Wohnberatung 47
- Wohnenbleiben 57
- Wohnerleben (Belonging) 33, 35, 42, 44
- Wohnfolgen 45
- Wohnform 35
- Wohnformen, alternative 53
- Wohnhandeln 30
- Wohnnormalität 35

- Wohnraumanpassung 41, 45, 57
- Wohnverhalten (Agency) 17, 32, 35, 40

Z

Zielkonflikt 59, 80

Zufriedenheit
- Arbeitszufriedenheit 97
- Lebenszufriedenheit 46
- Wohnzufriedenheitsparadoxon 15
- Zufriedenheitsparadoxon 33

Zugänglichkeit 89
- Umweltzugänglichkeit 41